U0165212

一步万里阔

全球视野与物质文化史丛书

KRIS LANE

Colour of Paradise

THE EMERALD IN THE AGE OF GUNPOWDER EMPIRES

天堂的颜色

火药帝国时代的祖母绿

［美］克里斯·莱恩 著
朱慧颖 刘珊珊 译

中国工人出版社

图书在版编目（CIP）数据

天堂的颜色：火药帝国时代的祖母绿 /（美）克里斯·莱恩著；朱慧颖，刘珊珊译. —北京：中国工人出版社，2022.6

书名原文：Colour of Paradise：The Emerald in The Age of Gunpowder Empires

ISBN 978-7-5008-7621-2

Ⅰ.①天… Ⅱ.①克… ②朱… ③刘… Ⅲ.①绿柱石—贸易史—世界
Ⅳ.①F746.85

中国版本图书馆CIP数据核字（2021）第044293号

著作权合同登记号：图字01-2020-5584

天堂的颜色：火药帝国时代的祖母绿

出 版 人	董 宽
责任编辑	邢 璐
责任校对	丁洋洋
责任印制	黄 丽
出版发行	中国工人出版社
地 址	北京市东城区鼓楼外大街45号 邮编：100120
网 址	http://www.wp-china.com
电 话	（010）62005043（总编室） （010）62005039（印制管理中心） （010）62001780（万川文化项目组）
发行热线	（010）82029051 62383056
经 销	各地书店
印 刷	北京盛通印刷股份有限公司
开 本	880毫米×1230毫米 1/32
印 张	9.75
字 数	250千字
版 次	2022年7月第1版 2022年7月第1次印刷
定 价	68.00元

卷首语

作为从一件奢侈品入手探察全球史的一次尝试，本书检视了 x
从16世纪初至18世纪末哥伦比亚祖母绿的开采、交易与消费。这一漫长的时期标志着欧洲海外扩张的开始和所谓亚洲“火药帝国”的崛起，在此时期内，产于新格拉纳达中北部矿区——主要是今哥伦比亚木佐（Muzo）——的祖母绿首次成为全球性商品。艺术史学者和宝石学家已详述这些宝石在拉丁美洲、欧洲、中东和南非的消费情况，但迄今为止关于它们如何生产、运输、交易以及数量或形式如何的系统史学研究尚付阙如。

1538年，西班牙人征服了波哥大（Bogotá）周围穆伊斯卡人（Muisca）的高地后，哥伦比亚的祖母绿来到欧洲。哈布斯堡王室和其他欧亚王公将其视为珍宝和满足对科学的好奇心的物品，十分喜欢。在整个基督教欧洲，经过雕琢、滚磨的祖母绿被镶嵌到王冠、戒指、宗教饰品和其他珠宝工艺品上。一些独特的祖母绿晶体和美洲原住民的羽毛饰品以及其他奇珍异宝一起放在珍宝柜里展示。但是，商人们很快发现早期近代哥伦比亚生产的最大的
祖母绿的销路不在欧洲或美洲——甚至不在大量美洲白银的目的 xi
地中国——而在南亚与西南亚。在那里，它们被奥斯曼帝国、萨

法维帝国和莫卧儿帝国的统治者及其附庸国、邻邦和藩王消费、珍藏、互赠、掠夺。

16—19世纪，美洲印第安人农奴和非洲奴隶在哥伦比亚东北部山区开采了祖母绿后，这些宝石一直是土耳其和伊朗（现在的国家）王冠的核心饰品，印度的那些宝石则大多已散落到私人藏家之手或博物馆中。本书将结合16世纪以来数量繁多的档案和出版物，追踪从臣服于西班牙的时期到拿破仑和玻利瓦尔的时代，哥伦比亚祖母绿走过的奇特而漫长的旅程，简短的后记部分则概述自独立以来哥伦比亚的祖母绿行业。尽管中非、南亚和巴西都发现了祖母绿，哥伦比亚依然是世界最重要的祖母绿产地。

从早期世界祖母绿贸易中获利最多的不是矿主，而是一小部分西班牙、葡萄牙、佛兰芒和其他欧洲国家的商人。他们在海上历尽艰险，在陆上艰苦跋涉，带着这些来自异国他乡的宝石深入南亚、中东的王国和封邑。本书涉及的整个时期内，最突出的商人有塞法迪犹太人家族和所谓的新基督徒，[①] 即被迫皈依天主教的伊比利亚犹太人。塞法迪犹太人生活在西班牙、葡萄牙的领土，包括葡属印度的首府——遥远的果阿（Goa）时，遭受了宗教裁判所一波又一波的迫害，许多人逃到了荷兰、英国、法国和意大利。塞法迪犹太人走到哪里，就把珠宝贸易带到哪里。

17世纪晚期的一个普遍趋势是，居住在哥伦比亚殖民地的港口卡塔赫纳（Cartagena de Indias）、里斯本或塞维利亚（Seville）的新基督徒商人，先把祖母绿送到生活在阿姆斯特丹或伦敦的公开的犹太亲戚那里，然后再出口到印度、土耳其或波斯。到1700
xii 年，伦敦的塞法迪犹太人定期通过英国东印度公司的船只将祖母

① 原文为“Sephardic Jews”，通常也译作“西班牙系犹太人”。狭义的西班牙系犹太人，一般指15世纪晚期被迫离开伊比利亚半岛的犹太人及其后裔。——译者注

绿运到马德拉斯，换回那里的钻石。从事陆路贸易的亚洲商人，包括奥斯曼人、莫卧儿人和萨法维人的代理商，肯定也从通过阿勒波（Aleppo）、设拉子和其他城市的祖母绿贸易中获利，但存世资料对这些可以走的路线言之甚少。

另一个同样重要但实际被人遗忘的故事与祖母绿矿区的矿工有关，大多数矿工为安第斯山区土著、西非人和中西非人以及他们的子孙后代。采挖祖母绿是件九死一生的事情。记录显示，矿区经常发生山体滑坡，工头残酷地惩罚工人，并且不让他们吃饱饭。但是，最大的危险是疾病。最好的矿区位于低地的雨林中，17世纪初蚊媒疾病是那里的地方病。营地卫生条件恶劣，导致了痢疾、霍乱和其他一些往往是致命的衰竭性疾病的暴发。在这种情况下，矿工们无法繁衍生息，因此当祖母绿很多时就只能从外面补充人手。记录也显示，整个殖民地时代，尽管有各种艰难险阻和惊人的死亡率，矿工们仍然驾轻就熟地寻找、藏匿祖母绿原石并用它以物换物。

本书也尝试展现成千上万名矿工的日常生活和斗争，是他们挖出了信奉各种宗教的欧亚贵族所珍爱的宝石。本书对那些卷入了秘密、专业的祖母绿世界的小走私犯、宝石切工和其他社会边缘人物亦感兴趣，此外也试图完成另一项艰巨的任务：探索在所谓商品链的另一端，普通民众根本不关注的亚洲——主要是伊斯兰礼物经济中——祖母绿意味着什么。

这是一个关于贸易的故事，也是一个关于改变的故事——分处地球两端、截然不同的社会成员，如何将价值赋予说到底不过是几千磅不完全闪闪发光的稀有绿色岩石的故事。

致谢

书写哥伦比亚的祖母绿，是一段有许多人和我一起分享的经历。在此，我要向我请教过的若干档案馆和图书馆的工作人员致谢，尤其是波哥大国家档案馆的毛里西奥·托瓦尔博士（Mauricio Tovar）。也感谢木佐、科斯凯兹（Coscuez）和契沃尔（Chivor）的矿工与宝石切工，在过去10年的几次访问过程中，他们耐心地向我解释宝石行业的复杂性。我也要特别感谢木佐的矿工兼熟练的吉普车司机伊尔德布兰多·多托尔（Hildebrando 'Mataperros' Dotor）、契沃尔的采矿作业主管埃克托·巴雷拉（Héctor Varela）、波哥大的宝石鉴定大师黛安娜·卡侬（Diana Cañón），他们让我知道以祖母绿为生的意义。我还要向丹尼尔·麦卡利斯特博士（Daniel de Narváez McAllister）道谢，他不仅使我难以忘怀的契沃尔之行成为可能，而且慨然和我分享他的哥伦比亚祖母绿行业知识，以及宝石学、历史学知识。 xiii

其他给予我引导与帮助的人还有苏珊·拉米雷斯（Susan Ramírez）、阿方索·基罗什（Alfonso Quiroz）、亨丽埃特·科普斯（Henriette de Bruyn Kops）、罗伯特·费里（Robert Ferry）、赫尔墨斯·平松（Hermes Tovar Pinzón）、勒内·法郎士（Renée Soulodre-La France）、莫莉·沃什（Molly Warsh）、汤姆·科恩（Tom Co-

hen)、阿卜杜勒-卡里姆（Abdul-Karim)、扎希·拉夫科（Zahi
Rafeq)、豪尔赫·弗洛里斯（Jorge Flores)、布兰德利·那伦奇
(Bradley Naranch)、乔斯·戈曼斯（Jos Gommans)、戴维肯·斯坦
尼基-吉兹伯特（Daviken Studnicki-Gizbert)、金姆·林恩（Kim
Lynn)、维姆·克洛斯特（Wim Klooster)、奥雷里奥·埃斯皮诺萨
(Aurelio Espinosa)、罗伯特·马克思（Robert Marx)、黑兹尔·弗
西斯（Hazel Forsyth)、巴斯瓦蒂·巴塔查里亚（Bhaswati Bhatta-
charya)、本杰明·缇斯玛（Benjamin Teensma)、埃里克·罗谢特
xiv (Erick Rochette）和布鲁斯·莱蒙（Bruce Lenman)。在图片问题上
帮助过我的人有莎拉·威廉姆斯（Sarah Williams)、西贝尔·赞
迪-哈耶克（Sibel Zandi-Hayek)、西尼德·沃德（Sinéad Ward)、
瑞芬德·夏加尔（Revinder Chahal)、迈克·布鲁姆（Mike Blum)、
薇拉·海默（Vera Hammer)、布杜尔·阿尔-阔萨（Budour al-
Qassar)、艾莉森·迈纳（Alison Miner)、埃里克·佩尔特（Eric
Van Pelt)、狄伦·基布雷尔（Dylan Kibler)、苏珊·丹弗斯（Su-
san Danforth）和迈克尔·弗朗西斯（Michael Francis)。瑞克·布
里顿（Rick Britton）帮我绘制了祖母绿的世界地图。感谢落基山
拉美研究委员会（Rocky Mountain Council of Latin American Studies)
和天主教大学、范德堡大学、布朗大学、宾夕法尼亚州立大学近
代早期研究小组的成员们，也谢谢我在威廉玛丽学院的同人们对
我的初步研究成果作出评论，并督促我进一步探索。华威大学的
马克辛·伯格（Maxine Berg）教授和本系同事保罗·马普（Paul
Mapp）阅读了本书冗长、粗糙的草稿，并为如何修改完善提出了
金玉良言。如果收效不佳，是我之过。我还要向耶鲁大学出版社
的编辑罗伯特·鲍多克（Robert Baldock）及其优秀的团队道谢，
尤其是坎迪德·布莱西（Candida Brazil)、塔米·哈利迪（Tami
Halliday)、史蒂夫·肯特（Steve Kent)、瑞秋·朗斯代尔（Racha-

el Lonsdale)、帕特丽夏·希尔顿-约翰逊（Patricia Hilton-Johnson）。

虽然我从1990年代初在明尼苏达研究生院就读期间就开始收集哥伦比亚祖母绿的材料，但本书的核心研究得到了富尔布莱特-美国国际教育协会（Fulbright-IIE）提供的去哥伦比亚做访问学者的资助（2005），国家人文基金会（NEH）则提供了在罗德岛普罗维登斯（Providence）布朗图书馆查阅文献的资助（2006）。戴维与卡洛琳杰出副教授的职位，为我造访塞维利亚、马德里、里斯本、伦敦的档案馆提供了旅费（2004—2007）。威廉玛丽学院的大力支持与约瑟夫·潘穆利（Joseph Plumeri）的馈赠使书中的彩色插图成为可能。我也非常感激妻子帕米拉（Pamela）和女儿西米娜（Ximena），尽管有几次紧张刺激的旅行和延期不归，她们还是支持这个项目。最后，谨将此书献给并纪念从明尼苏达那段岁月开始同行的好同事与密友麦同戈（A. B. K. Matongo），正是他在《纽约时报》中介绍木佐祖母绿老板维克托·卡兰萨（Victor Carranza）的文章，激起了我对这一主题的兴趣。

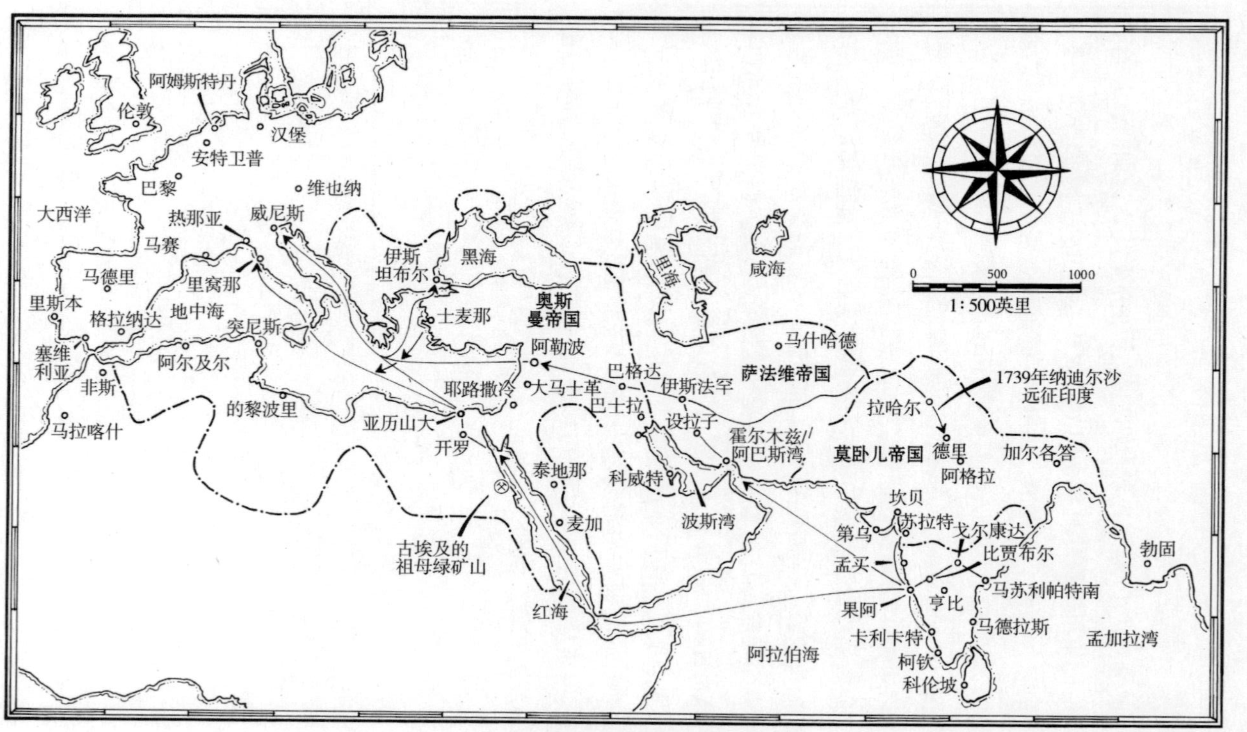

地图1　欧洲贸易和火药帝国

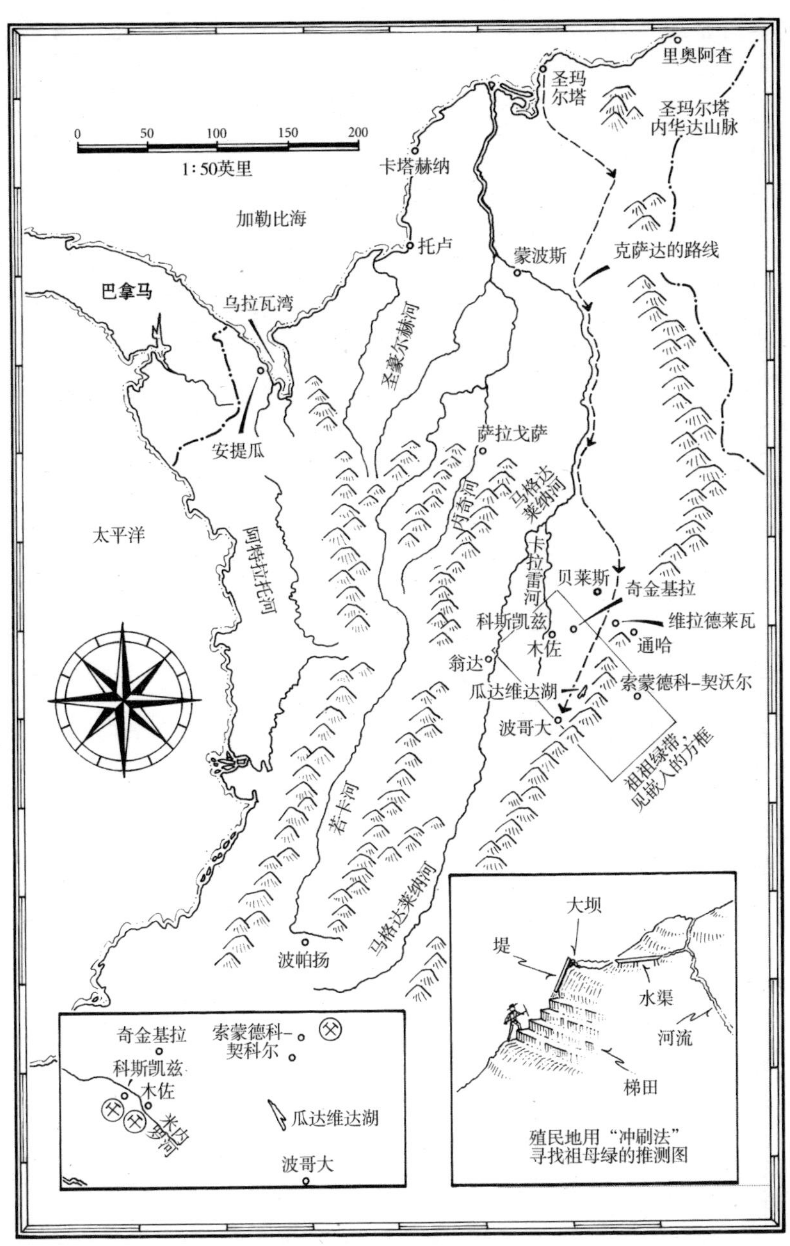

地图2　征服哥伦比亚祖母绿矿区，1537—1587年

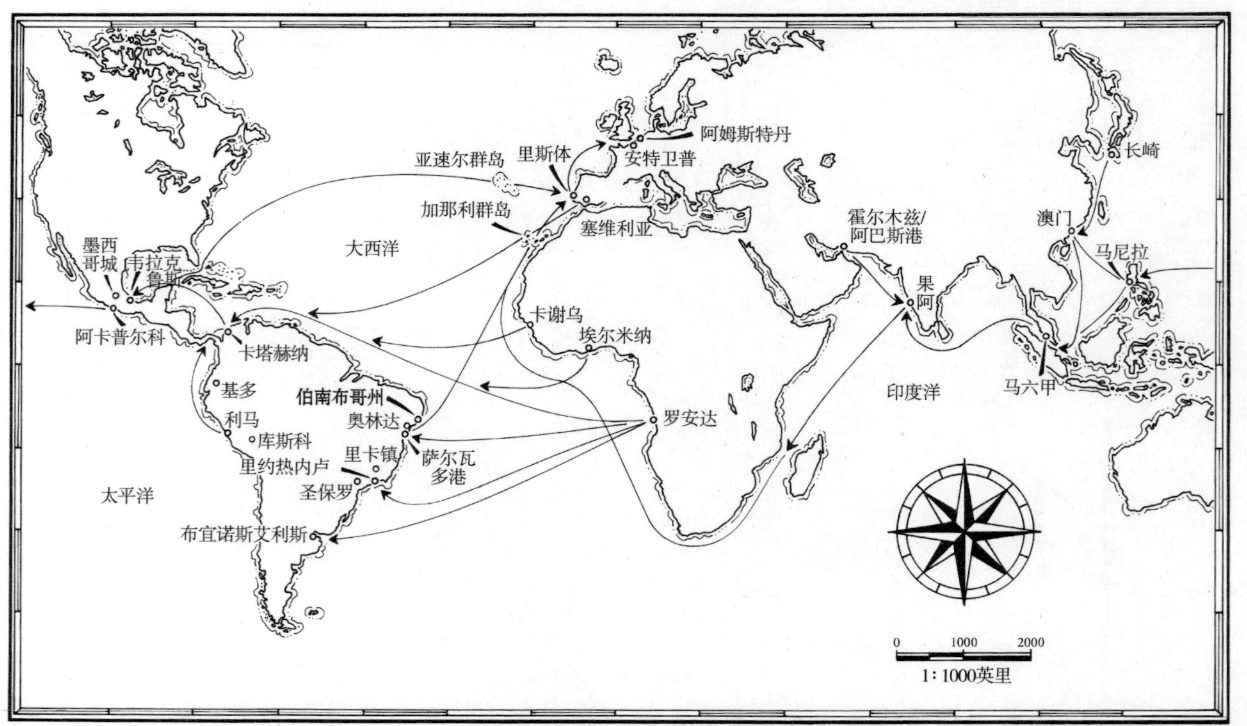

地图3　伊比利亚的全球航运线路，16—18世纪

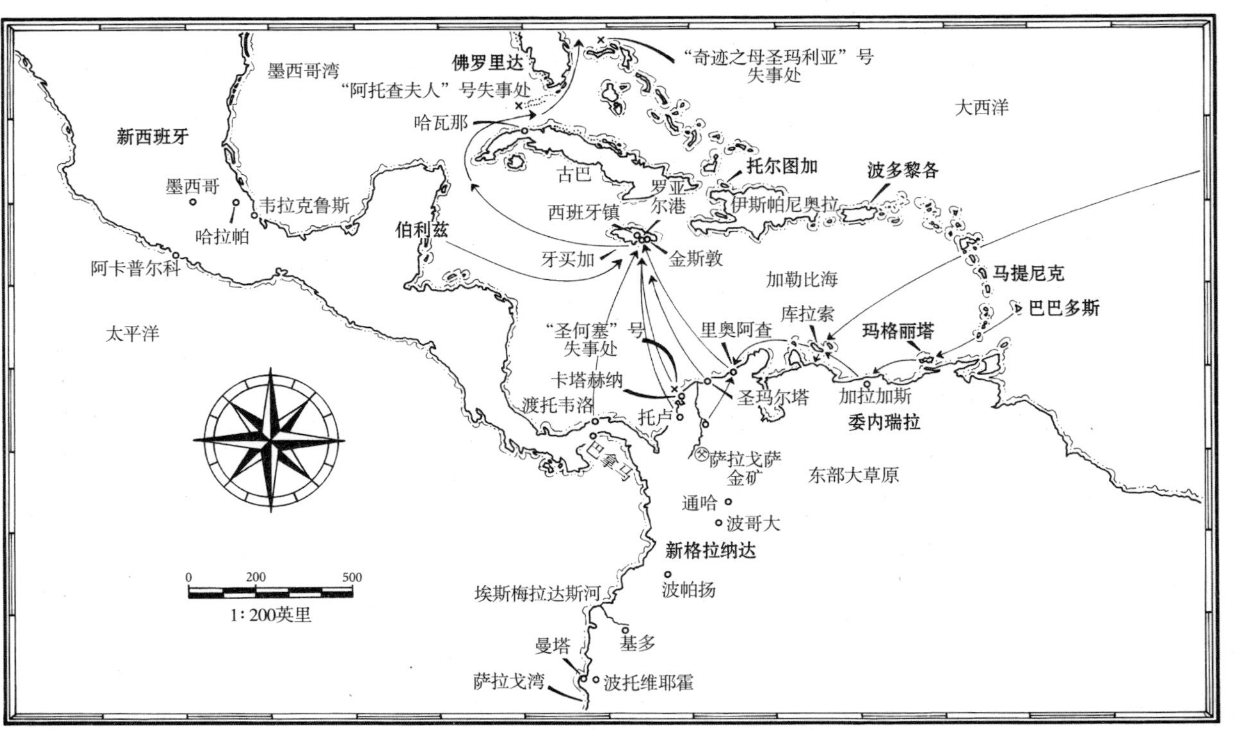

地图4　加勒比海走私贸易网络，约1655—1808年

目录

导　论

17 世纪末，萨法维波斯的衰落已非常明显。正是在 1694 年继 1
位的苏丹·侯赛因统治时期，许多最严重的威胁出现了。格鲁吉
亚率先从外部发起挑战，在彼得大帝的鼓动下，俄国紧随其后，
但更让人不安的是西面的老对手奥斯曼帝国。因为波斯西部边境
的逊尼派教徒遭受了苛待，土耳其人在 18 世纪的前几十年里发动
了进攻，最终却是波斯沙①名义上的臣民——阿富汗部族人民的叛
乱——摧毁了萨法维王朝。

尽管阿富汗人很强悍，但他们很快败给了萨法维王朝的捍卫者—— 一个从波斯东北部土库曼阿夫沙尔部落征募来的人。他是自帖木儿以来最伟大的战士，自称“纳迪尔沙”（Nadir Shah）。从 1726 年开始征战四方，当时他还只是一名中尉，到 1747 年被暗杀身亡，纳迪尔威胁并控制了南亚和西南亚的大部分地区。

1739 年，纳迪尔率军在德里大肆劫掠。他不仅剥夺了莫卧儿
皇帝的称号，还抢走了他累积了数个世纪的财富，战利品包括具
有传奇色彩的孔雀宝座（Peacock Throne）、钻石“光之山”（Koh-
i-noor）和最大批的祖母绿，这些祖母绿大多来自哥伦比亚。孔雀 2
宝座被人拆卸瓜分，“光之山”被镶嵌到英国王冠上，但莫卧儿皇
帝的许多祖母绿依然保存在伊朗的中央银行珍宝博物馆。

① “shah”为波斯国王旧称，常译作“沙”“沙哈”“沙阿”“沙赫”等。本书译为“沙”。——译者注

这是怎么发生的呢？根据当时的说法，到18世纪之初，正如萨法维皇帝，莫卧儿皇帝已经衰弱——成了被后宫操纵的软弱的傀儡，或被狡黠的阉人玩弄于股掌的受骗人。几代以来，这两个王朝都缺乏以慑服臣民或征服邻国为务的魅力型领导，而纳迪尔沙正是这样的人。据大家所知，纳迪尔沙是一位杰出的军事战略家，他首先为萨法维皇帝效力，后来声名鹊起，掌握了国家大权。虽然他出身平民——他喜欢说自己是“剑之子”，但他欣然承担起了复兴波斯的事业。到1747年纳迪尔沙被暗杀时，他开拓的帝国已远远超出了前几位萨法维皇帝时的疆域，为现代伊朗奠定了基础。[1]

可以打穿几米厚的石头堡垒的长筒大炮以及训练有素的火枪队是纳迪尔的法宝。虽然现在一些历史学家对伊斯兰史学家马歇尔·霍奇森（Marshall Hodgson）于1974年生造的“火药帝国”一词感到不满，但他们也同意火药是纳迪尔沙获得成功的关键因素。[2] 批评并没有错，因为在战场上，不是枪或火药，而是纳迪尔混合了大胆与速度的传统武士作风获得了胜利。在中亚的传统中，一个真正的战士既要善于在旷野作战，也要善于在山区伏击。纳迪尔最喜欢的武器是马和单峰骆驼。

1736年，纳迪尔把他缀满珠宝的“吉卡”① 放在右边，而不是左边，将自己加冕为皇帝。此后，他没有让任何人挡在他的路上。首先发起挑战的是内部的敌人，其中许多人是像其祖先那样的部落山民。纳迪尔通过强迫或拉拢这些人的头领镇压了他们，随后便把矛头转向乌兹别克人，然后是奥斯曼人。土耳其人虽然
3 在中欧受挫，但他们证明了自己比纳迪尔以为的强壮得多。据亚

① 原文为“jiqa”，系一种戴在头巾上的饰品。德黑兰的伊朗中央银行珍宝博物馆收藏了一件“纳迪尔沙的吉卡”，重781克，状如羽毛，上面镶嵌了许多钻石，正面的中心为一颗大祖母绿。——译者注

美尼亚目击者和历史学家埃里温的亚伯拉罕所言，土耳其人逼迫他在一场貌似不费吹灰之力的胜利之后，在大火中逃离了巴格达。[3]

随着战争成本的激增，莫卧儿帝国著名的珠宝财富变得更有吸引力。探子建议向穆罕默德沙（Muhammad Shah）下手，因为他不过是其祖父——伟大的征服者和“信仰的斗士”奥朗则布（Aurangzeb）的影子。因此，纳迪尔于 1739 年 1 月远征北印度，原因与其说是统治南亚的欲望，不如说是想大肆劫掠一番。纳迪尔沙的行动是追随亚历山大和帖木儿的脚步，起到了宣传鼓动作用。

纳迪尔及其军队挺进边境城市拉合尔时，其统治者与市民献出钱财、珠宝和大象作为赎金。入侵者“勉为其难”地接受了这些“礼物”，然后向大城市卡尔纳尔进军。在这里，纳迪尔及其久经沙场的追随者与莫卧儿皇帝、将军以及汪洋大海似的新兵对峙。据估计，双方投入的兵力都在 10 万以上，据说纳迪尔的军队中还有 7000 名伪装成男人的女俘。[4] 纳迪尔像往常一样临场制订计划，完美取得胜利。部署得当的火枪手撕裂了莫卧儿的精兵纵队，带着燃烧的平台冲锋陷阵的骆驼吓坏了莫卧儿皇帝的战象，军队在撤退时被截断并俘获。1739 年 2 月 26 日，穆罕默德沙退位。

纳迪尔和他的人马耀武扬威地进入德里，丢了脸面的穆罕默德及其随行人员隔了一段距离跟在后面。一入城，莫卧儿王朝的数量惊人的金银财宝就被送到这位印度最新的征服者面前，它们可追溯至开国皇帝巴布尔的时代。据同时代的波斯编年史家米尔扎·迈赫迪说，“地球上诸位君王的全部财富尚不及”穆罕默德沙所献财宝的“十分之一”。纳迪尔再次假装不感兴趣，又下令德里的造币厂铸造钱币，镌上“普天之下苏丹之苏丹为万王之王、幸运之神纳迪尔”字样。[5]

德里人民可不像他们的皇帝那样逆来顺受，很快就群起反抗。

狙击手杀死了纳迪尔的几名手下后，印度新任“万王之王”的反
4 应迅速而冷酷：挨家挨户搜查叛乱者，一时尸体堆积如山。他们还向担惊受怕的幸存者索要比以前更多的赎金，纳迪尔的士兵可以拿走所有能拿走的东西。但是，印度的湿热很快侵蚀了沙漠山民的意志。纳迪尔把穆罕默德封为“印度斯坦国王”后，收拾行囊准备返回波斯。不出所料，纳迪尔除了带走好几大箱钱，也带走了世界上数量最大的一批宝石与珠宝饰品。

米尔扎·迈赫迪形容莫卧儿皇帝的珠宝“不可计数”，我们不可能算出纳迪尔沙带回伊朗的祖母绿的价值。另一位编年史家穆罕默德·卡齐姆这样形容那些珠宝：“大脑无法想象。”[6] 钻石、红宝石和珍珠数不胜数，许多很大颗，但祖母绿依然引人注目。他们夺走了如此多的祖母绿，以致 19 世纪晚期的一位国王下令把数百颗祖母绿镶嵌到一个黄金地球仪上，以防失窃。祖母绿的数量超过了其他所有零散的宝石，因此被用来渲染海洋的颜色。一颗祖母绿被刻上了早已去世的莫卧儿皇帝贾汗吉尔（Jahangir）的名字。

离开德里之前，纳迪尔骑着一匹伊朗骏马在全城游行。他裹着一条白色羊绒披巾，头戴红帽，帽子上缀着珠光宝气的吉卡。他像莫卧儿皇帝一样，将一把把红宝石抛向在路边看热闹的人群，以示大方。据目击者说，他劝告低声下气的穆罕默德不要容忍贵族的挑战，还要正确地集中权力。我们不知道穆罕默德用这些专制统治经验做了什么，但无论是他或其继位者都没有拿回这些珠宝。

正如许多征服者一样，纳迪尔沙的命运在其取得最大胜利之后不久发生了逆转。事实上，他似乎很快受到了这批莫卧儿财宝的诅咒，虽然他曾幻想这笔财富会使其摆脱战争造成的贫困。在北上途中的渡口和关隘，纳迪尔沙下令其部下，包括高级军官，

一律将所有赃物上交，并告诉他们这是为了防止争吵引起不和。但是，在一支以劫掠侵吞为动机的军队中，不由分说地没收只会折损士气。

回到波斯后，纳迪尔将德里所得财富的一部分用来修筑宫室、 5
神殿和寺庙，希望能复制莫卧儿的辉煌。他把印度的建筑师和工匠也带到了波斯。距其家乡不远的马什哈德的巨大陵墓至今矗立，就像无声的证词，它们的宏伟让人回想起那场与印度的战争。但他把更多的精力花在了加固山顶小镇卡拉特上，大多数艺术瑰宝，包括孔雀宝座和其他珠宝饰品，都将被存放在那里。因为极其爱惜这些宝贝，纳迪尔下令杀死宫廷太监和其他了解卡拉特建设工程内情的人，以防他们泄露秘密。

纳迪尔借助另一部分财富发动了对突厥斯坦的战争，并买了一支小海军，在波斯湾巡逻。但是，和以前一样，和奥斯曼人作战才是波斯资源紧张的原因。纳迪尔没有出售莫卧儿王朝的珍宝，而是向臣民征税。逃税者在大庭广众之下遭受折磨，然后被处死。敲诈勒索变得更严重，杀戮也更令人毛骨悚然。纳迪尔对他的账目念念不忘，为其人民的所谓小气和忘恩负义而暴怒。被控小偷小摸的政府雇员被刺瞎、烧死或打死。帝国的每个地区都爆发了内乱，最终不得不与土耳其人签订了条约。

当这个曾经所向披靡的“幸运之神”近乎完全疯狂时，他的心腹甚至也开始密谋杀害他。为了和情绪多变的邻居签订条约，奥斯曼人组织了一个使团，委托人制作了礼物。在艾哈迈德·帕夏·凯斯利和1000名随从带到波斯边境的礼品中，有一把镶嵌着祖母绿的短剑，如今它是伊斯坦布尔托普卡帕宫博物馆（Topkapi Palace Museum）的镇馆之宝。

在被谋杀前夕，纳迪尔也把自己的全部礼品送给了奥斯曼苏丹，其中包括波斯湾的珍珠、莫卧儿的宝石王冠和两头跳舞的大

象（也来自莫卧儿）。所有这些都在伊斯坦布尔被隆重地接受。在
此情况下，或许授比受好，因为丰厚的馈赠是权力最真实的写照，
6 但这将是一次单边的交换。一得知纳迪尔沙被暗杀，奥斯曼大使
就带着珍贵的托普卡帕之剑从边境回家了。

在整个伊斯兰世界中，纳迪尔沙染血的弯刀使人们产生了矛盾心理。一方面，他的胆识和军事天才让人引以为傲，但另一方面，他表面的坠入疯狂与凶残的贪婪又使大多数逊尼派或什叶派教徒觉得他极端反宗教。早在1736年纳迪尔将自己加冕为王时，他曾试图将什叶派教义掺入逊尼派教义，这对许多波斯人，尤其是旧日萨法维神权政体的支持者而言，是更为严重的事情。虽然纳迪尔的一些同胞视他为务实的统一者，但也有人认为他是个异端。而在欧洲人眼中，纳迪尔的故事仍然令人惊叹，但马上又被认定是“东方的专制主义”。

祖母绿与早期近代全球化

纳迪尔沙奇特的生涯背后有一个比较长，但又不那么个人化，甚至是隐藏的故事：祖母绿及其在早期近代全球化中的作用。正如红宝石、珍珠和其他宝石，钻石也为纳迪尔和印度、土耳其等其他伊斯兰世界的皇帝所珍视。但是，祖母绿因为两个原因而特殊：寓意与来源。

在伊斯兰传统中，绿色是天堂的颜色，先知的后人可以穿绿色长袍、戴绿色帽子。因此，在莫卧儿王朝、奥斯曼帝国和萨法维王朝，祖母绿因其神圣的色彩而在宝石中占首要地位。许多祖母绿被缀在头巾上做装饰品，或刻上《古兰经》经文，或缝到授职仪式穿的长袍上。也有一些祖母绿被镶嵌到皇家短剑的剑柄和

箭袋上，还有一些则镶上黄金或与珍珠串在一起，作为还愿的供品送到麦加或麦地那。

虽然一直声称祖母绿来自旧大陆，但其实它也是外来物品。其他大多数宝石，包括“光之山”钻石，都产自印度本国的矿山。与此不同，国王们的祖母绿并不产于亚洲，而是美洲。大多数祖母绿来自哥伦比亚的密林深处，离木佐镇不远的几个矿区——当时哥伦比亚是西班牙的殖民地，名叫新格拉纳达。 7

这些深绿色宝石仍被认为是世界上最好的祖母绿。它们如何走出南美，在航海与火药的时代环绕半个地球来到亚洲——谁开采它们，谁买卖它们——是本书的主题。正如纳迪尔沙一样，它们也走过了漫长、奇特的旅程。

哥伦比亚祖母绿在前工业时代如何生产、贸易、消费，这是一个足以让人好奇的故事。但是，本研究可以为世界史的学生提供什么见解呢？我认为，就像西属美洲殖民地更知名的产品白银，祖母绿有助于揭示全球政治经济的缓慢变化。尽管欧洲商人和王公贵族各有目的，正如白银，哥伦比亚的祖母绿走进了以亚洲为中心的世界体系，这个体系至少在 18 世纪中叶之前调节了重要商品的交易活动。换句话说，祖母绿的流动有助于阐明几个世纪以来欧洲人如何连接美洲与亚洲。

后哥伦布时代全球化的特点与速度引起了热议，但在研究商品交易的历史学者中也形成了新的共识。直到最近，流行的全球经济世界体系模式仍将欧洲放在自中世纪晚期以来资本积累的中心。毕竟，欧洲是世界第一批全球海上帝国的所在地。在一些锐意进取的金融家族的推动下，这些国家在黑死病结束之后不久就开始相互竞争，看谁能拥有最大份额的人力与物资资源。根据一些估计，肇端于此的疯狂争夺并未结束。

即便是那些强调早期近代的消费而不是生产或流通的人，也主张从哥伦布时代开始，美国、非洲和亚洲的商品（其中值得注意的有贵重金属和宝石）就势不可当地流向北方，先到北欧，再到巴黎、阿姆斯特丹、伦敦。它们汇集在那些地方，推动了经济以及后来的工业发展。

8 近年来，由于有证据显示，至少在1800年之前，中国，其次为印度，吸纳了最多的美洲白银——流通于世界的货币，这些观点得到了修正。一如今日，中、印各自的人口，更不用说两国加起来的人口，不仅超过了欧洲，也超过了世界上其他大多数国家。因为中国和印度是奢侈品的主要而古老的进口国，所以明、清君主或莫卧儿皇帝在税收或贸易政策上的任何变化，都注定会影响全球，尽管他们对海外并无野心。16世纪中叶，明朝廷连下诏令，要求用白银纳税，使得中国成了一个银池子。

除了吸收大量白银，随着时间的流逝，东亚和南亚在早期全球化中的确切作用依然难以量化或精确追溯，一部分原因是亚洲的货币化与信贷结构与西欧人所熟悉的不同（因此产生了不同的文献记录）。无论如何，早期近代全球贸易的“重新定位”必然会把欧洲海运商人——甚至是“商业帝国”——降低到亚洲经济发展的合作者的地位，把他们拖进一个更强有力的引力场。

中国人和南亚人为这个世界——确实是世界，而不仅仅是欧洲——提供的东西是价廉物美的丝绸和棉纺织品。此外还有染料、药品、香料、瓷器以及其他五花八门的物品，包括钻石、红宝石、蓝宝石、珍珠，但几个世纪以来纺织品一直是核心。从墨西哥城到莫斯科，只要买得起，人们就会给自己和他们的东西——包括马、窗户和家具——披挂上最引人注目、五颜六色、纹理繁复的亚洲织物。纺织品容易腐烂，通常也很精细，穿旧了、穿坏了、褪色了或过时了，需要经常更换，人们更多地根据口味而不是需求来购买，亚洲生产的种类繁多的纺织品是一个商人的梦想。

早期近代的大多数时候，欧洲人竭力挤进把中国、日本、香料群岛、东南亚、印度次大陆、中东和东非连接在一起的历史悠久的贸易圈。波斯位于中间，既成了商业重地，又是一个丝绸生 9
产大国。葡萄牙人，后来还有荷兰人与英国人（以及少量法国人、瑞典人和丹麦人），闯入了一个用到他们但又不需要他们的古老的贸易世界。他们积极从事海上转运，如印度和东南亚之间的转运，大多用纺织品换回原材料，如檀香木、安息香。

这并不是说，欧洲人没做什么新鲜事，或只能发挥微不足道的力量。他们带着雄心壮志和非常发达的（某种程度上也是借用的）技术来到亚洲。结实的船只、厉害的枪炮、越来越精确的地图和航海仪器，这些都只是新的海上火药帝国的工具，只不过因时间的流逝与竞争而有所进步。

但是，即便享有技术优势，硬是进入亚洲的贸易也意味着承受巨大的损失。对葡萄牙先驱者来说，征服古老的贸易中心，推翻苏丹，敲诈原先自由的运货商，都可谓是十字军讨伐伊斯兰教的延伸。否则，他们永远招募不到人。当他们在季风的间隙因发热或刀伤而奄奄一息时，甚至许多被判处流刑的葡萄牙罪犯，也很可能想要相信一个更崇高的目标。后来欧洲人放弃了东征，但仍将其商业进取精神视为道德责任的承担。

用武器控制亚洲海上贸易比赢得亚洲人的心容易，虽然西班牙人曾声称取得过一些成功。16 世纪二三十年代，西班牙征服了美洲大陆的帝国，又于 60 年代占领了菲律宾群岛，由此重新绘制了全球的宗教和商业地图。一连串的海上基地起了连接作用，一个新的贸易世界开始成形。早在 1570 年代，西班牙人就每年横渡太平洋，把亚洲的纺织品运到阿卡普尔科，换回上百万盎司的白银。传教士和少数亚洲的皈依者也搭上了顺风船。虽然太平洋上的这种联系有时比较脆弱，但它颠覆了延续数千年的贸易模式。

10 以欧洲为中心的比较古老的世界体系模式认为，纺织品在马尼拉被装到传说中的西班牙大帆船上，其中大多数再从墨西哥转运到欧洲。但是即便草草翻阅西属美洲的公证书，也能发现相当一部分的纺织品以及各种各样的香料、药物和瓷器销售给了赶时髦的殖民地居民，且不局限于富人。中央和地方官员都试图阻止这种情况，但是到了 1580 年代，在墨西哥和安第斯地区，沦为奴隶的非洲和美洲原住民妇女都穿戴用中国丝绸做成的围巾、裙子或印度薄细布披巾。中美洲的巧克力不久也用锡兰的肉桂调味。西属美洲人既消费亚洲的商品，又生产能让他们有钱购买这些东西的矿物，他们是这个重新定位后的贸易世界的关键人物。

经过 1570 年后的“全球化”，曾经的地方性城市马尼拉成了一个世界级的大市场。成千上万名华人和其他亚洲商人，还有许多总部设在印度的葡萄牙代理人，都以此地为家。走遍全球的葡萄牙人，其中有许多为新基督徒，即被迫放弃犹太教而皈依天主教的改宗者，把古吉拉特（Gujarati）、孟加拉的薄细布和印花棉布，此外还有香料，偶尔也有宝石，带到了菲律宾。他们多半以此换回白银，有时则为祖母绿。

马尼拉不是唯一一个新发现的、以货币兑换和纺织业为主导的世界主义城市。以葡萄牙新基督徒为首的其他欧洲商人在西非和中西非找到了印度纺织品的新市场，推动了全球链条中的另一个新环节：大西洋两岸新兴的奴隶贸易。大多数非洲奴隶被卖到美洲收割、加工甘蔗，但也有一些在哥伦比亚开采黄金、祖母绿和珍珠。

除了美洲的贵重金属和亚洲人早已在消费的转运的商品（及奴隶），欧洲还为“东方”提供了什么？最初是质量上乘的羊毛和亚麻纺织品，但是都没有销路。欧洲人也曾推出铁器和其他金属器皿，还有一些药品与颜料，但是几乎没有赚到钱。至于珠子、

铃铛以及哥伦布最早卖给美洲印第安人的那类华而不实的东西，11
情况也是一样。

然而也有例外。欧洲在技术上的发明创造，包括机械钟、眼镜、望远镜、蒸馏器，找到了有限、高端但至关重要的市场——这个市场也关注枪炮和其他爆炸物。欧洲的武器，尤其是那些大规模杀伤性武器，对那些大权在握或渴求权力的人而言，如莫卧儿、奥斯曼和萨法维皇室，非常有吸引力。欧洲人很快开始在这些地方和其他伊斯兰法庭争夺独家经营许可证，把军械工匠和工程师派到每个正在崛起的皇帝或值得一见的小国王那里去。甚至耶稣会士也发现，自己要设计、制造枪炮才能换来传教的地方。

但是在16世纪中叶，随后从北非到东南亚陆上火药帝国的全面崛起中，纺织品依然是关键。仅在纺织品的种类上，许多时候也在质量方面，亚洲人的生产水平就超过了欧洲人。欧洲的商人和君主很早就意识到，他们无法在国内以有竞争力的价格生产出具有可比性的纺织品，因此他们或多或少放手把美国的金银财宝，主要是秘鲁和墨西哥的白银运到亚洲，以平衡与亚洲的贸易。

在葡西、荷兰、法国、英国相继成为海上霸主的年代里，这一趋势持续不变，直到最后在18世纪晚期成功仿制了南亚印花布，并由于英国工程师和非洲—美洲奴隶（他们大量生产棉花和靛蓝）而实现了低廉的机械化生产。18、19世纪之交，为了解决因英国人沉迷于饮茶胜于丝绸而造成的“中国问题”，英国需要把鸦片推销到中国，以免白银外流。

美洲的白银或亚洲的纺织品引导、影响了近代早期全球经济的趋势，而哥伦比亚的祖母绿，正如印度的钻石和其他宝石，似乎主要跟在它们后面。且不论纳迪尔沙的大量赃物，作为商品，它们对全球无足轻重。鲜有人因买卖祖母绿而致富。虽然它们无疑用闪耀的光芒勾起了人们征服的欲望，但据我们所知，它们没有导致战争。

12 所以，除作为从美洲流向亚洲的白银之外的又一件闪亮的商品，祖母绿可以为关于世界体系的争论提供些什么？我认为，祖母绿实际上不过是几千磅虽然漂亮却没有用处的石头，它们碰巧在大约 1550—1750 年的伊斯兰世界找到了一些特殊的意义，提出了一些经济史学者很少问的问题。假如我们听从经济人类学家和一些社会学家的说法，把“经济”扩展到包含所有受物质影响的人类关系，那么流通于全球的祖母绿就有了新的意义。

根据布罗尼斯拉夫·马林诺夫斯基的田野调查，特罗布里恩岛的居民走很远的路和邻村交易贝壳，但从未因此致富。这样看来，祖母绿影响下的某些关系似乎主要起了把个人、部落甚至国家联系起来的作用，也巩固了人、神之间的纽带。我们会从莫卧儿帝国，还有萨法维帝国、奥斯曼帝国，至少到纳迪尔沙时代的情况中看到，祖母绿推动了联盟的建立和继承人的指定。正如马塞尔·莫斯在关于礼物的名著中所断言的那样，许多这样的珍宝交换无法定价，即便它们可能带来某些可以计算的好处，如和平。

因此我认为，随着祖母绿离开了欧洲商人之手，它们呈现出新的意义，并越来越背离西方的商品价值观念，即商品价值与分量、纯度和相对稀缺性直接相关。祖母绿被灌注了宗教意义，日渐被皇家用作互赠的礼物。它们脱离了普通商品的范畴，成为神圣的艺术精品。正是在这一点上，祖母绿有别于白银。

在早期近代祖母绿的故事中，还有其他一些具有潜在启发性的文化印迹。正如大多数商品，哥伦比亚祖母绿很快脱离了生产它们的环境，远离其生产者之手，如马克思的名言，“拜物化”了。买主不知道（或不想知道）每块石头需要多少人工，运送中耗费了多少血汗（但愿这样的事不会再发生）。但是原产地对于许多旧大陆的消费者来说依然重要，无论他们是在里斯本或坎大哈。

就像钻石与珍珠，祖母绿也被简单地认为来自“东方”。

受限于这种古老的偏见，欧洲商人几乎立刻开始把哥伦比亚 13
祖母绿分成两种：“老的”或“东方的”（品质最佳）；“新的”或“秘鲁的”（品质一般），马可·波罗证实了这一点。我相信（部分原因是18世纪初同样的情况也发生在巴西钻石上），他们差不多从接触宝石的那一刻就这样做了，反映出旧大陆普遍把美洲当作假的或至少是“半吊子”的东方。

因此，将哥伦比亚祖母绿神秘化必须再走一步——走向欺骗。否则，人们将不得不接受本书揭示的难以接受的事实：国王们拥有的光彩夺目的祖母绿，原产于天主教国家西班牙巧取豪夺的美洲殖民地。美洲印第安人农奴和非洲奴隶被迫在那里从事开采，被宗教裁判所追捕、折磨的犹太商人把它们带到亚洲，但只有世界上最强大的穆斯林统治者才能享用。对于像纳迪尔沙那样的人，这些大概无关紧要，但是对心肠比较软的鉴赏家来说，无论过去还是现在，他们都更喜欢把这些优雅的宝石想象成天堂的颜色，它们只可能来自“迷失的矿山”。

祖母绿与宝石学

和谷物、木材、纺织品甚至是贵重金属等基本的商品不同，宝石具有边缘性，因此很少有经济史学者关注其生产或流通，尤其是在大航海时代。一些艺术史学者，如曼纽尔·基恩、苏珊·斯特朗、努诺·席尔瓦和赫尔穆特·尼克尔，探究了珠宝的消费。他们的档案工作有助于我追踪目前收藏在欧洲、中东和南亚的一些知名祖母绿的可能路径。但是，这些研究者中的大多数人只探索原石和珠宝手工艺品在距其终点非常狭小的范围内的活动，而

且对珠宝的加工与设计尤为感兴趣。值得称赞的是，近些年来大
14 多数受人推崇的艺术史学者和宝石学家都认为，根据颜色和其他内在特征，本书讨论的祖母绿肯定来自哥伦比亚。近来的矿物学分析已证实这些推测。

对早期近代祖母绿开采感兴趣的宝石学家非常依赖二手著作，结果许多人重复了错误甚至混合了彼此的错误。已故的约翰·辛坎卡斯（John Sinkankas）的巨著《祖母绿与其他绿宝石》（*Emerald and Other Beryls*，1981）在一定程度上是一个例外。[7] 尽管辛坎卡斯对哥伦比亚殖民地的叙述完全不对，但他确实收集了足够多的出版物，以便找出矛盾之处。他甚至大胆地构建了一个从臣服于西班牙到20世纪晚期哥伦比亚祖母绿开采情况的大致时间轴。鉴于辛坎卡斯除了没有研究过哥伦比亚和西班牙的档案，几乎做了所有事情，他的时间轴并无很大出入，至少就16、17世纪那部分而言。但是，它出错时就会非常有误导性。

更严重误导读者的是试图把祖母绿的历史与传说相混合的著作，如黛安·摩根（Diane Morgan）的《从撒旦的王冠到圣杯：神话、魔法与历史中的祖母绿》（*From Satan's Crown to the Holy Grail: Emeralds in Myth, Magic, and History*）。[8] 公平地说，开采、劳动力供给和长途贸易的细节不在艺术史学者、宝石学家和民俗学家关注的主要范围之内。我的目标不是批评他们没有做我在此尝试的工作，实际上，这些从不同学科视角书写的雅俗共赏的著作对本研究是有价值的，不是因为它们对现代珠宝贸易或采矿历史的叙述，而是因为它们有助于阐明世界各地在祖母绿的工艺、鉴赏、神话、地质学和化学上的差别。幸亏有他们的著作，现在我才深信，所有这些因素都能深深地影响下文要概述的生产、贸易和消费的循环。

出乎意料的是，哥伦比亚学者很少涉及殖民地时代或现代的

祖母绿生产，除了古斯塔沃·穆尼奥斯（Gustavo Otero Muñoz）与安东尼奥·比利亚尔瓦（Antonio Barriga Villalba）合著的《哥伦比亚祖母绿》（*Esmeraldas de Colombia*）。为了庆祝国家银行于1947年收回了木佐矿山，该书于1948年出版。[9] 穆尼奥斯简短的历史综述完全取材于已出版的图书文献，因此对于生产、劳动模式或被 15
征服到独立之前的珠宝贸易几乎未置一词。相反，该书采用了有趣却又可疑的地方传说。另外，该书的另一半，即比利亚尔瓦对于1948年左右祖母绿开采与切割的更有技术含量的探讨，却依然十分有用，而且还包含了珍贵的地图与其他图表。拉斐尔·多明格斯（Rafael Domínguez）出版于1965年的《哥伦比亚祖母绿史》（*Historia de las esmeraldas de Colombia*），也根据一小部分出版物（以穆尼奥斯的著作为主）以及若干挑选过的文献，介绍了类似的精简版的殖民地史实，但它也比较清晰地叙述了后独立时期。[10]

在祖母绿开采方面，迄今为止信息最丰富的研究有可能是玛莎·罗哈斯（Martha Rojas）完成于1974年的人类学硕士学位论文未刊稿。[11] 作为就读于波哥大安第斯大学的考古学家，罗哈斯对哥伦布发现美洲大陆之前的祖母绿特别感兴趣。但她也在文中用了很大篇幅论述殖民地时期的文献，尤其是18世纪晚期王权时期的那些文献，本书第八章将会涉及。论文的最后，罗哈斯对1970年代早期木佐一带的祖母绿开采作了令人吃惊的民族学描述。1967年，哥伦比亚著名史学家胡安·弗里德（Juan Friede）发表了一篇短文，述及殖民中期木佐人口的减少。更近的1995年，路易斯·巴凯罗（Luis Enrique Rodríguez Baquero）出版了硕士学位论文，进一步阐述了弗里德的文章。[12] 这些都是最高水平的研究，但它们对于祖母绿开采与贸易几乎未置一词，而最近一些关于哥伦比亚祖母绿的学术撰述突出了它们与贩毒、准军事暴力的联系。

历史学家与早期近代珠宝贸易

“珠宝贸易，无论是业余的还是专业的，无疑是早期近代大量半公开半秘密的经济活动之一。”[13] 尽管历史学家乔治·维尼斯（George Winius）高度评价了珠宝贸易的重要性，但任何地方或时期的珠宝贸易史研究都没有充分发展。维尼斯本人关于葡属印度的著作虽然有思想，但它的暗示性超过了确定性——这当然不是
16 定量研究——因此应者寥寥。可以想象，已有的研究成果主要关注钻石。[14] 撇开所谓的“冲突钻石”，无论是早期近代（约1450—1750年）还是现代（约1750年至今）都是如此。

也有一些例外。已故的格达利亚·约格夫（Gedalia Yogev）研究了早期英国先后在印度、巴西开展的钻石贸易，也考察了珊瑚以及祖母绿、珍珠贸易，其中珊瑚是西地中海的一种与宝石类似的产品，印度人把它当作宝贝，虽然其社会等级低于钻石、祖母绿和珍珠。[15] 约格夫利用私人商业票据和英国东印度公司的记录，大体确定了18世纪某些时候通过圣乔治堡/马德拉斯和其他工厂进行的钻石与珊瑚贸易的数量。在后面的章节中，我会探讨约格夫未查阅的东印度公司的一些记录，为18世纪的珊瑚—钻石贸易增添和祖母绿有关的细节。

埃德加·塞缪尔（Edgar Samuel）的近作涉及里斯本、阿姆斯特丹和伦敦的犹太宝石商人，我们可以把它当作约格夫之作的“前传”。但是一如所料，该书的焦点再次结结实实地落在了钻石身上，其次是珍珠。塞缪尔充分证明，这些“白色”的宝石，而不是五颜六色的石头，在英国和其他北欧国家大受追捧，尤其是在17世纪时。塞缪尔的兴趣包括犹太商人如何衡量变幻无常的消

费者市场。在布鲁斯·莱曼（Bruce Lenman）对 17 世纪早期英国东印度公司另一个方向的珠宝贸易的简析中，哥伦比亚祖母绿也作为配角出场，但是运回国内的钻石仍为主角。[16]

幸运的是，在本书即将付梓时，弗朗西斯卡·特里韦拉托（Francesca Trivellato）的大作出版，详细梳理了里窝那（Livorno）塞法迪犹太珠宝商的历史。特里韦拉托挖掘了丰富的商业信件和其他记录，把约格夫关于珊瑚贸易的著作向前推进了一大步，并为从印度到欧洲心脏地带的钻石贸易问题增加了许多有启发性的 17
细节。她主要关注 18 世纪，强调珠宝商人与“陌生人”，即塞法迪犹太人圈子以外的商人家族的联系的重要性，这种联系是对更古老更封闭的离散犹太人贸易模式的挑战。例如，她提供了令人信服的证据，证实宝石贸易在其鼎盛时期过后，通过印度教萨拉斯瓦特种姓的代理人延伸到了果阿。该书很少提及祖母绿，但特里韦拉托发现的第二个联系对当前的研究非常有启发性。里窝那是 17 世纪末 18 世纪初英国在意大利的重要转口港，伦敦的许多塞法迪犹太人和里窝那的家庭关系密切。他们也常在（有时通过法国的关系）伊斯坦布尔、士麦那、阿勒波和奥斯曼帝国控制的其他城市做买卖。这些商人有可能是把哥伦比亚祖母绿卖到土耳其的主要供货商，其中甚至或许包括那些用在无与伦比的托普卡帕之剑上的祖母绿。[17]

除矿物学家之外，只有艺术史学者花费了大量时间检视宝石来源的细节问题，不过可以理解的是，他们更关心镶嵌的风格与宝石切割技术，而不是采矿技术或贸易。[18] 这类研究，尤其是艺术史学者普里西拉·缪勒（Priscilla Müller）的研究，已证明我们有必要了解 300 年来品位的微妙变化如何影响欧洲不同地方及其殖民地对祖母绿的需求。[19] 尽管出现过周期性的供过于求，但是欧洲和美洲殖民地的市场绝非无足轻重，哪怕亚洲的需求似乎相当稳定。

在维尼斯之前，大洋彼岸的一个例外是恩里克·奥特（Enrique Otte）。他的开拓性研究聚焦于委内瑞拉的珍珠行业，该行业于16世纪达到顶峰，但也贯穿于整个殖民地时期，只是缩小了规模。[20] 奥特主要关注贸易而不是生产，尤其是劳动力供给和库瓦瓜小岛附近牡蛎养殖场最后过度开发的问题。他只是尝试着探讨新世界的珍珠在横渡了大西洋之后去往何处，卖什么价钱，市场
18 如何变化或转移。就祖母绿而言，这些都不是容易解决的问题。我们从威勒姆·弗洛尔（Willem Floor）、莫莉·沃什的著作中可知，世界最好的珍珠打捞自波斯湾，毗邻现代巴林和阿拉伯联合酋长国的地方，纳迪尔沙在生命的最后几年曾短暂地吞并了那里。人们也从印度东南和斯里兰卡西北温暖的水域中采优质珍珠，这一行业早在16世纪就受到了居住在那里的耶稣会士的影响。[21]

根据一些原始资料，包括16、17世纪的珠宝商扬·林斯霍滕（Jan Huyghen van Linschoten）和让-巴蒂斯特·塔韦尼耶（Jean-Baptiste Tavernier）的报告，委内瑞拉的珍珠要和波斯湾、印度洋的珍珠相竞争，但大多数时候处于第二梯级，因为据说它们的颜色通常比较“灰暗”。尽管如此，来自加勒比海海底的变形的大珍珠，西班牙语叫作“巴洛克”（*berrueco*），到16世纪后期已有许多热情的买家，所谓的“巴洛克时期”正是由此得名。全球的口味有所不同：据说亚洲的王子们更喜欢圆圆的白色珍珠。

那么，在对早期近代祖母绿的研究中我们可以提出什么问题？鉴于目前的知识，在尝试挖掘意义之前，我们或许最好从最基本的问题入手：在哪里发现了祖母绿？什么时候发现？由谁发现？它们如何开采？生产了多少？如何给祖母绿定级或定价？有没有人垄断了生产，偷偷藏起某种大小的宝石，或者囤积居奇？皇室或宗教当局是不是在开采、贸易或消费的过程中实施过干预？早期近代的祖母绿市场如何运行？祖母绿和其他宝石的区别是什么？

这些石头在哪里切割？由谁切割？谁在买卖它们？谁最想要它们？随着时间的流逝，祖母绿行业如何变化，原因又是什么？最后，和价值高的商品，如贵重金属、香料、药物和染料相比，祖母绿有多重要？

如本书所述，其中的一些问题比较容易回答，也有一些在发现新的原始资料之前，只能猜测。关于在矿区附近如何生产哥伦
比亚祖母绿的文献记载最为丰富，但是当我们试图追踪祖母绿如 19
何离开美洲海岸去往欧洲和非洲时，记载就非常少。例如，我只发现了最不完整的证据，证明祖母绿通过每年的西班牙宝藏船穿越太平洋。然而，鉴于3个世纪以来贸易稳定，记录表明马尼拉也出现了以印度为基地的塞法迪犹太人珠宝商，一些（或者许多）祖母绿越过了太平洋也是合乎情理的。至于大西洋上，1980年代在佛罗里达礁岛群外，从沉没于1622年的“阿托查夫人”号（*Nuestra Señora de Atocha*）西班牙大帆船残骸中打捞出了数千颗祖母绿，这似乎暗示了这个方向有大量私底下的贸易。

哥伦比亚祖母绿是一种奇怪甚至神秘的“偷渡”的商品。它从遥远的丛林矿山的泥土中走出，穿过商人们花言巧语的迷雾，最后落脚于欧洲公主们苍白的脖颈和主教大人粗大的手指上。一些大得出奇的祖母绿出现在哈布斯堡王朝的珍宝柜，或战时埋藏的宝藏里。但是，新世界祖母绿的市场不在欧洲，而是在莫卧儿印度、萨法维波斯和奥斯曼土耳其。王子们的回忆录中提到了“火药帝国”的一些祖母绿，一些小画像也完美地呈现了它们，但大多数祖母绿如今都已成为博物馆的藏品。除了一小部分专家，很少有人了解祖母绿，它们至今仍是自然与人类历史中迷人的产品。

资料来源

本书一开始是比较殖民地哥伦比亚和巴西的黄金和宝石开采这个大项目中的一章。一如所料，故事越讲越长。呈现在这里的这部书，根据的是在下列地方所做的广泛研究：波哥大的哥伦比亚国家档案馆（AGNC）、通哈（Tunja）的博亚卡地区档案馆（ARB）、波帕扬（Popayán）的考卡中央档案馆（ACC）、基多（Quito）的厄瓜多尔国家档案馆（ANE）、西班牙的印度群岛综合档案馆（AGI）和国家历史档案馆（AHN）、西班牙国家图书馆（BNE）、葡萄牙国家图书馆（BNP）、英国国家图书馆（BL）、葡
20 萄牙的东波塔国家档案馆（ANTT）、英国的议会档案馆（PA）、美国罗德岛普罗维登斯（Providence）的布朗图书馆以及其他资料库。我也非常倚重威廉玛丽学院斯维姆图书馆和布朗大学洛克菲勒图书馆的馆际互借办公室。

借助于许多人类学家的工作，其中最重要者为沃里克·布雷（Warwick Bray），我用一章的篇幅探讨前哥伦布时代的美洲祖母绿。对于布雷具有学者风范的慷慨大方，我甚为感激。已故人类学家赫拉尔多·雷赫尔-多尔马托夫（Gerardo Reichel-Dolmatoff）的著作诠释了古老的水晶的象征意义，我也借鉴了他的观点。在古代和中世纪东西方文化中关于祖母绿的传说方面，指引我的有已逝世的辛坎卡斯，以及许多中世纪和早期近代的“宝石”或者矿物疗法目录，如阿哈默德·提法希（Ahamd ibn Yusuf Al Tifaschi）的目录，近来萨马·胡达（Samar Najm Abul Huda）已将它从原来的阿拉伯语翻译成了英语。祖母绿地质学和矿物学这两个领域，细心的读者很快就能看出它们远非我的专业知识所能企及，

因此我在相关问题上参考了阿里·卡茨米（Ali Kazmi）、劳伦斯·斯尼（Lawrence Snee）、加斯顿·朱利亚尼（Gaston Giuliani）和其他许多人。我也感谢威廉玛丽学院地质学系的布伦特·欧文斯（Brent Owens）教授，他检查了我对祖母绿形成和矿床的叙述是否有错误。

涉及征服的章节虽然包括补充的档案材料，但帮助最大的是弗朗西斯教授（J. Michael Francis）刚刚翻译出版的16世纪初以来的重要文件，还有方济各会修士、史学家弗雷·阿瓜多（Fray Pedro de Aguado）、弗雷·佩德罗·西蒙（Fray Pedro Simón）的重要著作。阿瓜多于1581年左右完成了他的巨著，十分详细地叙述了大约从1540年开始的对木佐的征服，以及1560年代首批矿山的开发。据说在1880年代，哥伦比亚的采矿工程师弗朗西斯科·雷斯特雷波（Francisco Restrepo）阅读了阿瓜多著作的手稿，结果重新发现了传说中的契沃尔或者索蒙德科（Somondoco）[①]——波哥大东北部的矿藏。西蒙1625年的著作内容广泛，填补了一些空白，似乎也参考了阿瓜多的著作。有时人们也指责他不过是详细阐述了新格拉纳达伟大的史诗诗人胡安·德·卡斯特利亚诺斯（Juan de Castellanos，他是鸿篇巨制《杰出人物的挽歌》的作者，我也引用了该书）的杰作，但是阅读西蒙的著作至少能增加对祖母绿的 21
认识。

我在探讨采矿、劳工制度、税收和欺诈时，几乎完全离不开手写的文献资料，大多为诉讼书、皇家税册、工人花名册和调查报告，如今它们收藏在波哥大哥伦比亚国家档案馆和塞维利亚印度群岛档案馆。我也借鉴了16、17世纪西属北美历史学家的一些描述，包括何塞·德·阿科斯塔（José de Acosta）、印卡·加西拉

① “Somondoco”意为“绿宝石之神”，即今契沃尔。——译者注

索·德拉维加（El Inca Garcilaso de la Vega）、安东尼奥·巴斯克斯·德·埃斯皮诺萨（AntonioVásquez de Espinosa）。只有最后一位编年史家亲自造访了哥伦比亚的祖母绿矿区。还有一些重要的采矿业资料征引自贡萨洛·费尔南德兹·德·奥维耶多（Gonzalo Fernádez de Oviedo）的《印度群岛通史与自然史》（*Historia Generaly Naturalde las Indias*），19 世纪之前该书只出版了第一部分。奥维耶多于 1557 年逝世，他曾说，最早那批去契沃尔矿区的西班牙人在伊斯帕尼奥拉岛逗留时，他和其中一些人面谈过。

关于贸易的章节我依据的是档案和二手史料。档案材料包括皇室珍宝柜清单、国库财产清册、税收记录和官方信件。但是，最能揭示早期珠宝贸易网络的是西班牙和葡萄牙宗教裁判所的文件。卡塔赫纳、里斯本、科英布拉和果阿法庭的清单尤其能帮助我们深入了解祖母绿和其他宝石在全球的流通。一些已出版的成果研究了卡塔赫纳、里斯本、塞维利亚、库拉索岛（Curaçao）、罗亚尔港（Port Royal，牙买加）、阿姆斯特丹、伦敦、安特卫普、罗安达（Luanda）、果阿、苏拉特（Surat）和开罗的商人群体，它们对我也很有用。在早期的大西洋上，祖母绿的买卖显然达到了最大量。斯坦尼基-吉兹伯特研究了他所谓的“葡萄牙国”，其集大成的著作是我涉及这一时期时的指南。詹姆斯·博亚吉（James Boyajian）的权威作品《哈布斯堡时期葡萄牙人的亚洲贸易》（*Portuguese Trade in Asia under the Habsburgs*），在我探讨东海岸时也发挥了类似的作用。[22]

作为尝试着涉足早期近代世界史领域的拉美人，关于南亚和中东祖母绿消费的篇章对我来说最有挑战性。因此，我差不多完
22 全仰仗于已出版的文献，其中有西班牙语、葡萄牙语和法语，但
也有许多为英译本（大多译自波斯语）。如今可以利用的不仅有大量游记，其中的一些详细描述了 16、17 世纪的珠宝贸易，还有不

少最近翻译的涉及莫卧儿、奥斯曼和萨法维朝廷内部运行的文献资料。对我最有益的是莫卧儿王朝的编年史，其中一些由皇帝本人撰写，其他的为宫廷史家所留。他们都常常提及互赠祖母绿和其他金银珠宝，而不是出售。

走私以及 18 世纪晚期西班牙王室试图通过国家管理和垄断振兴木佐矿区，这些内容几乎完全以波哥大国家档案馆和塞维利亚印度群岛档案馆的文件为基础。迄今为止，这一时期只有一份重要文件出版，即著名的巴斯克矿业专家胡安·何塞·德尔胡亚尔（Juan Jose D' Elhuyar）写于 1786 年的报告。它是波哥大皇家天文台博物馆的穆蒂斯藏品之一。在 1790 年代中叶皇室垄断时期的尾声，祖母绿贸易转冷，直到 1820 年代拉美独立后，西蒙·玻利瓦尔（Simón Bolívar）的战友们重新开发了木佐矿山。

第一章　神圣的起源

23 早在走向世界之前，哥伦比亚祖母绿就被赋予了意义，但直到欧洲人踏足美洲之后，我们对它才有所了解。哥伦布（哥伦比亚就是以他的名字命名），喜欢阅读马可·波罗的书，到死都认为自己已离日本不远，“那是个遍地黄金、珍珠和宝石的大岛屿”。[1] 1498 年，哥伦布到达了委内瑞拉的一小段海岸，在那里发现了预想中的珍珠。但是直到 1499 年阿隆索·德·霍椰达（Alonso de Hojeda）首次航行期间，和今哥伦比亚土著民族的持续接触才真正开始。

在买卖珍珠的过程中，霍椰达和贫瘠的瓜希拉半岛（Guajira Peninsula）上的土著居民有过短暂的接触。他们有可能就是现代瓦尤人（Wayúu）的祖先，霍椰达从他们手中得到了一些绿色的石头。[2] 这些或许是欧洲人经手的第一批真正的美洲祖母绿，但也有可能是考古学家在现在的该地区发现的一种比较普通的绿岩珠子。霍椰达不能确定。1500 年春，霍椰达回到塞维利亚后，把珠子交给了他的西班牙和意大利支持者，他们让他继续追踪这个奇怪的“发现”。

同年晚些时候，霍椰达重返瓜希拉半岛，但未能实现西班牙
24 人的强烈欲望——建立一个镇。但是，甚至在此之前，霍椰达的领航员就加入了同行商人探险家罗德里戈·德·巴斯蒂达斯的贸易航行。从瓜希拉的沙漠到巴拿马的丛林，他们到过哥伦比亚大西洋沿岸的大部分地区。据说他们和原住民友好往来，通过和生

活在乌拉巴湾一带风景如画的海岸边的居民进行物物交换，得到了大量黄金。与此同时，早已在宫廷和伊斯帕尼奥拉岛失宠的哥伦布于 1502 年独立到达海湾。他几乎没有在某一天会以他的名字命名的土地上停留，就继续前往巴拿马中西部，重新开始在贝拉瓜进行最后一次淘金冒险。

西班牙又试图在跨天然港圣玛尔塔（Santa Marta）和卡塔赫纳的土著村庄，还有乌拉巴湾、安提瓜的圣玛丽亚城（Santa María de la Antigua del Darién）建立永久居留地。因为这时的西班牙似乎不是一心把当地居民变成奴隶，就是拼命寻找黄金，因此大多数情况下西班牙人会和当地人发生冲突，而不是进行合作。说加勒比语的当地人用游击迂回战术回敬西班牙的威胁与出击，并辅之以毒箭。弗朗西斯科·皮萨罗（Francisco Pizarro）、迭戈·德·阿尔马格罗（Diego de Almagro）等聪明的西班牙人转而向南，穿过巴拿马地峡到了太平洋海岸。大约在 1520 年之后，赫尔南多·科尔特斯（Hernando Cortés）在墨西哥取得的功绩鼓舞了皮萨罗和阿尔马格罗整合资源，去寻找他们自己的黄金国。

皮萨罗的追随者们去寻找一个依然神秘、叫作“秘鲁”的地方，途中他们发现了祖母绿。据说厄瓜多尔西海岸的曼塔（Manta）附近祖母绿最丰富，后来加西拉索·德拉维加叙述说：

> 曼塔谷俨然是整个地区的首府，他们在曼塔谷祭拜的物品中有一大块祖母绿，据说几乎和鸵鸟蛋一样大。举行盛大节日时，这块祖母绿会公开展示，印第安人从大老远的地方赶来祭拜，并献上小一点的祖母绿作为祭品，因为他们的祭司和曼塔酋长宣称，小祖母绿很适合献给他们的大祖母绿女神，小祖母绿就是大祖母 25
> 绿的女儿。通过这种贪婪的说教，他们在这个地方聚敛了大量祖母绿。祖母绿是由佩德罗·德·阿尔瓦拉多先生及其同伴去征服

> 秘鲁时发现的，加西拉索·德拉维加大人［作者的父亲］也在其中。西班牙人用铁砧砸碎了大多数祖母绿，和非常拙劣的宝石匠一样，他们也认为，如果这些是宝石，无论砸多重都不会碎。如果碎了，说明它们不过是玻璃，根本不是宝石。西班牙人一踏上那个王国，印第安人就把那块当作女神来崇拜的祖母绿偷偷带走：他们把它藏得很好，尽管西班牙人一再搜查和威胁，但它再也没有出现。[3]

虽然时隔80多年印卡·加西拉索才记述这段故事，但他对曼塔的祖母绿特别感兴趣。如其所述，其父亲参与了对该地区的第一次探险（约为1535年），因此他很可能从父亲那里听说过曼塔伟大的“祖母绿女神”。早期的文献资料为他提供了支持。

事实上，最早明确提到南美祖母绿（而不是笼统的绿宝石）的是早期皮萨罗的太平洋海岸探险队。1526年，皮萨罗和少数追随者从巴拿马向南航行，停靠在他们称作圣胡安湖的地方，派同伴兼领航员巴托洛梅·鲁伊兹（Bartolomé Ruiz）继续向南。就在赤道边，鲁伊兹遇到一只安装了风帆的大型轻木筏，它满载各种奢侈品，显然不是驶向厄瓜多尔的萨拉戈湾，就是从那里驶出。在提到的物品中，有贝壳、精美纺织品、金银杯子和祖母绿。[4]萨拉戈的商船是南海流域城市文明的第一个迹象。

这次奇遇后不久，皮萨罗及其手下就到了厄瓜多尔西北部的一个海湾，他们称之为“圣马特奥”。它临近他们戏称为“埃斯梅拉达斯河”（River of Emeralds）的河口，后来据说是因为他们听说
26 或看见河岸某处有祖母绿矿才如此命名。更具体的证据来自附近一个叫作“寇克”的镇子，它离南海岸有一段距离（或许是在马纳维省北部），据说西班牙人用加西拉索描述过的那种方法——用铁锤砸，验证那里的矿石是否为祖母绿。

根据佩德罗·莱昂和其他编年史家的叙述，脆弱的晶体四处飞溅时，西班牙人很失望。他们收拾好碎片，从当地商人那里交换布和食物。几位作者都认为，多明我会修士雷吉纳尔多·佩德拉萨对这种宝石的了解比其同伴要多一点，据说他把大量未切割的绿色晶体缝到紧身短上衣里，带回巴拿马。[5] 似乎是被他的贪婪所诅咒，修士不久就死于据说在寇克染上的热病。故事还说，人们在准备埋葬修士时发现了这些石头，于是它们被送到了西班牙，引起了女王的兴趣。无论是被轻信的西班牙征服者傻乎乎地敲碎，还是被那位劫数难逃的修士藏匿，新世界的祖母绿已给这些故事赋予了道德寓意。

天堂的颜色

在矿物学上，祖母绿是一种绿柱石（铍铝硅酸盐）。它与其众多表亲的区别，如海蓝宝石，就在于它含有铬元素，有时还有钒，使它呈深绿色，或者如宝石学家、艺术史学家所说，呈“饱和”的绿色。在中非和非洲南部、马达加斯加、巴基斯坦、阿富汗、俄罗斯、奥地利、巴西和美国东南部都发现了大量的祖母绿矿床，但是最受追捧的祖母绿依然来自哥伦比亚，尤其是其中的十几个矿。它们位于险峻的伊托科河（Itoco Creek）的两岸，这条河是木佐镇附近的米内罗河（Minero River）的支流。木佐位于炎热、崎岖的山区，东面就是整片高地的圣地奇金基拉镇（Chiquinquirá）。

自殖民地时代以来，附近的科斯凯兹矿区以及较远的通哈东南的契沃尔地区也很重要。通哈位于博亚卡省与昆迪纳马卡省交界处。邻近马里皮、佩尼亚斯布兰卡斯、亚科皮以及木佐一带其他几个村落的一些小一点的矿山都已开发。在波哥大西北方向约 27

200公里到东南方向约50公里的地带，还有十几个矿。综合起来看，全世界没有别的祖母绿产区产量如此丰富，历史如此悠久，所出产品如此精良。

在旧世界的古代，大多数祖母绿产于埃及，不过幸存的祖母绿标本表明其品质大多不佳。现代的一些宝石学家甚至说，按现代标准，埃及矿山出产的并不是真正的祖母绿，而只是绿色、半透明的绿宝石，铁元素的存在使其缺乏光泽。中世纪早期或之前，奥地利、巴基斯坦和阿富汗均开采祖母绿，但前近代或前殖民时代的精美祖母绿标本现在知道的很少。一些宝石学家推测，零星的表面开采而不是真正的开采是这些石头产量极少的原因，中非、马达加斯加、巴西和美国的矿藏是近来才发现的。[6]

早期到近东和远东的欧洲旅行家偶尔会提到祖母绿，但很难知道他们笔下的石头究竟是祖母绿还是其他东西，如绿橄榄石或蓝宝石。马可·波罗专注于钻石与珍珠，对祖母绿只是顺带一提。意大利博洛尼亚旅行家卢多维科·迭瓦特马（Ludovico di Varthe-
28 ma）在其1510年的游记中提到了无数宝石，他曾写到，一名旅伴在爪哇购买了两颗祖母绿，那里有世界上最好的祖母绿。从那以后，再也没有关于爪哇或东南亚祖母绿矿藏的证据浮出水面。迭瓦特马说，因为祖母绿非常稀缺，因此在交换缅甸的红宝石时，祖母绿比在意大利更值钱。[7] 葡萄牙旅行家杜瓦特·巴博萨（Duarte Barbosa），在其1518年的旅行见闻记中比较详细地记述了印度洋地区的宝石流通，暗示东部的祖母绿是在巴格达附近的巴比伦开采的。[8] 这显然不对，尽管巴博萨提供了中古印度如何鉴别祖母绿的有用信息：

> 它们呈绿色，色泽美丽，而且又轻又软。人们造了许多假的祖母绿，但是对着光线看，会发现假货里有那种能在玻璃中看到

> 的小气泡。好的祖母绿看起来赏心悦目，不会这样。品质最佳的祖母绿发出像太阳一样的光芒，被它一碰就会留下黄铜色的纹路。能做到这一点的祖母绿是真品，在卡利卡特和钻石一样值钱，甚至更值钱。这主要是根据大小而不是重量来衡量，因为钻石按比例要比祖母绿重。还有一种祖母绿非常绿，但价值不高，所有印第安人都把它们和其他宝石混在一起。这些祖母绿不会在试金石上留下黄铜般的颜色。[9]

真正的祖母绿会留下清晰或白色的条纹，因此难以断定巴博萨说的是什么石头。祖母绿晶体多呈六方柱状、末端平、厚度多为几厘米，但也发现过一些不同寻常的，差不多和拳头一样大小的祖母绿，如英国自然历史博物馆展出的 1384 克拉的德文郡祖母绿。波哥大的哥伦比亚共和国银行也收藏了几件类似的祖母绿标本。[10] 内部有一些裂隙、云状物、“羽毛”、矿物质或有机包体的深绿色系晶体通常被统称为“花园”，这种祖母绿极其罕见。

根据权威说法，祖母绿（emerald）一词源自波斯语或梵语，但是现代西方的大多数译词，包括 *esmeralda*、*emeraude* 和 *smaragd*，却是来自其希腊语派生词 *smaragdos*。祖母绿一直与欧亚神话中的神祇有关，延伸开来，与社会顶层精英有关。据说亚历山大的赫
尔墨斯·特利斯墨吉斯忒斯的奥秘被刻在祖母绿石板上，中世纪 29
的一些作者宣称圣杯也是用一块祖母绿雕刻的。因为祖母绿既美丽，据说又有治疗疾病、预示未来的能力，因此它也是古代近东最早受到珍视的宝石之一。祖母绿是众神之石，是万能解药，是邪淫的揭露者，它也能治疗癫痫、眼疾，使人心情愉快。

大约 4000 年前红海边的古埃及人发现了祖母绿后，它就成为欧亚大陆重要的奢侈品。中世纪初甚至可能是晚期以前，塞克特山（Djebel Sikeit）和扎巴拉赫山（Djebel Zabarah）的矿藏一直被

断断续续地开采，它们后来和克利欧佩特拉（Cleopatra）有关联。[11] 而后塞克特山的矿藏直到1818年才被重新发现，扎巴拉赫山矿区则到1990年才被发现。振兴这些矿山的所有尝试都徒劳无功，古人和中世纪的步后尘者似乎已经采光宝石级的石头。博物馆里展出的含有埃及祖母绿的希腊、罗马和拜占庭珠宝，表明它们基本未经雕琢或滚磨，大多只是沿水平方向钻孔后和其他珠子穿在一起。[12] 这些祖母绿大多数都不大，而且仅有少数接近现代的颜色标准。

在近代早期祖母绿分类的起源问题上，宝石学家意见不一，但很可能是出于和古代贸易模式有关的原因，16、17世纪的西方作者用“东方的”一词来指大概是埃及对绿色的标准。更近期的一个来自南亚的术语是“消失的矿区”（或“老矿”）的祖母绿，英国统治时期这个词用得较多。科学家最近证明了世界上最专业的宝石学家怀疑已久的事情：几乎所有所谓东方的或来自消失的矿区的祖母绿，无论是欧洲或亚洲的藏品，其实都来自哥伦比亚，尤其是木佐。[13]

矿物学者提出，木佐矿床的地质情况特殊，它存在于哥伦比亚东科迪勒拉山脉（Eastern Cordillera）两侧的白垩纪页岩层里，这使得祖母绿在形成过程中不会被铁化合物污染，因此光泽独特，
30 呈一些观察者所描述的黄绿色（实际是略带黄色调的深蓝绿色）。独特的色泽使训练有素的宝石学家不诉诸复杂的化学和光谱分析，就能比较轻松地鉴别出哥伦比亚尤其是木佐的祖母绿。和木佐祖母绿相比，一些鉴赏家偏爱契沃尔的祖母绿，它们更偏向于蓝色，但也含有一种世界上其他地方祖母绿所没有的色调。近些年在与巴基斯坦接壤的潘杰希尔地区（Panjsher）发现了阿富汗祖母绿，虽然它们的化学特征不同，但颜色与契沃尔或木佐的祖母绿相似。

不像钻石、红宝石和蓝宝石，就宝石而言，祖母绿比较软

(莫氏硬度约为7.5—8.0)、易碎、总是有瑕疵——或近乎如此。据鉴赏家说，内部的裂隙、化学杂质或“包体”，有时能增强光的作用，但表面的瑕疵总是被认为不尽如人意，常用注油和化学浸渍等方式遮掩。几克拉以上的优质祖母绿，价值超过相同重量的最上等的钻石。自20世纪中叶以来，祖母绿已能用化学方法合成，但是不那么美观。[14] 矿物学家说，木佐祖母绿晶体在过热卤水的冷却过程中形成，由于后面的热量和压力而出现裂隙，然后又因为新流体的流入在原生矿脉中“愈合”，这个过程根本不可能在实验室里复制。

大多数哥伦比亚祖母绿来自波哥大北部崎岖的山脉和山麓中的几十个小型竖井开采露天矿。如后记所述，一些矿区已由哥伦比亚政府和私人企业大规模运作，小规模的“抢劫者”也都活动于所有矿区。虽然与国都距离不远，而且位于一个海拔2640米、常年凉爽的高原，但哥伦比亚几乎所有的祖母绿矿都在炎热、崎岖、偏远的低地。契沃尔是一个例外，虽然它也在崎岖不平的地方，但高高盘踞于安第斯山脉东翼，俯瞰辽阔的奥里诺科河大平原。附近则是近几年才发现的加查拉（Gachalá）和麦卡奈尔 31
（Macanal）矿区。东科迪勒拉山脉西翼是炎热的国有矿区科斯凯兹、佩尼亚斯布兰卡斯、拉皮塔（La Pita）、亚科皮，最后是自16世纪中叶以来全世界祖母绿产量最高的木佐地区。尽管几经繁荣与萧条，这些最后的矿山，历史上被认为是世界顶级祖母绿的产地，始终没有湮灭。

木佐距哥伦比亚殖民地的大西洋运输主干线马格达莱纳河（Magdalena River）不远，在殖民地时代又名里奥格兰德河（Río Grande）。这一点为走私贸易大开方便之门，顺流而下到大西洋比翻山越岭到波哥大，然后再南下折回到哥伦比亚的正式停靠港卡塔赫纳要简单、容易。现在去探访不幸的木佐镇，可能会很难相信它在殖民地时代的繁华，但是我们必须记住，这个建于 1558 年的小镇多次被地震和火灾夷为平地。近些年来，木佐是大型政治和暴力犯罪活动的中心，包括相互竞争的祖母绿老板手下全副武装的亲信发动的黑社会性质的大屠杀。该地区的古柯树也很茂盛，能在祖母绿矿停产时作为一种保障。

地质情况

虽然地质学家和地球化学家对世界各地祖母绿的具体成因有不同意见，但是大多数人在祖母绿何以珍稀的原因上意见一致。首先，铍元素（祖母绿结构的一部分）和铬元素（祖母绿的致色元素）在地壳中相对稀缺。其次，更重要的是，这些元素几乎总是出现于截然不同的地质环境，二者共存的情形难得一见。据推测，祖母绿的形成需要完全不同种类的岩石聚集在一起，并承受大力挤压。最后，铍和铬在正常条件下不具有化学相容性，使得
32 祖母绿更加难以形成。由于这些原因，祖母绿成因的常规解释，即铬在祖母绿晶体的形成中自然取代了少量铝，在地球的自然史中是个非常罕见的插曲。

卡茨米和斯尼考察了巴基斯坦的祖母绿，绘制了 1980 年代世界祖母绿矿藏分布图并做了比较。据他们说，只有当海洋地壳的主要成分含铬超镁铁岩，碰巧撞到含绿柱石的晚期火成岩时，祖母绿才有机会形成。大多数含绿柱石的晚期岩石为伟晶岩，它通常是各种宝石矿物的母岩。某些所谓的缝合带似乎达到了形成祖母绿所需的罕见条件，一个典型的例子是印度次大陆与亚洲大陆相撞后形成的喜马拉雅山一带。卡茨米和斯尼提出，类似的观点可用来解释几乎全世界的祖母绿矿床，除了一个地方："我们的分

类中唯一可能的例外，当然这也是自然规律，是全世界最重要的祖母绿矿床——哥伦比亚祖母绿矿床。虽然它们很重要，对它们的研究也很多，但它们的起源依然不明了。”[15]

总之，发现了哥伦比亚祖母绿的地质环境，即弯曲变形的巨厚白垩纪页岩，表明那里发生过剧烈的隆升与折叠，但是没有大陆板块的“缝合”，因此没有明显的铬或铍元素的来源。地球化学家研究了哥伦比亚祖母绿中许多典型的矿物包裹体后，主张页岩中肯定存在这些稀有元素，它们在折叠、造山运动和其他变化过程中渗透到了破裂带。但是卡茨米和斯尼觉得这些说法没有说服力，因此把这一问题留待将来解决。

虽然哥伦比亚祖母绿还有待地球化学家解码，但其基本的地质环境可以进行比较精确的描述。哥伦比亚所有重要的祖母绿矿床都分布在东科迪勒拉山脉，虽然它的高度不及高耸的中部山脉
或比较偏远的圣玛尔塔内华达山脉（Sierra Nevada de Santa Marta），33
但它的山顶在海拔 5000 米以上。不同于西部山脉和中部山脉，它们差不多是巍峨且多火山的厄瓜多尔安第斯山脉的延续，东部山脉的地质情况明显不一样。那里有最初位于 1 万多米处的褶皱沉积岩，最古老的沉积岩可上溯至白垩纪早期。和世界上其他地区相似的化石，包括欧洲和巴塔哥尼亚的部分地方，长期以来给了地层学家很大帮助，其中许多地层学家由石油公司赞助。

木佐祖母绿发现于富含碳的黄铁矿页岩中，这种页岩位于巨大的维列塔组的近底部处。维列塔组页岩存在于大陆边缘的一层厚厚的沉积物中，偶尔会夹杂着薄砂岩和石灰岩层，顶部则为自殖民地时代以来就用来建房铺路的厚细砂岩。它们的类型已暗示，这些沉积物形成于古老的海洋底部，海洋的深度因时间而异。祖母绿赋存的灰色或黑色母岩据说属于中晚阿尔必期（Albian age），形成于大约 600 米深的海底。但这时祖母绿很可能还没有出现，直

到更晚的时期，多半是在晚中新世安第斯造山运动中，这些地层出现褶皱与断裂时才有祖母绿。造山运动诞生了哥伦比亚三大山脉中的最后一个——东科迪勒拉山脉。[16]

木佐的许多祖母绿矿坐落于以著名的伊托科河命名的背斜，以及纵横交错于该地区的几个断层。因为米内罗河沿岸有一条极深的逆冲断层，所以木佐镇的地质情况和周边矿区略有不同。祖母绿发现于褶皱页岩层，即祖母绿矿床中，它们就像一层层柏油那样浇覆在较少变化的石灰岩和页岩层上。但是，这些更深的岩层又和不规则的方解石、石英、黄铁矿层与脉体，以及渗流液留下的其他大型结晶矿物交织在一起。木佐祖母绿中常含有黄铁矿
34 晶体，岩盐或立方体状氯化钠晶体包体也很常见。富含方解石和长石类矿物钠长石的岩层之上是类似于白云石的灰白色岩石，叫作“塞尼塞罗”（*cenicero*），在西班牙语中意为“灰堆”（其颜色与木灰非常接近），祖母绿矿床就在塞尼塞罗的上面。

1786年，巴斯克的采矿工程师、矿物学家胡安·何塞·德埃尔胡亚（Juan José D’Elhuyar）撰写的报告，首次科学地描述了木佐的矿床。当时，他被西班牙的印度事务大臣派到新格拉纳达去振兴濒死的银矿，但他也走访了其他地方，并从新格拉纳总督区各地收集矿物样本。德埃尔胡亚将木佐的依托科河两侧的祖母绿矿床描述如下：

山脉的裸岩是一种片岩或石炭系黑色页岩，像外套一样一层一层，有厚有薄。岩石的不同方向与倾角纵横着无数方解石脉，厚度变化很大，从四分之一英寸到两英尺不等。一条脉里经常出现这样的差异，因此我们会发现虽然某个地方它非常宽，但在别的地方又变得很细，仿佛要消失不见。具体到某条脉，其倾角与方向也一样变化多端，有时一些垂直的方解石脉会突然变成水平

> 方向，诸如此类。脉体的路线或方向往往持续不了多久，人们刚以为发现了一条，它就消失得无影无踪。尽管如此，经验表明，大多数脉体，而且是最有用的脉体，通常为东西走向。在这些方解石脉中，多多少少会找到一些品质不一的祖母绿晶体，或是形状不规则的小块祖母绿。甚至祖母绿晶体或是他们口中的“小管儿”（*cañutos*）也通常天然地分成好几块，最轻的敲击或处理也能让它们破碎。[17]

德埃尔胡亚接着说，最后这个事实可以更正一些说法，如木
佐祖母绿易碎，是因为“矿工的笨拙与粗心”；相反，“这是天 35
性”。王室宝石切割师佩德罗·普伊格（Pedro Puig）于1766年来过矿区，他认为矿工在用锤子和凿子时不仔细，才使得许多品质不错的祖母绿遭到了破坏。[18]

现在我们足以强调，木佐祖母绿的出现几乎不可预测。尽管地质认识和遥感已取得很大进步，祖母绿仍不易发现，因此虽然已密集开采近500年，但祖母绿资源并没有枯竭。在前哥伦布时代，祖母绿的开采不是那么粗暴，至少木佐地区不是那样，但有一点要注意，现在已知的几乎所有矿床都是几百年甚至上千年前被土著探矿者找到的。大多数祖母绿矿可能是偶然间在河床中发现，然后追踪到露头。人们用木头工具建造了大坝和沟渠，通过冲洗清除土壤与软的覆盖岩层。根据文献记载，在遥远的过去某个时候由土著矿工确立的水力采矿法，在殖民地时代几乎没有改变，只是把木头工具换成了钢铁工具，并且最后——也不过是在18世纪晚期，又改成了用黑火药爆炸，在地下挖隧道开采。

古代文献中的祖母绿

根据17世纪初方济各会修士、史学家佩德罗·西蒙的说法，酋长格兰查查（Goranchacha）是感孕而生的孩子，他的母亲是穆伊斯卡人村落瓜切塔的一个头领的女儿。预言家建议她在日出时躺在山顶，张开双腿，让自己沐浴在第一缕阳光中。她照做了几次后就怀孕了，9个月后生下了一块“瓜阿卡塔”（*guacata*），据说在奇布查语中指“又大又美的祖母绿”。这位妙龄处女把祖母绿包在棉花里，放在胸口带回到村庄。几日后，祖母绿变成一个婴儿，他就是格兰查查。西班牙修士西蒙说，这个“魔鬼之子”是个暴君，统治了许多年后消失在一团散发恶臭的烟雾中。[19]

36 考古依据和殖民地时期的记载都表明，在前哥伦布时代的土著中，哥伦比亚东科迪勒拉山的穆伊斯卡人有最发达、最多元化的祖母绿信仰。鉴于几个不同品种的祖母绿仅发现于他们的家园，这一点合乎情理。但很遗憾，我们对这些信仰的了解是支离破碎的，而且和上文援引的西蒙的话一样，常常被基督教欧洲的焦虑扭曲。征服后不久的文献记录提到，祖母绿放置在神圣的地方，大多为僻静处、湖边和酋长墓冢中。一些涉及盗墓的记载说，祖母绿被放在了酋长尸体的体腔内，虽然我们不解其意，但很容易联想到西蒙所写的格兰查查那类故事。看起来，祖母绿和太阳的力量之间似乎有某种联系，祖母绿显然被视为具有神力，或许甚至是有生命的。

1545年前后的《新格拉纳达王国征服记》（*The Epitome of the Conquest of the New Kingdom of Granada*），作者可能是西班牙征服者贡萨洛·希梅内斯·德·克萨达（Gonzalo Jiménez de Quesada），提

到过穆伊斯卡人的一种金子或木头的家庭守护神像。这种神像和力量的联系不那么明显，但是显然模仿了“肚子”里总是有祖母绿的神像。作者写道：

除了寺庙里的神像，每一个印第安人，无论多穷，都会有一
个或两三个自己的神像，或者更多。这些神像和当时异教徒（非
基督徒的祖先）手中的那些一模一样，叫作“拉列斯”。① 这些家
庭守护神用纯金打造，他们还根据神像主人的财富，在神像肚子
上的一个洞里放上许多祖母绿。如果这个印第安人太穷，家里供
奉不起金神像，他会用木头来制作，但也会把尽可能多的金子与
祖母绿放到神像肚子上的洞里。这些家庭守护神尺寸不大，最大
者大约相当于从手到胳膊肘的长度。他们对这些神像很虔诚，无
论何时，走到哪儿就带到哪儿，不管是去田里干活或是别的地方。 37
他们把神像放到小篮子里挎着，最惊人的是他们甚至带着神像上
战场，一手打仗，一手拿着神像。通哈省尤其如此，那里的印第
安人非常虔诚。[20]

《征服记》的作者接着描述穆伊斯卡人如何将祖母绿用于葬礼：

在丧葬习俗方面，印第安人用两种不同方法埋葬死者。他们先掏出尸体的肠子和其他内脏，把尸体用布紧紧地裹住，然后在尸体空空如也的腹部塞满黄金和祖母绿。他们也会在用布裹紧整具尸体之前，把许多黄金放在尸体周围和上面。他们造出一种大床，放在某些圣殿的地面上，这些圣殿就是死者安息之所。他们

① 原文为“lares”，古罗马的家庭守护神。——译者注

> 把尸体放在那些床上，根本不下葬，这个风俗后来害苦了西班牙征服者……他们的另一个做法是将死者水葬，即葬在大湖里。他们把死者放进棺材，先根据死者的身份放一些黄金，接着用黄金和祖母绿塞满整口棺材，之后就把尸体和棺材里的这一切都沉到最深的湖泊的最深处。[21]

除了这些记载里提及祖母绿被放在中空的神像里，或放在据估计身份显赫的死者身边，我们对祖母绿几乎一无所知。但是，另有文献记录表明祖母绿与太阳以及黄金有关联。撰写了《新王国之关系》（*Relación del Nuevo Reino*，1539）的两位西班牙作者，
38 含糊地提到了穆伊斯卡人把祖母绿作为祭品的丧葬习俗："这些印第安人崇拜偶像，用鹦鹉、其他鸟以及幼童向太阳献祭。他们也焚烧祖母绿。据说主人地位越高，献给太阳的宝石越珍贵。"[22] 或许值得一提的是，在宝石中祖母绿相对耐火，而且据我所知，没有其他人说起过穆伊斯卡人用孩子或鹦鹉作祭品。

但是，仿佛是要证实黄金国的传说，1557 年，西班牙寻宝者在距波哥大不远的瓜达维达湖（Lake Guatavita）找到了祖母绿和各种黄金物品。这时，皇家承包商安东尼奥·德·塞普尔维达负责清空湖水，第一批这样的宝石就由他登记纳税。这些"墓石"被课以四分之一的税，而不是矿场主的标准税——五一税（见附录）。头两颗祖母绿被描述如下："其一重 293.25 克拉，绿色浓淡适宜"，而另一颗重"40.25 克拉，不清澈，呈深绿色"。1577 年，其他祖母绿从"峰提庞和波哥大圣殿"拿走后也被征税，这些地方都是酋长的墓地。[23]

在前哥伦布时代，哥伦比亚东北部的原住民到处买卖他们家乡的祖母绿，远如厄瓜多尔、秘鲁和墨西哥等地的随葬品中都出现了祖母绿。近来，经过频谱分析，一个显然是奥尔梅克人的祖

母绿雕刻人像，被认为有可能是哥伦比亚祖母绿，或者至少是绿宝石。很久以后，据说当1519年科尔特斯到达当地时，阿兹特克人雕刻出了祖母绿金字塔，但也有可能是危地马拉软玉。尽管早期很少有文献记录明确提及，但据称印加人已知道并推崇哥伦比亚祖母绿。17世纪的秘鲁历史学家费尔南多·德·蒙特西诺斯（Fernando de Montesinos）曾把西属美洲比作传说中的俄斐，① 他特别喜欢把印加人和祖母绿联系在一起。[24]

欧洲人到来之前，美洲祖母绿是不雕琢的，而是加工成珠子或者保留其六方晶体的天然形态，其中一些祖母绿的大小和色彩都不同凡响。但也有一个难得一见的例外：1940年，在巴拿马康特（Sitio Conte）遗址出土了一个黄金爬虫动物像，动物背部镶嵌着一块经过精心打磨的祖母绿。[25] 祖母绿多出现在陶器上，通常 39
是作为珠子穿到鼻环上，然后粘到泥人像上。早期的西班牙文献记载显示，人们用祖母绿交换黄金、盐、精美的棉纺织品、海贝和羽毛。祖母绿和大多数这些物品一样，似乎只有有权有势的酋长家庭才能拥有。

西蒙写到，在穆伊斯卡人的国家，人们经常把棉布、黄金和祖母绿献给各种神灵。彩虹神萨曲阿维瓦（Suchaviva）负责护佑分娩的妇女和那些发烧的病人，据说他接受小祖母绿、珠子和成色不高的黄金等礼物。[26] 他还认为，最初穆伊斯卡人是索蒙德科、木佐或伊托科祖母绿矿的主人，但是操加勒比语并且据说吃人肉的木佐人，在从马格达莱纳河谷向外扩张的战争中夺取了木佐。[27] 他描述了索蒙德科的祖母绿，提出了关于“光合作用”的推测：

---

① 原文为“Land of Ophir”，在《圣经·列王记》中，俄斐是盛产黄金和宝石的地方。——译者注

> 和木佐矿一样，在这些矿山中也发现了两种类型的岩脉。其中一些晶体非常清澈，他们从中取出了许多上乘的非常大块的水晶，名叫“岩石”。有一次我看到了一块非常美丽的水晶，它的中心有一块金色白铁矿石（黄铁矿石），大小如一颗大榛子，它肯定是在晶体开始形成时夹在了中间。一些祖母绿矿脉苍翠欲滴，一些不那么绿，也有一些十分清澈。甚至在过去几年曾有一块很好的祖母绿晶体被人带到这座城市，其上遍布非常奇怪的绿色纹路。我们当中的许多人不由纳闷，第一代祖母绿是否为透明的水晶，后来才因为太阳的威力从水晶的白色变成了绿色。这也解释了这个难题：为什么有些祖母绿色泽浓绿，有一些却呈淡绿色。它们
> 40 似乎在颜色上自我完善，起初是晶莹剔透的水晶，包裹得越久就越完美。这个猜测到此为止，没有定论。[28]

被西班牙人征服之后，至少穆伊斯卡人仍保留祖母绿的仪式用途。历史学家弗朗西斯在哥伦比亚国家档案馆发现，从 1595 年开始，波哥大以北通哈一带开展过一系列反偶像崇拜的调查。在伊瓜克村附近，惨遭折磨的当地人把西班牙教士和世俗当权者带到了许多放着祖母绿的坟墓和神殿（当地人称之为“库卡”）。虽然西班牙人的记录对于阐述当地人的视角帮助不大，但它表明有时祈求丰收的祭品里也有祖母绿，它和玉米棒以及其他食物捆在一起埋到田里。[29] 也有一些祖母绿和头骨、其他人体残骸以相似的方式捆扎在一起，然后藏匿起来，有时就藏在洞里。波哥大的皇家财政部在征税时几乎把所有祖母绿都定为“品质差”，但实际上它们经常和金器放在一起，这说明当地人对它的估价和殖民者不同。这些晶体对穆伊斯卡人意味着什么？

祖母绿和水晶的联系

在 1981 年的一篇具有开拓性的文章中，伟大的哥伦比亚人类学家雷赫尔-多尔马托夫指出，当代亚马孙（尤其是图卡诺人）和北部高地科吉（Kogi）巫师对水晶的利用，和前哥伦布时代的穆伊斯卡人的祖母绿信仰不无关联。[30] 雷赫尔-多尔马托夫发现，水晶，通常是石英或碧玺，是巫师的重要工具。生长在内华达山脉和炎热低地的水晶与男性的生殖能力密切相关，被视为石化的精液。雷赫尔-多尔马托夫说，六方晶体如碧玺（和祖母绿），被认为代表了“宇宙的秩序法则”。[31] 科吉人至今仍普遍用天然的六方晶体作祭品，他们的祖先泰罗纳人（Tairona）留下的古老物品与此类似。数字“6”是神圣的，科吉人把他们居住的山脉想象为 41
一个巨大的六方晶体。在星座的排列中能看到相同的定序原则，圣地的排列也是如此，因此天然的晶体既代表宇宙的形态，也蕴含了生殖力。

雷赫尔-多尔马托夫相信可以跨越时空，把这些信仰回溯到被征服之前的穆伊斯卡人，他们似乎把祖母绿当作一种水晶，认为它和太阳、生殖也有关系。他认为，穆伊斯卡人获取矿物的特殊途径导致了一个相关现象，它很可能转而与女性有关。殖民时期的文献基本都由对当地人的所思所想毫无兴趣的作者撰写，它们对探求本土意义没有多大用处。一部 17 世纪中叶的穆伊斯卡或奇布查字典把祖母绿叫作“*chuecuta*”，这个词和现存的词汇几乎没有明显的关系。[32] 据说，“*Chue*”意为“乳头”，也指“不忠的情人”。“喂奶”是“*chuez biohotysuca*”。“*chuega ychihiza*”是一种花，西班牙人把它叫作“土藏红花”，植物则叫作“*chuegasuca*”。

"石头"为"*hyca*"，"晶莹的石头"为"*hyca chuhuza*"。由此看来，我们很难说"*chuecuta*"是否隐喻着太阳、精液或男性雄风。如果有的话，这个词里面的"*chue*"意为"母乳"。

前哥伦布时代的祖母绿开采

不同于金子和某些贝壳珠子，美洲印第安人没有把祖母绿当作货币使用，祖母绿的开采似乎主要包括清除地表露头、筛选出现祖母绿的几个地方附近的河流碎石。但是，也有文字提到了似乎是当地的冲刷找矿法——原始的水力采矿法，征服时期的一些原始资料证实了这一点。鉴于在前哥伦布时代，不远处考卡河（Cauca River）下游山区里金矿业相对发达，这并非绝无可能。[33]

42 西班牙征服美洲后不久问世的《新格拉纳达征服记》，非常详细地描述了西班牙人到来之前当地的祖母绿开采：

> ……祖母绿矿坐落于通哈省，上帝把那些矿安放在那里，很值得一看。它们躺在一片奇怪的土地上，土地的另一头是贫瘠的山脉。这条光秃秃的锯齿状山脉又被其他草木丛生的山环绕，由此形成了一条进入矿区的通道。整个地区的地形非常崎岖不平，从矿区的这一头到另一头正好是半里格，① 甚至更短。为了采掘祖母绿，印第安人建造了某些设施，包括又大又宽的灌溉渠，以便让水流冲刷泥土，露出祖母绿所在的岩脉。因为这个缘故，他们只在一年中的某个时候，即雨季在矿山干活。雨水使他们得以清除大量泥土，追踪暴露出来的岩脉。矿山的泥土松动、多孔，直

① 里格（league），长度单位，约等于3英里或4000米。——译者注

到印第安人找到一条由类似于黏土的物质构成的岩脉。然后印第安人跟着这条岩脉走，用木头工具开采出里面的祖母绿。在此过程中，一如在其他许多事情上，印第安人用各种巫术来寻找祖母绿。他们先喝酒、吃下某些草药，然后揭晓矿工可以从哪些岩脉里挖到最好的石头。这些矿藏的主人是一位名叫索蒙德科的酋长，他是通哈大酋长的下属。[34]

同一时期的其他记载印证了上述事实。在其皇皇巨著《印度群岛通史与自然史》的第 7 册，奥维耶多写到了在征服新格拉纳达期间伊斯帕尼奥拉岛上祖母绿的发现与开采。提供信息的人有胡安·德·君科上尉和戈麦斯·德·科拉尔上尉，1541 年，他们将矿藏描述如下：

> 它们在索蒙德科酋长治下的偏远地区，位于荒芜的崇山峻岭， 43
> 占地面积仅为一［平方］里格。确切地说，它们在赤道这一侧纬度 5 度以内的地方。往山上爬的话，三分之一或者一半的山树木繁茂清新，但往上便又贫瘠又干燥。基岩不太坚硬，可以用“寇厄斯”（*coas*），即尖锐的硬木棍挖掘，印第安人用它们来寻找祖母绿。这些木棍相当于［我们的］木柄撬棍（西班牙语为 *barretas*）。下雨时，他们挖出一些蓄水用的深坑或泥池子，然后把水导向他们已移动或者用“寇厄斯”挖出的地方，冲刷那里的泥土。正如大自然孕育、生成了祖母绿，他们用这种方法发现了祖母绿。一些祖母绿比其他的大，也有一些更好、更清澈。祖母绿大小不一，重量不等，估计的价格和价值也不同。[35]

奥维耶多补充说，这几个人还给他看了许多种祖母绿，约有五六十颗。作为普林尼（Pliny）的信徒，奥维耶多总结道：“……

在我们的时代之前，没有人听说过基督徒发现了这种自然形成的石头。那片土地价值巨大，因为它遍地财富……”[36] 奥维耶多参加过在达连（Darién）的圣玛丽亚建立殖民地的行动，但以失败而告终，也监督过伊斯帕尼奥拉岛的黄金开采，因此他的评价比较中肯。他可能没有预测到的是，因为此处以及后来还有其他地方发现了祖母绿，欧洲的祖母绿价格暴跌。他可能也会惊讶，除了新的金属工具，几百年来新格拉纳达的祖母绿开采技术几乎一成不变。不过，他撰写此书时，哥伦比亚的祖母绿矿还远未被完全征服。

第二章　西班牙征服者

火器传遍世界时，欧洲也诞生了自己的火药帝国。和亚洲一 44
样，1450年左右开始，火药武器也在国家的巩固与扩张中发挥了关键作用。部分是出于这个原因，历史学家用“早期近代”一词来指讫于大约1750年的爆炸性时代，那时军事技术和战略开始形成新的深刻变化。早期近代的战争已弱化“中世纪”的弓箭手、弩手、石弩、攻城槌和骑士的比拼，战场上需要新的装备，新的防御体系，乃至新的兵种，如炮手或工兵。

西班牙已被作为典型的例子，来说明早期近代一个欧洲国家如何借助先进的火药武器巩固自己的统治。[1] 在和南欧的最后一个伊斯兰国家格拉纳达交战时，这些武器非常有效，格拉纳达于1492年被费尔南多和伊莎贝尔的军队攻陷。尽管当局承诺实行宗教宽容，但此后安达卢斯的官方信仰是天主教，它沦为新罗马伊比利亚半岛上一个被彻底征服的省。这就是在国家的支持下，枪炮在一块毗邻的大陆上发挥的威力。从决定命运的这一年开始走向海外的所谓“西班牙征服者”情况如何？他们也是一个正在崛起的火药帝国的代理人吗？

征服美洲的西班牙人把中世纪和近代相互杂糅的技术与战斗 45
风格带到了美洲。令人惊讶的是，没有多少西班牙人曾在欧洲正式参战，但大多数人很快学会了使用手枪和便携式加农炮。但是，可以说“前近代”的钢边武器如长矛、剑，在美洲热带地区的杀伤力更大，钢盔也比容易命中目标的手枪更能保护人的生命。实际上，研究西班牙如何征服美洲的小心谨慎的学者们已经证明，在西班牙与阿兹特克人、印加人、穆伊斯卡人或其他人的战争中，火药武器起决定性作用的战役非常少。致命的细菌可谓整个半球的关键因素，但还有其他事物。

有人批评霍奇森提出的亚洲的“火药模式”（gunpowder model），强调马匹的经久不衰的重要性，以及中亚快如闪电的骑兵突袭的传统。16 世纪，在不弃用马的情况下利用枪炮的威力需要新的军事分工。骑术精湛依然是莫卧儿、萨法维和奥斯曼贵族的理想，用或轻或重的枪则成为奴隶军队的专利。重大的较量，尤其是萨法维人和奥斯曼人之间的较量，最终由旷日持久的古城围攻战决定胜负，如巴格达之战。为这些僵局而开发的一些枪炮比欧洲人考虑自己使用的任何东西都大。100 多年后，波斯的纳迪尔沙巧妙地将两种观念融合，打败了穆罕默德沙，洗劫了德里。

西班牙基督徒从其柏柏尔人和阿拉伯人祖先那里继承了类似的轻骑兵传统，事实证明，在哥伦布时代，它是用来对付意大利的其他欧洲人的有力武器。在美洲，西班牙骑手比火药更能发挥决定性作用，他们拥有高度优势与令人艳羡的机动性。不久，一般用木棍和石头当武器，步行作战的土著战士也采用了骑兵。马与镶嵌了黑曜石的木棍、深坑陷阱和毒箭对决时当然不会所向披靡，但总体而言，快马轻骑在陆地上可与哥伦布的武装商队相匹
46 敌。一个身穿棉布盔甲的合格的骑兵能降服数百名土著战士，或者迅速逃走。似乎为了证实这一点，正如在木佐发生的那样，当西班牙征服者在难以通行的地方被抢走马匹时，他们就一败涂地。

美洲的西班牙基督徒最像萨法维王朝的基齐勒巴什人（*qizilbash*）以及其他伊斯兰边境战士的地方，不在于他们也使用火药武器，而在于他们也恪守中世纪的荣誉准则，即视掠夺矿物资源为最可靠的进身之阶，且最好是骑在马背上掠夺。在这个竞争激烈、

极度男性化的骑手世界，征服与其说是国家的正式计划，不如说是无数个体的冒险活动和宫廷数十年诱导的累积效应。早期近代的统治者只需用笼统的使命（圣战）激励民众，然后至少许以闲职和头衔以换取新的冒险事业中的租金或份额，就可以打发他们。

这些自发行动的征服者来自东方或西方，他们通常很贫穷，因而会整合资源。他们精力充沛，很难驾驭，尤其是如果他们开采黄金或祖母绿的话。在好战、虔诚的社会，消灭异教徒，壮大信徒队伍总是值得称赞，但社会也鼓励那些人在此过程中让自己富起来。只要有足够的战利品，或者最好是有一座矿，即便是一个小军阀也能积累起个人财富，把一批追随者武装起来，直接和国王打交道。

西班牙征服者很快就发现，在美洲一夜暴富的最佳办法是抓住毫无戒心的酋长，勒索赎金。因此而被抓获的酋长大多受到折磨，不得不说出他们的财富或矿藏的位置，然后因为所谓的异端邪说或暴虐而被勒死。波哥大酋长不是穆罕默德沙，当然也不是阿塔瓦尔帕（Atahuallpa），但他的赎金仍包括大量黄金和祖母绿。祖母绿脱颖而出。因为波哥大的黄金远远少于阿塔瓦尔帕提供的数量，我们可以说是新格拉纳达的独一无二的绿色石头使查理五世认识了（虽然不情愿）出生于旧格拉纳达的西班牙征服者克萨达。

巩固了对阿兹特克、印加和穆伊斯卡的征服，美洲的矿物质开始流向世界各地后，西班牙成了一种不同的火药帝国。和“石
器时代”的美洲不同，一直忌妒西班牙的法国、英国与荷兰有自 47
己的枪炮和快船。即便在科尔特斯时代，帝国海外领土的防御在武器、防御工事和人员方面也所费不赀。为了支付这一切，殖民地居民买卖和生产珍贵矿产时都被课税，并遭受各种各样的垄断。正如亚洲火药帝国的子民们，印第安人也因为被征服的噩运不得

不纳税，在哥伦比亚土著上交的最早的贡品中就有祖母绿原石。

祖母绿与皇帝

虽然西班牙征服者传说中的祖母绿矿原来是在哥伦比亚东部的穆伊斯卡高地，而不是印加秘鲁某地或厄瓜多尔海岸，但把第一批无可争议的祖母绿送到西班牙的是皮萨罗。1526 年，领航员鲁伊兹在一艘厄瓜多尔的交易筏上看到了祖母绿珠子。几年后，皮萨罗用他们一伙人在生活在河流两岸的村民中见到的祖母绿，来为太平洋西北厄瓜多尔的一条河命名。因为这一点和南方的其他发现，人们一直认为祖母绿既产于哥伦比亚，也产于厄瓜多尔。直到 1870 年代政府的地质学家西奥多・沃尔夫调查了埃斯梅拉达斯省后，这一点才被普遍接受：厄瓜多尔的祖母绿是从哥伦比亚高地往南买卖而来的。[2]

在皮萨罗到来之前，哥伦比亚祖母绿也到了秘鲁的腹地，不过显而易见要比流向厄瓜多尔的少得多。劣质祖母绿珠子出现在印加时期特鲁希略周围地区奇穆人的金器中，前印加时期的祖母绿珠子和类似的镶嵌物品也已从西坎等一些著名的地方出土。征服时期的西班牙税收账簿显示，1532—1533 年从广袤的印加各地搜刮的阿塔瓦尔帕的赎金包括一些祖母绿，但是重达 100 多万比索的黄金和数百磅的白银使其黯然失色，以至于它们似乎没有被估价，甚至没有清点。[3]

48 阿塔瓦尔帕的赎金和秘鲁的其他财宝抵达西班牙后，查理五世的葡萄牙妻子伊莎贝尔女士于 1536 年 3 月发布命令，规定任何人倘若找到了传说中的埃斯梅拉达斯矿山，不得私自开采，只能代表“皇帝”采石，并且应将宝石献给皇帝。几个月后，在一份寄给秘鲁总督的兄弟埃尔南·皮萨罗的声明中，语气有所缓和，只要求从所有战利品或开采的宝藏的五分之一中，选出最上等的祖母绿送给君主。[4] 这些命令无论多么反复无常，要点在于应严格遵守将矿物资源上交君主的古老风俗，和黄金一样，祖母绿也应如此。

热爱珠宝的西班牙君主，尤其是王后，对“印加”的祖母绿很感兴趣。不过，皇室的注意力很快转向放弃法律成为战士的安达卢西亚人克萨达在南美其他地方的惊人发现。1537—1538 年，克萨达和 178 名追随者从加勒比基地圣玛尔塔启程，向内陆进发。在漫长的路途中，他们穿过沼泽、越过高山、躲过毒箭，最后到达哥伦比亚东部高地，穆伊斯卡最高酋长们的家园。

听说寻找黄金国的竞争对手不久就要从委内瑞拉和基多过来的消息后，克萨达一伙人赶紧开始敲诈勒索他们的穆伊斯卡主人。因为拿不出足够的黄金与祖母绿作为赎金，后来的波哥大城和通哈城的最高酋长们在西班牙人的羁押中死去，这个故事不禁令人想起几年前被囚禁在卡哈马卡的阿塔瓦尔帕皇帝。波哥大酋长因为决不妥协而被杀害，紧接着其他人也遇害。目击者描述了波哥大酋长的继任者，其侄子萨基帕（Sagipa）的囚禁与死亡：

……希梅内斯把他（萨基帕酋长）带到营地，给他一间房，让他待在里面，由西班牙人看守。希梅内斯叫萨基帕交出他叔叔
的所有黄金和祖母绿，否则不许离开。听到这话，（萨基帕）说他 49
会在 20 天内用黄金和许多石头装满隔壁的小房子……约定好的 20 日期限到了之后，答应过的东西一样也没有送过来。看到这一幕，希梅内斯让萨基帕知道嘲笑基督徒是一件很不好的事情，他不该那么做……［后来］希梅内斯开始对这个被囚禁的酋长提起诉讼，从这片土地上的许多大人那里收集证词，结果有消息透露，萨基

帕拥有不止［满满一屋］黄金和大量祖母绿。[5]

经过进一步审问后，西班牙人挖出了穆伊斯卡人的索蒙德科矿藏的位置，但是看到祖母绿的源头不过使得敲诈勒索变本加厉。另一名目击者（可能就是克萨达，虽然用了第三人称来自称）描述了随后如何绑架并勒索温萨的酋长，这里把温萨叫作通哈：

> 巴伦苏埃拉上尉从祖母绿矿山回到营地，随身带回印第安人送给他的三四块宝石……他们说通哈有3间房子装满了黄金，房间里的支柱都是金子做的，于是基督徒们决定去那里……那些人从马背上下来，突然抓住了酋长，他们看到的所有黄金和祖母绿都在安全地带……直到清晨才收拢所有黄金、祖母绿、珠子和精美披巾［棉织品］……那天晚上基督徒们夺取了近18万比索成色或好或不好的黄金和大量祖母绿。[6]

虽然根据这些和其他征服时期的文献资料，萨基帕和通哈的酋长都没有被当场处决，但是他们在被俘后不久就死去，而且都遭到了折磨，这一事实使得克萨达一回到西班牙就受到了皇室的
50 处罚。直到差不多10年后，他才获准回到他称作“新格拉纳达王国”的辽阔的安第斯山脉地区。

索蒙德科矿山

引起西班牙征服者的兴趣的祖母绿矿坐落在偏远的山里，这座山名为索蒙德科。根据不同目击者和编年史作者的说法，索蒙德科是一位穆伊斯卡酋长，臣服于波哥大大人，据说现名为契沃

尔的矿山离索蒙德科酋长的村子不远。尽管它们距西班牙人的新殖民地波哥大很近，但走陆路仍费时间。1539 年，两位目击者这样描述祖母绿矿：

> 矿藏位于离喇叭谷（Valley of the Trumpet）大约 15 里格的地方，在一座高峻、贫瘠的山上。祖母绿似乎是从面积大约为 1 平方里格的区域开采的，矿藏主人是一位名叫索蒙德科的印第安大酋长。他统治着许多封臣和村落，其私人宅邸就在离矿藏 3 里格的地方。除了他的子民，其他印第安人都不能开采矿山。他们只在一年中的某些时候采矿，而且总是伴随着许多仪式。祖母绿开采出来后就在印第安人中间买卖或交换，交换的主要物品是这片土地上制作出来的金珠子和衣服，主要是棉布衣服……那些继续去探索祖母绿矿的人说，从矿山能看见远处的一些大草原，景象非常神奇，前所未见。[7]

几乎每一位殖民评论家都感叹，站在索蒙德科主矿区所在的山上，透过山间的一条狭缝，能出乎意料地看见哥伦比亚东部的大草原。

早期的作者也普遍提到，矿区长期缺乏用来冲刷碎石岩屑的 51
水，这部分解释了为何西班牙人在征服后不久就放弃了该地。据西蒙说："上面不可能有水供应给……这些矿……因此，索蒙德科的印第安人［只］在雨季或雨水刚刚流淌过才采矿，因为必须先把泥土冲走，露出岩脉。"[8]

如这些不同的编年史作者所述，在巴伦苏埃拉上尉的率领下，一群西班牙征服者从图尔梅克镇来到索蒙德科谷，又从那里登上俯瞰大草原的山顶祖母绿矿。正如西蒙所言，祖母绿使西班牙征服者大为喜悦，但它们还远远不足以"塞满剩余的空间"。付出很大的努力后，巴伦苏埃拉和当地人帮手收集了一些样品带给克萨达，但是索蒙德科的祖母绿矿让人失望。

继巴伦苏埃拉短暂的勘察之后，克萨达派出一队西班牙人去大草原寻找黄金国，而另一队人回到了索蒙德科祖母绿矿区。即便有最好的铁质工具可用，缺水问题也严重阻碍了这些西班牙人。沮丧的克萨达过来看了一眼后，立即认定这些矿非常难以开采。这可能只是一个暂时性的干旱期问题，但是他们的注意力很快转向了更紧迫、更容易的事情：寻找黄金国，敲诈酋长和洗劫有祖母绿的坟墓。

根据一些文献资料，通哈的酋长被绑架之后，几名穆伊斯卡俘虏领着几十个求财若渴的西班牙人到几座分散的坟墓挖掘出更多祖母绿。还有一些祖母绿是从尸体身上取下来的，这些尸体就放在地面的殡葬架上。如此得来的宝石、金饰和被称为“偶像”的穆伊斯卡人的祭品，后来被西班牙人瓜分，其中的黄金被西班
52 牙设在波哥大的新财政部熔炼。波哥大的税册周期性地出现“圣殿祖母绿”条目，证明寻找坟墓与祭品的活动在征服后还持续了很久。[9]

即便索蒙德科的矿山停滞不前，克萨达和他的手下依然搜罗了一大堆祖母绿。1539 年，圣玛尔塔的一名抄写员统计了大约 1815 颗祖母绿，在克萨达大量的战利品中，这些祖母绿“品质多样、有大有小、等级不一”。他还将价值 20 万比索左右（约为 920 公斤）的黄金登记在册。[10] 从哥伦比亚掠夺来的第一批祖母绿中的一些，被查理五世作为礼物，赠送给了他在德国、波希米亚和其他地方的哈布斯堡家族的亲戚。1546 年，当法律质疑克萨达的要求时，克萨达设法将一座覆盖着祖母绿的山加到他的纹章里。[11]

征服木佐 53

因为对索蒙德科矿山的希望逐渐破灭，西班牙征服者把注意力转向了一个新发现的有祖母绿的地区。波哥大毗邻卡拉雷河（Carare River）的上游源头，在它以北约 180 公里的地方是木佐省。该省因其好斗的操加勒比语的居民而得名，它陷落于西班牙征服者的剑和火绳枪之下要比索蒙德科慢得多。这里没有开阔的平原或不设防的村庄，也没有骑兵可以骑行的宽阔的道路。根据西班牙编年史家的记载，西班牙人最早从 1543 年或 1544 年开始试图征服木佐，当时一个勘察队从高地小镇富拉特纳进入了该地区。和后来的多次远征一样，此次远征意在惩罚木佐人绑走了他们的高地穆伊斯卡人邻居，把他们“屠宰”后“像吃羊肉”那样吃掉——如今穆伊斯卡人已沦为西班牙人的农奴。[12]

在不远的过去某个时候，大部分时间过着定居生活的穆伊斯卡人据说被木佐人赶出了卡拉尔河上游流域。早期殖民地时期的证据也表明，当西班牙人到来时，加勒比入侵者依然在高地上开疆拓土。虽然木佐人的凶猛残暴吓到了西班牙侵略者，但是当他们在最近引进的卡斯蒂利亚母鸡的内脏里发现“小而美”的祖母绿后，他们被鼓励回到当地。[13]

接下来的西班牙征服者是纳瓦拉人佩德罗·德·乌苏阿（Pedro de Ursúa），他后来因为在亚马孙河流域被巴斯克反叛者洛佩·德·阿吉雷杀害而出名。在他这场致命探险的 10 年前，就在木佐，乌苏阿答应将木佐人纳入西班牙人的统治之下，作为交换，今后西班牙人可以大肆寻找黄金国。波哥大成立不久的检审法院（皇家上诉法院）的法官急于惩罚木佐人，因为他们在作出和平承诺后歼灭了一群西班牙征服者。据西蒙说，木佐战士把西班牙人萎缩的头颅作为战利品随身携带。[14]

乌苏阿召集了125名西班牙人，从东北进入木佐的领土。编年史作者写到，木佐人已做好准备。不进攻时，木佐人用不停的尖
54 叫和武力的展示骚扰侵略者。他们作战时具有“印第安人中从未见过的勇敢”，西班牙人不禁认为他们的人数是实际的两倍。沾有从树蛙身上提取的毒素的箭，使西班牙进攻者于24小时内在呕吐与“暴怒”中死去。1551年，乌苏阿放弃了建一个小镇的念头，出发去寻找黄金国。他走后，没有一个西班牙人或高地美洲印第安人愿意留下来，祖母绿矿的踪迹也没有找到。[15]

直到1558年，西班牙征服者和勘探者才在木佐的领土上站稳脚跟。他们由波哥大的监护主路易斯·兰切若（Luis Lanchero）率领，他曾于1543年短暂地经过木佐。因为木佐人攻击了他手下的穆伊斯卡农奴，在检审法院的许可下，兰切若从高地来到炎热的低地，同行的有大约60名武装西班牙人，包括未来的祖母绿矿主本尼托·洛佩兹·德·波韦达和数量不详的土著弓箭手、运夫和向导。据阿瓜多说，大多数西班牙人，还有若干葡萄牙人，至少一个热那亚人和一个希腊人，是在波哥大法官的强迫下才不情不愿地参加。

除了晚上经常被尖叫的战士突袭，精心设计的捕人陷阱和埋伏也在每一个拐弯处等着这些侵略者。有毒的水果、棕榈木桩和箭也对他们的身心造成严重的不良影响。阿瓜多讲述过一对父子的故事：在一次快速突围后，他们活着逃出了丛林，却在“折磨他们、侵入他们心脏的剧毒引起的疼痛与暴怒”中死去。[16]

木佐人的作战具有古典的游击战风格，他们利用定时、喧嚣的夜袭和小规模的白日伏击削弱侵略者的力量。近两个月后，兰切若的队伍才得到来自高地的救援。此时，因为只能靠找到的玉

米果腹，营地里的人员已饥肠辘辘，正打算吃一匹孤单、受伤的马。救援物资不是用马或骡运输，而是由穆伊斯卡运夫用肩膀扛过来的。[17] 现在，火药、饼干、火腿使侵略者们精神大振，他们开始向木佐的腹地推进。在一次激烈的交战中，兰切若的胸口被一支毒箭射中。[18]

兰切若按照乌苏阿的设想建立小镇，他认为这将是他的最后 55
一幕。没有合适的镇址、创建者可能死亡在即，这些都无关紧要，这个被命名为“三位一体的木佐”（La Trinidad de los Muzos）① 的小镇可以等。但是令大家吃惊的是，兰切若康复了。木佐人依然保持优势，他们在营地四周嘲讽辱骂，拿着绳子和网，“认为可以用它们把西班牙人绑起来带走，然后吃掉”。[19] 正当此时，王室官员从波哥大派出一名民兵队长和 30 个西班牙人——均为强制征募，这些流放者的加入改变了局面。

1560 年 6 月，兰切若在一道陡峭的山峦下的一小块梯田上建造了木佐镇。[20] 棋盘式的小镇以广场为中心，分割成一个个街区和宅基地，每个参战的欧洲男子都分到一块宅基地。周围的地方被划分成拟设的牧场和果园，在此过程中他们发现并洗劫了木佐的玉米和木薯。除了这些侵略行径，西班牙人似乎主要缩在他们简陋的新草屋里等待来自高地的进一步救援。与此同时，木佐人在这一地区安插了许多有毒的木桩和飞镖，并经常在深夜潜入小镇。有 9 名殖民者中毒身亡。

攻击与报复还在继续，但是一名地区头领在突袭中被捕后，木佐的许多村民开始屈服于西班牙人的统治。[21] 没有人清楚人心的突然变化，但是疾病可能在其中发挥了作用。西班牙人对此保

① 书中也将该镇名简称为 La Trinidad 或 the town of Muzo。此后译文基本略作“木佐镇”。——译者注

持警惕，兰切若知道，这样一个貌似和平的时刻可能酝酿着大规模的叛乱。因此，当他出发去波哥大争取封地，或争取获封将美洲印第安人赐予他的封建权利时，① 他指示心腹士兵要全副武装、保持警惕。对此时必须服劳役、纳贡的“被征服”的木佐人而言，叛乱的种子已撒下。[22]

或许是因为游击战的压力，或许是射中胸口的毒箭终于产生影响，出于某种原因，兰切若变成了一个令人难以忍受的暴君。
56 除了几名亲信士兵，镇议会成员和其他人对他的侮辱和要求都颇有微词。不久，几群忧心忡忡的公民来到波哥大，请求当局对兰切若的统治进行审查。与此同时，木佐人继续骚扰他们的（有分歧的）新主人。在报复行动中，若干战士被俘虏后吊死。兰切若在监狱里关了一段时间后，只获准回到通哈。木佐不是他的，该地区的祖母绿矿也没有找到。

西蒙把西班牙侵略者在木佐的意外转机归因为凶猛的军犬与兰切若的个人决心。事实上，木佐人很可能得了和他们的高地邻居一样的流行病（天花、麻疹、流行性感冒）。他们还绑架了许多高地人，大概是用来补充人数。[23] 至于西班牙人，他们之间的分歧依然很严重，吵得很激烈，不知道这个崭新的镇和木佐地区会不会使他们发家致富。

在一次听证会后，波哥大的法官们向木佐派出首位行政官。

---

① 该项制度名为 *encomienda*，源自西班牙语 *encomienda*，意为委托。通常译作“委托监护制”“监护征赋制”“赐封制度”“大授地制”“恩科米恩达制”等。它是西班牙殖民者役使西属美洲印第安人的剥削制度，1503 年制定并实施，1720 年废除（一说 1721 年 9 月）。简单来说，西班牙君主把从印第安人手中夺取的大片土地委托给在殖民事业中有“功”者，但土地所有权属于西班牙君主，监护主只对受委托监护范围内的土地和印第安人有“监护”、利用和管辖之权。印第安人名义上是“自由人”，并可分得一小块土地，但不能随意离开自己的居留地，必须为监护主缴纳一定的贡赋并服劳役。——译者注

总的来说他深受欢迎，他的任命表明木佐镇注定存活。依阿瓜多之见，局势转向乐观不是因为行政官治理有效，而是因为西班牙女人的到来。这位方济各会修士观察发现："……当然，这些刚有人定居的印第安人小镇称不上永久或稳定，直到西班牙女人到来，监护主们和西班牙征服者们结了婚……"[24] 我们不知道这些女人究竟是谁，不过因为她们之前的男人大多数都是流亡的小罪犯，因此很可能她们不是出身于高地社会上层。西蒙说，到 1566 年，木佐已有 61 名户主，说明欧洲人总计约有 300 人。不久，简陋的方济各会与多明我会修道院也建了起来。

时来运转

虽然文献资料在细节方面有分歧，但著名的木佐祖母绿矿似
乎是 1560 年代中期由一个当地土著居民发现的。西蒙给出的日期 57
是 1564 年 8 月 9 日。在西蒙讲述的许多故事中，动物是天意的侍女。他说，1564 年有此发现，是因为一匹马在木佐镇踢到了一小颗碎祖母绿。这个偶然的发现促使一个姓名不详的西班牙人向当地的印第安人打听这是什么石头，哪里可以找到。西蒙说，木佐人把祖母绿叫作"*tapacaz*"，在当地语言中意为"绿色的石头"。

木佐的一个年轻人把西班牙人带到了伊托科河的陡峭的页岩河岸，它在 1 里格（约 7 公里）开外的地方。在那里的一个邻近的山头，监护主阿隆索·拉米雷斯·加斯科首先立下界标以表明其所有权。[25] 除了那匹马，事件的这个版本似乎有一部分是来自木佐的一名西班牙征服者迭戈·德·波韦达（Diego de Poveda）作于 1582 年的《关系》（*relación*）。现在收藏于波哥大的这一时期的一些法律文件，描述了 1566 年 10 月后正式登记的权利要求。[26]

阿瓜多诉说了一个更详细的关于如何发现祖母绿的故事，更令人信服。他说，兰切若被放逐后，在木佐人的进攻下，殖民者绝望地龟缩不出。最后，检审法院的法官任命阿尔瓦罗·塞佩达·德·阿亚拉（Alvaro Cepeda de Ayala）为该省的新行政官，希望他能扭转局面。这位行政官也派出了更多的罪犯和“葡萄牙不良分子”作为辅助兵。[27]

阿瓜多说，木佐镇的公民早已陷入艰难的时刻，他们裹着印第安人的毯子，用他们的华衣美服交换家畜和武器。据这位修士说，在这“巨大的苦难”中，“上帝提供了”：

> 1564年复活节周的某一天，来自加利西亚蒙特雷县的镇民加斯帕·萨尔加多走过镇子的某处时，发现地上有颗很小的祖母绿。他把这颗祖母绿给其他居民看，告诉他们他就是在那块地方发现的。结果，每个人都开始向留在家里（当仆人）的那片土地上的印第安人土著打听，老一辈人是否以及在哪里收集过这样的石头。
> 58 有些人说听说过这种事情，但都非常不确定……［他们］去了依托科村……一名民兵头领［米格尔·戈麦斯］手下的印第安人在现在矿场所在的峡谷发现了一颗［品质最好的］祖母绿，虽然颜色一般。大家都因为这第二件样本松了一口气，因为它仿佛证实了他们的欲望有望实现，于是他们带着这颗祖母绿愉快地回到镇上。

人的幸福容易烟消云散，但上帝的恩典长盛不衰：

> 几天后［监护主］阿隆索·拉米雷斯到了……［他］问伊托科印第安人祖母绿矿在哪里，但是没有人愿意告诉他。这时一个叫胡安的小男孩站了出来，他是那个村子里的人，但已经和拉米

> 雷斯生活了很长时间，并已成为一名基督徒。为了回报主人对他的好，胡安答应把拉米雷斯带到他的父母和村子里其他印第安人过去常常去采祖母绿的地方。拉米雷斯在这件事情上一点也不怠惰，相反他争分夺秒，号召人们和他以及一名地方法官将矿山登记注册。胡安把他们带到伊托科，那里距木佐到欧卡索方向约为 1 里格（但南部有点弯曲不平）。就在几天前米格尔·戈麦斯四处寻找祖母绿矿的峡谷，它们通过同一个印第安人［胡安］被发现了。[28]

因此，据阿瓜多说，这群生活在木佐的不走运、乌七八糟的欧洲殖民者最后得救了。这是一个近乎典型的方济各会的故事，因为西班牙罪人的所作所为没有带来命运的突然逆转，相反，似乎上帝早有安排，是木佐的一个被善待并受洗了的印第安年轻人扭转了局面。许多不愿透露祖母绿矿位置的木佐人显然比较明智，但在阿瓜多看来，他们还是老样子，鬼鬼祟祟、装糊涂，最糟糕的是，他们是懒惰的老年人。

阿瓜多承认，在那些得到上帝庇佑的人当中弥漫的不都是快 59
乐与幸福，虽然在第一次发现祖母绿后这种情绪持续了一段时间。发现祖母绿的消息引起了一场小小的骚动。检审法院的主席很快任命他的一名新宠，即波哥大的胡安·德·佩纳戈斯（Juan de Penagos）为行政官。因为阿亚拉被任命后就出现了这个变动，整个镇立刻爆发争吵，主要发生在寻找矿藏期间不在镇上的户主和那些去那里查勘首批祖母绿的人之间。

阿瓜多说，尽管发生了争吵，但也并非都是悲伤与冲突。在他短暂的任职期间，阿亚拉就像英明的所罗门王，用最公平的方式对矿山做了分配。发现者获得了额外的采矿地，一些地方留给了国王。木佐的大多数欧洲人户主，包括那些非西班牙血统的人，都得到了一块 30×20 码的地。

分歧与反抗

采矿业的一个弊端是，它分散了人们对种植以及用其他方式获取食物的注意力。木佐的矿主居民强迫他们的土著被监护人开采祖母绿，不久他们就发现自己在挨饿。阿亚拉解决这一困境的办法很方便，就是继续寻找宝石，同时派出信得过的波韦达一伙人去边远的木佐村庄抢劫玉米，俘虏则被带回镇上种玉米。

与此同时，阿瓜多说，几名西班牙户主把 20 多名穆伊斯卡下属派到伊托科河畔的木佐部落，代表他们交易祖母绿，以此抵消他们的需求。穆伊斯卡人带去五颜六色的棉布服装，虽然据说他们很受欢迎，但是木佐人“用他们由来已久的背信弃义和邪恶”杀害了所有人，除了一名妇女与其还在吃奶的孩子。她躲在森林里，然后趁着夜色逃回了木佐镇。[29]

61 佩纳戈斯在接任行政官一职后下令报复，但据阿瓜多说，参加报复行动的人只不过找到了穆伊斯卡人被肢解的尸体，其余部分据说已被吃掉。一场叛乱显然在酝酿中，许多原本平静的村庄，包括伊托科的祖母绿营地，都公开反对他们的监护主。尽管有危险，佩纳戈斯依然想看到宝石，于是组织了一支到伊托科的武装采矿探险队，他认为它对整个社区都有用。“拉丁化”的印第安人，他们多为穆伊斯卡人，被派去在 24 名武装西班牙人的保护下从事采掘工作。经过 10 天或 12 天的辛苦挖掘，他们回到木佐镇瓜分祖母绿。因为几乎所有拿出来公开分配的都是品质低劣的祖母绿，探险队很快爆发了争吵，相互指责对方欺诈。

在争吵声中，木佐人揭竿而起，结果招来西班牙人新一轮的报复。但是，无论侵略者的进攻多么猛烈，木佐人都更猛烈地反击。现在，西班牙人回敬以阿瓜多所谓的“另一种类型的内战”，他们摧毁了方圆几英里之内的所有作物和存粮，随后又用灰狗和大型猛犬对美洲印第安人进行古老而此时已非法的“地狱狩猎”。面对恶狗和消耗性的战争，木佐人拒绝投降，继续安插有毒的木桩，挖陷阱，从周围的山上威胁侵略者。

为什么木佐人在这个时候起来反抗？阿瓜多认为，这或许是因为木佐部落酋长们不想让他们开采新发现的祖母绿矿，以便饿死西班牙人。切断矿区是一个很好的策略，因为除此之外西班牙人没有从高地购买食物的收入来源。如果没有武装护卫，西班牙人甚至无法从木佐镇抵达矿区。不久，殖民者不得不在丛林里四处寻找草药，那些打头阵的人穿上 3 英寸厚的棉靴，以防备无从躲避的毒木桩。与此同时，阿瓜多述曰，木佐人“按照他们的一个仪式向火堆吐口水”，发誓永不让西班牙人打败他们。[30]

行政官佩纳戈斯从波哥大回来，大权在握，但事实证明他也 62
无法平息木佐人的反抗。在戈麦斯率领的一次突围中，3 名士兵陷入陷阱，其中一个里斯本人据说被“切碎后做成了蛋糕”。其他几个人，包括热那亚人佩德罗·德·奥尔梅亚，甚至是佩纳戈斯的亲信副官弗朗西斯科·莫尔西罗，都因为踩到了毒木桩而身亡。阿瓜多说，这就是不穿“又热又重”的棉靴的代价。尽管佩纳戈斯曾经长期和印第安人作战，却败在了这些聪明的游击战术之下，因此他决定回到波哥大，“……不想再寻找祖母绿，对他来说，祖母绿带给他的痛苦超过了它所激发的勇气”。[31]

一度靠边站之后，阿亚拉又官复原职，开始恢复西班牙对叛乱的木佐省的统治。西班牙人在对当地村庄的一系列激烈的夜袭中最终获胜。[32] 虽然他们偶尔还会为箭所伤，但至少他们已暂时平定木佐省比较富庶的地方，并且已经比较善于治疗箭伤。阿瓜多估计，从 1558 年兰切若第一次突围到差不多 10 年后的此时，已有约100个西班牙人和其他欧洲人被杀，木佐人和穆伊斯卡人的伤亡无疑更惨重。

劫难之后

从王室税收记录来看，1568年之后，祖母绿的生产几乎没有中断过，但也有别的原始资料记述说，木佐人不断反抗，直到16世纪末。这些起义，其中最严重的一次爆发于1580年代，又引发了惩罚性的远征。地方矿场主人和监护主参加了远征，但是有资料表明，这些远征大多由高地的西班牙新移民组织，他们想要出名，赢得连同居民在内的土地。

在这个动荡的时期，有个探险队队长伯纳德·德·瓦尔加斯·马秋卡上尉是来自老卡斯蒂利亚王国的新征服者。虽然瓦尔加斯·马秋卡一直没有因为付出的努力而赢得居民与土地，但在
63 1587年左右他确实要求获得祖母绿矿的合法权利。关于其功绩的档案现存于塞维利亚和波哥大，包括木佐6名年轻民兵的证词，他们多为第一代征服者和矿主的儿子，听令于马秋卡。[33] 1599年，马秋卡在马德里寻求升迁机会时，以自己在木佐和新格拉纳达其他地方的经历为内容，刊印了一本供西班牙征服者阅读的手册。[34]

下一章会论述，即使对木佐人的征服最终画上了句号，期望中的富矿带仍未能成为现实。木佐祖母绿矿床独特的地质情况和偏远的位置是部分原因，但也有其他许多因素使得祖母绿开采充满了不确定性。这些因素包括长期缺乏人手，疾病频发，地方商人和宝石切工一致低估祖母绿的价值，王室不时干预采矿与贸易，海外需求变化莫测的波动。甚至木佐的拥有土地所有权的西班牙征服者也惊讶地发现，挖掘世界上最好的祖母绿如此艰难，它带

来的麻烦差不多已超过它的价值。[35]

这份简短的征服纪事清楚地表明，欧洲人“发现”哥伦比亚祖母绿耗费了巨大的人力成本。从西班牙征服者克萨达及其追随者开始，西班牙这个海上火药帝国向哥伦比亚北安第斯山脉地区血腥扩张，少不了在敲诈勒索和谋害诸如波哥大及其侄子萨基帕这样的酋长后，又洗劫他们的祖坟。然后，穆伊斯卡的祖母绿被献给神圣罗马帝国的皇帝查理五世，换取他对政治权利的承认，包括将被征服的人民（包括矿工）变为农奴，以供养入侵者。

后一代征服者利用克萨达和其他人建立的高地基地打败了更不易驾驭的低地近邻木佐人。祖母绿慢慢地激发了这种危险的努力，而一旦他们这样做了，木佐人的日子就屈指可数了。欧洲人来到他们的家园的一个多世纪后，木佐人完全灭绝，镇子、最好的矿藏和祖母绿正是以他们的名字命名的。事实上，除了一些山 64
脉与河流的名字，现在木佐人的痕迹已荡然无存。即便人数更多的穆伊斯卡人，包括传说中的索蒙德科矿区的那些穆伊斯卡人，都在西班牙征服者及其子孙后人的要求下被清除殆尽，这在很大程度上是因为西班牙人想掠夺矿产资源。

如果说叙述征服的往事是将哥伦比亚祖母绿“去神秘化”的第一步，那么第二步就是考察它们的生产。

第三章　祖母绿城

65 即便征服的血迹干了之后，哥伦比亚祖母绿也价值不菲。1564年10月，“三位一体的木佐”这座新“城市”的7名市议员写信给马德里的西班牙国王菲利普二世。他们报告说，建城5年内，除了20人，原来的64名西班牙人中的其他人已全部遇害。当地居民，市议员们称他们为“邪恶的战士”，继续使用有毒的飞镖和据说能在24小时内置人于死地的箭。大多数幸存者身上带伤或身有残疾，包括四肢麻木。木佐人虽然已暂时“得到安抚和压制”，但仍然非常让人害怕和鄙视。他们再次被描述为“屠杀加勒比人、吃人肉的民族”，[1] 或许这是不公平的说法。

就好的一面来说，这些市议员报告道，“在此期间已发现许多一般的和上乘的祖母绿矿，还有一些如此完美，可与东方的祖母绿媲美”。真实的祖母绿热潮似乎即将来临：“我们也会拥有其他非常完美的祖母绿矿，在上帝的帮助下，我们很快会找到它们。”木佐人的进攻在又一个30年里周期性地困扰着寻找祖母绿的欧洲人，但是在市议员致信给国王的大约一年内，对依托科山的所有权问题已经绘图、公布、登记。

66 如本章所言，尽管挖掘技术依然简单，木佐的祖母绿开采很快成为一种详细记录的正式活动。矿业协会以一群有头衔的矿主为首，包括一些女性，他们多为西班牙征服者的后人。大多数矿主雇用欧洲人当监工，管理由土著受监护人或非洲奴隶构成的矿工。天主教神职人员建立了一些小修道院，但显然并没有传教。

随着土著矿工因劳累过度和疾病而死，矿主们呼吁驱使奴隶做工，并给他们补助。诸如此类的要求没有引起重视，矿区逐渐走向衰落。他们对于降低税收的要求同样也被忽视，致使那些老实人放弃了所有权，而那些不那么老实的人则开始从事走私贸易。到17世纪的头几十年，人口的急剧下降、高额的税收和矿藏的枯竭，使木佐矿濒临倒闭。木佐从繁荣到萧条的第一个周期经历了大约50年。

第一个周期尽管繁忙，头几十年木佐的采矿甚至是税收依然记录完好。不出意料，早期的原石贸易情况已不太清晰，虽然发现祖母绿后立即开始针对欺诈与走私展开调查。从殖民地时期通哈、波哥大、波帕扬、基多和其他北安第斯城市的记录来看，珠宝里出现了一些木佐祖母绿，通常是作为上层女性的嫁妆。伊丽莎白时代的弗朗西斯·德雷克（Francis Drake）于1586年洗劫了卡塔赫纳，收取了镇上上层女性提供的祖母绿作为该镇的赎金。商人们也派代理人带着镶嵌了祖母绿的珠宝到殖民地最富裕的贸易中心——墨西哥城、利马和波托西（Potosí），还有一些人去了马尼拉。但是，大多数祖母绿被送到西班牙，虽然只有几艘船的运货单列出了祖母绿，它们大多归王室金库所有。只有碰巧有诸如从沉船中发现的物证时，我们才能窥见那些没有被记录下来的东西。

对祖母绿矿提出所有权要求

关于早期木佐矿业的信息是支离破碎的，但是文献记录显示，
现在的核心地区无疑与1560年代一致。采矿营地借用了一个临时 67
军事哨所的标准术语，叫作“雷亚尔德米纳斯”（*reales de minas*，即“矿区营地”）。和山脉、河流一样，格栅、地图与专有名词也

用在营地和矿区头上。首批记录在案的矿区有拉里卡、巴斯托悬崖等。私人矿山的名字取材于宗教，有圣萨尔瓦多、圣尼古拉斯、阿托查圣母，当然还有特立尼达。更具有描述性或想象力的还有：卡尔博内拉（意为“木炭炉”）、巴约纳（意为“来自巴约讷的女孩”）、卡努特利亚——这是所有矿工都希望遇到的骨节状尖晶体。

小“城”木佐受到的监管比营地或矿山多，所有自恃身份的欧洲矿主都住在那里维持他们的家庭。棋盘式的木佐镇分布在一个海拔 740 米的碗状梯田上，俯瞰米内罗河。虽然它经历了巨大的兴衰起伏，但至今仍屹立不倒。经过崎岖的小路可以到达大约 7000 米之外的矿场，它们就分布在伊托科河两岸、在附近的伊托科山上。现在，伊托科河的水流有时湍急，有时和缓，几条支流也汇入这条河。随着季节的变换，这些小河从四周陡峭、树木繁盛的山脉急速或细细地往下流。

早期的所有权示意图表明，大多数矿藏被规划成一个个相邻的方块，分布在主体山脉的下坡，山的某些地方非常陡峭。伊托科的营地或者说是“雷亚尔德米纳斯”，在 1560 年代后期依河而建，一起建成的还有一个以竹子为墙、茅草为屋顶的教堂。最早几个中队（再次采用了军事术语）的矿工主要包括封地内的穆伊斯卡人和木佐人，但从一开始矿区里也有非洲奴隶。一些最早的矿主拥有十几个非洲俘虏矿工，大多为男性，但也有几名女性。

祖母绿的开采是不稳定的行业，是否有钱可赚取决于运气以及规模。它和沙金开采很像，生产力或多或少随劳动力的数量呈
68 指数级提高，但即便是大矿场也有可能失败。开采祖母绿主要包括重体力活，专门技能仅集中在探矿和用水管理方面。开展大型或长期的项目时，如大坝与水渠，矿主通常会利用他们的奴隶和自由劳动力，以“公司”的名义将这些临时的安排正式化。后来，

他们根据先前商定的投入的比例分配收益。

在离伊托科矿区不远的地方，当地妇女儿童从事着用以维持生计的农业，准备食品，甚至在家纺织。纺纱织布成为木佐的欧洲统治者们重要的收入来源，部分原因是祖母绿矿的产出不稳定，也因为并非该省所有的封地所有者都拥有实在的采矿权。16 世纪 69
的最后数十年，木佐镇及其卫星社区出现了繁荣的纺织经济，尽管最后因为人口减少而衰败。但是，到 17 世纪的第二个 25 年，木佐产的纺织品已从记录中消失，它们的生产者已因为疾病和虐待死亡殆尽。1582 年，西班牙征服者波韦达写道，木佐人已从 1550 年代晚期的大约 4 万人减少到了 2.5 万人。[2]

殖民地时期的采矿法

对于被征服时期木佐的祖母绿矿，法律诉讼和 1569 年的一些矿业法规只有寥寥数语，但是显然那里的大多数工作属于浅层露天开采。人们用进口的斧头和大砍刀清理森林，用鹤嘴锄、撬棍和其他手动工具改变河流的流向，以便采用前面早已描述过的原始的水力采矿法或冲刷找矿法。[3] 冲刷完山体表面后，紧接着就要安排好竹木导水管，它们和有水闸的蓄水库相连。控制水和控制工人一样重要，但是即便如此，寻找祖母绿也是一种靠运气的游戏，即便是面积最大或供水充足的矿山也不能保证能找到宝石。

1580 年左右，方济各会修士、历史学家阿瓜多描述了早期木佐的祖母绿开采，呼应了其他人关于祖母绿在阳光下“成熟”的猜测：

> 最早在木佐和周围一带发现的矿藏叫“de la ruín laya”，大意

是“不完美”或“不够绿”。这是因为它们位于背阴处，只有正午时才晒得到太阳。这些矿床呈南北走向。从这些矿床里挖出来的石头虽然有许多，但是不值钱，因为如前所述，它们不是纯绿色。
70 发现这些祖母绿矿的地方有一条像火山的黑色岩脉，因为黑色的泥土，那些在这一带矿山干活的人看上去都仿佛涂了一层木炭或墨水。岩脉里的石头井然有序，似乎聪明的大自然孕育并安排了它们。祖母绿就诞生在石头中间，其中一些牢牢地黏附在岩石上。

这些都是一般的祖母绿，不久品质好的祖母绿也被发现了：

目前这些（最早的）矿山没有开采，因为它们被发现后不久，本尼托·洛佩兹·德·波韦达就在相距大约半里格的地方找到了其他矿藏，他们称之为“minas de la buena laya”［大意是“颜色不错的矿藏”］。和其他的一样，它们也是南北走向，但它们位于太阳从升起到降落都能照射到的地方。他们从这儿带走的石头有许多种类，或者绿色浓淡不一，因为他们挖到了非常完美、价值非凡的上乘祖母绿，也挖到了不那么好以及其他根本不好的祖母绿。这些“颜色好”的矿藏出现在一种玉髓脉和其他不同颜色的脉体中，但是根据经验，哺育出最好最美的祖母绿的脉体有狮子的颜色［黄褐色］，那是有点类似于烧焦的颜色，其次就是“野猪”的颜色或是玉髓的豆类色泽。

并不是所有好的祖母绿都在“狮子”色或“豆色”的母岩中找到：

他们没有发现孵化出这些石头的确切地方。我想说的是，我所说的石头不仅见于上文所述的脉体，它们也在卵石、活岩石、

> 瓦砾堆和沙子中。还可以确定的是，一条岩脉可能孵化出优质的石头，但另一条可能出产“废品”，因为他们在所有这样、那样的脉体中都发现过各种石头，好的、坏的、完美的、不完美的。他 71
> 们已从波韦达发现的矿山拿走许多质量好、价值高的石头，其中一块重达 100.05 比索，即 1 磅 4 阿达尔梅① ［约为 2310 克拉］。这一块祖母绿配得上国王和大贵族，因此国王的官员们不顾其主人，包括阿亚拉［木佐行政官，当时的总督］和波韦达的意愿，索要、扣住这块祖母绿并送到了西班牙。他们没有给它定价，因为没有人能给出恰如其分的估价。另一块优质祖母绿被取出时完好无损，它重达 41 或 42 比索，即不到半磅。还有一块为 14 或 15 比索，“颜色”完美，同样也被献给了国王陛下。至于矿藏，他们每天在同一座山上不断发现并开采出新的石头。开采的方式是沿着岩脉一直走到重要的区域，或者孵化出并发现祖母绿的地方，然后用鹤嘴锄的铲子那头挖泥土。[4]

本尼托·波韦达的兄弟，木佐的征服者和勘探者迭戈·波韦达，和阿瓜多差不多同一时间留下了文字记录，几乎每一个细节都与阿瓜多相应和，并增加了一些有用的解说。例如，关于岩石类型，他说：“在木佐城旁边，在同一个火山口、河床和空地上有一层黑土，我们把它叫作‘火山土’，它和人们在祖母绿矿中发现的是一样的。在找到火山类型之前，人们也能在深黄色泥土中看到祖母绿，这种颜色的岩脉在淡红色的岩脉之后。有的岩脉是一种坚硬、颜色由白到灰的岩石，我们称它们为玉髓，在这些岩石中往往能找到最好的祖母绿。”[5] 殖民者所谓的“玉髓”可能就是现在矿工们口中的“塞尼塞罗”。

---

① 原文“*adarme*”，古代重量单位，合 179 厘克。——译者注

这些以及其他关于殖民早期祖母绿开采的描述和原始的淘金极为相似，自古代以来整个新格拉纳达都在淘金。早期关于索蒙德科祖母绿矿的记录提到了用火淬炼过的棍子，描述征服时期的
72 金矿时也提到了它。在这两个行业中，西班牙人除了引进了巴斯克或许还有安达卢西亚的钢铁工具，几乎没有其他革新。殖民晚期，即从 1771 年左右开始，木佐矿区才采用黑火药爆破，但是即使在那个时候，挖掘通向富矿体的坑道仍然普遍浅尝辄止。只有殖民末期以前的文献提到过几条地道，它们大多挖于 1650 年代。[6]

当时的观察者注意到，祖母绿开采给环境造成了一些后果。安东尼奥·巴斯克斯·德·埃斯皮诺萨描述说，17 世纪初木佐的河流因为矿山的废弃物而变黑：

> 最富裕的矿藏所在地伊托科山非常高，那里的泥土像炭一样
> 73 黑。孵化出祖母绿的岩脉通常软软的，开采的方法是挖出所有泥土，循着岩脉找祖母绿。他们的水渠发源于流经山顶附近的一条河流，因为水渠，大水库蓄满了水，也有自己的水闸，他们把水闸叫作“塔米尔斯”（*Tamires*）。矿坑挖好、岩脉出现后，他们就打开水闸，让被束缚在里面的水奔腾而出，冲走所有已挖出的泥土，把挖掘过的地方冲得干干净净……流经城市的河水常常因为泥土和矿区的作业而发黑。[7]

这只是一种形式的环境恶化。1678 年的一场诉讼声称，为了开发一个 1674 年购买的矿场，矿场主和一个合伙人驱使附属于他们的土著和非洲奴工“削掉了洛斯派诺斯蔻丝山山顶”，由此导致的山体滑坡掩埋了下面的卡斯卡朗矿区，需要大家齐心协力将河流改道才能清除碎石岩屑。1702 年，这项工程又引起了两次大型山体滑坡，造成了更多的诉讼案，有人呼吁地区高级法院下令停

止这项工作。[8]

虽然按照现代的标准并没有很大的破坏性，但是殖民地的各种矿业都加速了森林的砍伐，导致了土壤侵蚀、河道淤塞和地下水污染问题。尽管如此，西属美洲银矿和巴西金矿所造成的那种巨大损害，在木佐或其他任何有祖母绿的地区都没有出现。[9] 水银或其他有毒物质没有被用来发掘或加工祖母绿，也没有重金属因为采矿而排入河流（虽然 pH 值可能改变了）。祖母绿矿的作业规模也比典型的贵金属矿小得多，雨水却丰富得多。木佐长期的潮湿加剧了山体滑坡，但是也促使被废弃地区的植被迅速恢复。

矿工们用鹤嘴锄和锛子把岩石凿开后，把表面的碎屑往山下冲，露出方解石脉，然后用坚硬的钢铁棒、锤子和凿子继续寻找含有宝石的矿石。露天矿和在陡峭的山腰上凿出的平台比巷道更 74
受欢迎，因为如矿工们所说，后者通常会被“淹没”。用积蓄的径流清洗地表物质，这种做法名为“扔掉水闸”，对此，木佐一带的老矿工至今仍然了解，20 世纪的外国矿业工程师也描述过它。20 世纪一二十年代，木佐和契沃尔两地矿山平台的照片，或许也清晰地显示了殖民地时期如何通过冲刷法寻找祖母绿。只是在近几年，因为矿井都在地下，炸药爆破、风钻和矿石车成为主要的采矿手段。

制定法律

1569 年，波哥大颁布了木佐的第一部矿业法，允许矿场运营商最多拥有 3 个矿场，一个为目前正在经营的矿场，另两个打桩标界后作为储备。每一个矿场都是 30×20 瓦拉[①]的长方形（约为 25×16.7 米或 418 平方米），大体相当于同一时期一块标准沙金矿场的四分之一（约 60×40 瓦拉）。有可能当局有意让祖母绿矿场比沙金矿场小很多，因为他们很快就能挖到基岩，在任何一个深度都有可能找到宝石。沙金矿场通常分布在河边相对较浅的沙砾阶地。1634 年的一份文件曾提到使用象限仪和测量绳来确定有争议的矿场的界限，但是河床依然是开放的公共用地。[10]

根据这些法令，西班牙以外的外国人不得在木佐拥有祖母绿矿场，但是第一份名单上的“那不勒斯的尼古拉斯”“克里特岛的约翰”“佛兰芒的安东尼”等名字表明也有例外。如前文所述，一些葡萄牙人被迫离开波哥大，定居木佐，其中大多数没有在征服中丧生的人都公开宣布自己拥有采矿权。早期葡萄牙流亡者的一
75 些采矿权，在被放弃两年后由其他人接手。早在 1568 年，即第一个法令通过的前一年，据记载，在治安法官在场的情况下，一个名叫弗朗西斯科·马丁·帕文的人用鹤嘴锄象征性地在矿场挖了挖，表示“收回”了这样的矿场。也有记录提到，仪式性地将泥土往两个方向抛，口头说一下声明或誓言，就能使采矿权正式化。矿场的分界线一旦明确，就垒好石堆并插上涂过黄泥的柱子作为标记。[11]

在西属西印度群岛，采矿业的规定通常在被违反时才被想起，但是至少在这两点上立法和现实必须相结合：用水管理与矿石碎屑的处理。从发现祖母绿之初到殖民时期的终结，木佐的矿主们不断因为这两件事情相互起诉。基本的问题是，这些矿主常常利用对方的灌溉水渠，把自己不想要的碎石岩屑冲到邻居的矿井或

---

① 原文为“vara”，西班牙和拉丁美洲的长度单位，在不同地方换算值也不同。——译者注

矿场中。人们很快就发现，相邻的长方形矿场在地图上看起来如此整洁，但实际上却必须容纳共享的水渠。进一步引起争论的是，祖母绿经常是发现于碎石沙砾流过的空隙或涉及地役权的地方。

矿场主也因宗教问题和国王及其财务官员产生竞争。1599 年，木佐的一些矿场主卖掉上乘祖母绿支持他们最喜欢的宗教团体——玫瑰圣母会、圣露西会和圣十字架会。早在 1575 年，他们就为捐赠给圣十字架兄弟会的祖母绿纳税，1576 年又为捐赠给其他宗教团体的祖母绿纳税。他们最早于 1567 年，在矿山开发后就把一些祖母绿捐给了缪索圣母会。1583 年，许多祖母绿被捐出来用于赎回巴巴里俘虏的事业。时至 1644 年，税收记录里仍定期记述捐赠祖母绿给这些兄弟会以及其他宗教事业的行为。目前尚不清楚这些赠品是否促进了生产，但是王室的官员确定他们减少了王室的收入，[12] 因为严格来说，地下的所有财富都归国王所有。

国王对其臣民很慷慨，甚至保护他们。例如，西班牙的法律要求他保证女性也享有矿山的所有权。拥有并经营矿山的女性通常为早期矿主和西班牙征服者的未亡人，或是他们的女儿、姐妹。 76
这在木佐很普遍，一如其他任何建成时间仅有一代的西属美洲矿区。1570 年，女性拥有矿山、为祖母绿纳税和 1670 年一样多。1577 年，安娜·德·波巴迪拉登记了当年生产的一些最好的祖母绿，包括一块超过 69 克拉的“祖母绿六边镜”。[13]

矿工与监工

木佐的欧洲征服者似乎一开始就从种族的角度想象矿场的工作。第一部法令规定，若“印第安人、黑人、黑白混血儿和其他底层人物”犯有小过错，例如用未纳税的宝石交换食物与衣服，应对他们施以严厉的体罚。矿场主通常被称为“印第安人的拥有者”或“黑人的领主”，他们对工人居高临下的控制大概比拥有丰富的矿场更重要。监护主和西班牙征服者的后人处于采矿业的顶端。

相比之下，监工既不是矿工，也不是矿主，而是被雇用的管家。他们通常是地位较低的欧洲人，会得到一份收益作为在现场监督的报酬。大多数监护主生活在城市里，而不是矿区。作为被雇用的管理者，尽管监工们如果走运就可以获得矿藏甚至是劳动人手，但他们往往地位不高。真正的矿工多为“印第安人”或“成队的黑人”，后来则为“日工”“短工”。如果他们能多活几年，就会被认为很幸运。1567 年的一份文件提到过一个由 10 名非洲奴隶组成的采矿队，但显而易见被征服后的头几十年，木佐的大多数矿工是土著居民。[14]

早期木佐矿业法中带有种族主义色彩的语言，和同一时期秘鲁的矿业法很像，但是也有一些局部的变化。木佐的第一个法令实际上比 1570 年代初秘鲁总督弗兰西斯科 · 德 · 托莱多颁布的那些更早，但是正如托莱多的法令，这里也把矿工们叫作“黑人”。
77 例如，如果没有“5 个工作队的黑人”在矿场开采 30 天，该矿场就被认为已废弃。而且，如果奴工能胜任采矿工作，他们才会出于税收或估价的目的被计入，被归类为“有用的人”，而不是由老弱病残构成的“乌合之众”。[15]

1572 年 8 月，早期的木佐总督阿亚拉奉菲利普二世之命，让 100 名非洲奴隶在国王自己的祖母绿矿场干活，以换取总督的职位。但是根据记载，他一直未能找到这么多工人，无论是奴隶或其他人。1575 年，王室巡查员的一份报告中提到，阿亚拉答应过会找到至少 30 名奴隶，以免被责骂，但也未能兑现。他的财产被查封时，只有 15 名非洲男奴和 6 名妇女被计算在内。然而文件没有明确说明这些妇女是否直接在矿场劳动或做辅助工作，不过无论他们做什么，这么少的劳动力都不足以开展大型的采掘项目。而且，据说有五六个奴隶生病了。虽然这家王室矿场经营不善，但是税收记录表明这几个非洲奴隶生产了一些很不错的祖母绿，其中一颗巨大的祖母绿达到了495克拉，“四面（完整）绿色不浓不淡”。[16] 王室巡查员补充说，1570年代初木佐活跃着大约24个工作队，大多由200名15岁以上的封地上的印第安男人组成。

欺诈、友谊与虐待

早年，木佐还有其他一些能透露实情的文件。1572年4月，还是这个阿亚拉，被卷入了一场针对欺诈的调查，虽然他显然被判无罪。在这起事件中，一个伺候他的20岁女子伊莎贝尔为生活在波哥大的主人做中间人，她的母亲是土著，父亲是一名非洲奴隶。伊莎贝尔从高地首府波哥大到木佐矿区不下10次，用纺织品从土著工人手中换取祖母绿，这些人和她说着相同的语言。[17]

如上文所言，这样的物物交换违反了1569年的法令，因为王 78
室官员认为私底下买卖的祖母绿没有纳税。伊莎贝尔是个有头脑的走私犯，据说她把祖母绿藏在长袜里，卷起来塞到旅行床垫中。当她觉得有可能被搜查时，就把石头藏到帽子的丝带里。我们可以从这份文件中推测，像阿亚拉这样聪明、人脉广的珠宝商，很清楚是美洲原住民和非洲矿工找到和私藏了最好的源头祖母绿，他们只需要弄清楚如何进行交易而不被抓住。年轻的伊莎贝拉是现成的中间人，但甚至阿亚拉的监工，出生在特纳里夫岛的克里斯托瓦尔·加西亚，也卷入了这场游戏。

跨种族的联盟或者至少和平往来是木佐永恒的主题。从阿亚拉的继任者和亲戚胡安·塞佩达在1582年写给国王的信中可以看出，令人吃惊的是，他质疑国王要求各殖民地将“黑人”赶出土著人村庄的命令。塞佩达认为，木佐省的非洲奴隶不仅相对较少，而且生活在那里的那些人大多居住在西班牙人的镇上，把主人伺候得很好。他补充说：“那些去往普韦布洛的黑人没有造成伤害，回到了他们的家。”他还说，害怕黑人与印第安工人交好并通婚是没有理由的，至少在祖母绿区不必如此。至于非洲人变成酋长的潜在问题，也无须担心。塞佩达说，木佐人的酋长继位是“像罗马人”那样决定的，会选出他们当中最勇敢的战士，而不是已故酋长的儿子。[18]

西班牙人的信件也描述了劳工之间过于美好的关系。在1583年木佐总督后续的一封信中，他反对代表监护主结束当地的采矿工作，因为“矿场的运转并不费力；印第安人干活，有空时就休息，因为水会把工作做好”。美洲印第安人有另一种问题：塞佩达说，
79 奇怪的是，被平定不久的木佐人容易自杀、逃逸和相互投毒。[19]一些近来被征服的妇女从暴虐的西班牙主人手中逃走，躲到遥远的高地。[20]

不管是因为虐待、疾病，还是因为绝望，土著工人变得越来越少。1584年的一次正式巡视发现，伊托科矿区只有600名当地居民，包括妇女儿童在内。此外，只有几十个非洲奴隶被计算进去，这表明只有一两名矿主积累了足够的资本或信誉来役使奴隶。如果这些文件可信，那么1584年大约只有100个土著男人在矿场为他们的监护主做工，虽然整个殖民时期一再提及数量不详的当筛工的少年。封地上的妇女被免除了采矿任务，但其中一些人可能要从事小规模的勘探。

1601年，努诺·恩里克兹从木佐写信给西印度群岛委员会，声称有400名当地工人正在寻找祖母绿，但这只是一个粗略的估

计。他还觉得自己很有功劳，因为他强迫“懒惰”的木佐妇孺纺纱织布。[21] 虽然10个或12个人一组的非洲奴隶被列为几名富裕矿主的主要劳动力，但封地上的土著劳力依然是核心。一些新上任的官员也从其他地区带来一些被奴役的劳动人手。

如果木佐人频繁的逃逸与反抗是一种迹象，暴虐的矿主可能不在少数，但引人注目的是雇佣监工的残忍。具体的虐待行为很少被提及，它们通常隐藏在其他类型的案例中。1598年，一个雇佣监工路易斯·巴博萨被指控暗地里用祖母绿和波哥大的商人销赃犯交换衣服、刀子和其他物品，当这些罪行暴露后，他决定报复一些印第安工人，认为是他们告发了他。据说，他狠狠地踹了一名年轻人的腹股沟，年轻人痛得窒息。[22]

评估祖母绿的生产 80

1598年，木佐的镇议员再次写信给菲利普二世。首先，他们请求国王减价派给他们100名非洲奴隶，由矿主在5年内分期付款购买。其次，他们要求将五一税降低到二十分之一，这个税率刚刚在新格拉纳达的几个苦苦挣扎的黄金区实施。[23] 在16世纪末17世纪初，整个西属美洲的矿主普遍索要非洲工人，但是无论在木佐或其他地方，破产的哈布斯堡家族都无法资助大西洋彼岸的奴隶贸易。

相比之下，令人吃惊的是西班牙王室拒绝降低祖母绿税率。到1598年，为了刺激生产，繁荣地区的黄金税率已永久降到十分之一，在随后几年降得更多。1595—1659年，因为自德雷克开始海盗船横行造成了奴隶潜水者的减少，里奥阿查（Riohacha）的珍珠河床几度乏人问津。[24] 相较而言，木佐的祖母绿在整个殖民地时期都被征收20%的税，毫无例外。这种僵化的政策无疑使人们不愿据实报税，也刺激了走私贸易的发展。

虽然五一税的记录或许不完美，但到目前为止它们最真实地
反映了生产情况，而且它们非常完整，讫于1634年。对照王室的
稽核结果、运货单和其他文件，我们至少有可能了解其长期趋势。
鉴于可用工人的数量、矿藏的质量和技术水平，现在很难说那些
年木佐矿区生产了多少祖母绿，但是为方便做比较，1924—1927年
81 的记录列出了326956克拉的祖母绿，都是用相似的非机械化方法
挖掘。[25] 虽然不能完美地反映生产情况，但幸存的木佐税收记录
确实表明，殖民地时期哥伦比亚祖母绿繁荣的年代和西葡联合王
国时期（1580—1640）非常一致。后面的章节会论述到，这也正
是世界祖母绿贸易最发达的时候。

死亡与衰落

目前已发表两项关于木佐殖民地的研究成果，它们以16世纪
82 末17世纪初的巡视记录为依据，追查了该地区土著居民的消失。
除了其他事情，这些记录也提到了进贡人口的显著减少。由于相
对较少的非洲奴隶被带到木佐弥补损失，此外也没有取得过巨大
的成功，因此祖母绿也在减产。弗里德（1967）、巴凯罗（1995）
详细叙述了木佐土著人口的暴跌（虽然他们没有引用那个时期的
一些相关文件），他们二人也有力地证明了到1630年木佐人已接
近灭绝，殖民地稽核员一再试图振兴矿场并终止虐待，但徒劳无
功。奇怪的是，在王室官员的信件与建议中，他们似乎没有意识
到二者不可兼得，木佐人和矿场不可能一起“成长”。

弗里德根据1617年和1629年的稽核结果得出了以下的人口数

据：1617 年总计 9127 人，其中成年男性（17—50 岁）属民为 2532 人；到 1629 年，总人口下降到 4261 人，属民则为 1486 人。有趣的是，尽管十几年内总人口减少了 47%左右，弗里德注意到，直接分配到矿山的属民人数几乎没有变化。1617 年，254 名美洲印第安人被分到 26 个工作队，1629 年则有 251 人被分散到 27 个队。每个“队”的工人数量因矿山而不同，但平均为 8—10 人，他们的劳动力显然在被竭力压榨。1617 年，一名工人做证说，“为了开发他们的祖母绿矿”，他和“队里的其他印第安矿工从早到晚用大棒、鹤嘴锄、锤子连续为监护主和监工干活，在大太阳底下敲岩石、开采……都是过度劳动”。[26]

弗里德将劳动力供给的缩减归因于监护主很想在农奴用完之前挖掘尽可能多的祖母绿。他补充说，居住在目前矿区的美洲印第安人家庭非常小（一对夫妇外加平均半个家属），不可能一直在繁衍生息。疾病和其他因素当然也产生了负面影响，但也难以反
驳这一观点：祖母绿的开采在置木佐人于死地。早在 1620 年，就 83
有一些祖母绿矿山以 40 比索的低价或以一匹好马的价格出售。没有工人，矿山自身一文不值。

关于被奴役的非洲人，弗里德语焉不详。他说木佐的祖母绿“完全由印第安人”开采，但又在脚注里补充道，一个监护主只能接受 1 个印第安工人和 26 个黑奴。如前所述，从发现祖母绿到至少 1640 年代，非洲奴隶对于哥伦比亚祖母绿矿的成功至关重要，后来也很依赖他们。1630 年的一次买卖纠纷提到，有 3 名非洲奴隶在伊托科祖母绿矿区附近的一个小农场工作，还有 4 名奴隶则在矿场干活，其中有 2 人为男孩子。[27] 在整个殖民地时期的哥伦比亚，童工的使用是矿山奴隶制的普遍特征，也是奴隶制比受规则约束的委托监护制更受欢迎的原因之一。

那些年里，在附近的木佐镇，被奴役者的生活显然也没有更

好。在1638年的一次申诉中，黑人女奴胡安娜·杰西塔在波哥大高等法院做证说，她自己和女儿都受到了虐待。女儿被打了一顿后死了，之前"吃不下，甚至递不动水"。[28] 在幸存于世的17世纪哥伦比亚的记录中，像这样在矿场或家里虐待奴隶的例子比比皆是。正如1627年卡塔赫纳耶稣会的阿隆索·德·桑多瓦尔在其关于奴隶制的文章中所言，新格拉纳达的主人们不好好对待奴隶，只是因为这样做符合他们的经济利益。[29]

不管那些年里非洲奴隶和封地上的印第安人的比例是多少，到1642年，伊托科的主要矿区减少到只有21支混合工作队。弗里德认为封地内的印第安工人总计只有117名，但是其他文件表明矿区大约有180名土著人。[30] 弗里德没有引用的1643年的巡视记录估计非洲奴隶矿工有42人，这些年的五一税记录也说明矿区活跃着5支奴隶工作队，其中最大的一支有20名工人。木佐的首批发
84 现者的后裔之一阿隆索·拉米雷斯·加斯科有6名非洲男奴、2名非洲女奴和几名儿童。木佐的最后一支工作队有6—12人，矿主有26名，大多数为监护主，他们共拥有52座有名字的矿山。此时方济各会与多明我会有权支配伊托科矿区附近的两个土著人村庄，但目前尚不清楚祖母绿是否为指定的贡品。[31]

1643年，新规定出台，缩短了封地内印第安人的工作时间，并禁止晚上劳动，从17世纪开始，文件就越来越频繁地提到后者。在干旱的1月、2月、7月和8月，工人们甚至应该留下来种玉米，但是没有证据表明这一想法已付诸实施。在矿山干活和做其他特殊工作的工资是每年6比索，外加额外配给的玉米，但一些评论家写道，美洲印第安劳工完全没有得到补偿。例如，1640年，土著工人被无偿征用去重建"米内罗河桥"。

土著工人的年薪也规定要和每年的进贡（每年5个银比索）完全匹配，它们通常由王室地方行政官员向监护主收取，而且通

常拖欠。因此，工人们可能从未见过现金，除非能非法卖出祖母绿。根据 1643 年的稽核结果，年老体弱者经常被留在森林里等死，那些因为逃离原始的血汗工厂而被戴上镣铐的年轻姑娘自杀了。其他不在矿山干活的村民被迫弃种粮食，改种烟叶，现在他们在忍饥挨饿。因此，开采祖母绿只是王室稽核员所谓的“这些矿主的残暴”问题的一部分。[32]

其他选择是推行奴隶制和寻找新矿场。到 1635 年，据说一些非洲奴隶在重新发现的遥远的索蒙德科矿山工作，但是因为一个所谓“富矿”归属问题而产生的冲突致使那里的矿山于 1643 年歇业，五一税的记录没有提及其生产。1672 年，奴隶们再次在索蒙德科干活，但没有取得显著成功。奴隶制在木佐地区继续存在，但与此同时一些历史学家也记载说，1640 年代中期的一场大型塌
方使科斯凯兹矿山（大约在木佐镇以北 20 公里处）关闭了，但文 85
件似乎没有证实埋葬了 300 名工人。1640 年代初，总督西蒙·德·索萨拥有的一群奴隶曾活跃于科斯凯兹，但 1646 年监工弗朗西斯科·奥瓦莱曾请求从木佐派土著工人过来。木佐的其他矿主拒绝了他的要求，因为他们说科斯凯兹矿区“又冷又湿”，对身体不好（他们那里的气候大同小异）。[33] 说回到 1611 年，一名当地西班牙征服者的孙子被授予特别许可证，在通哈地区勘探新的祖母绿矿，不过不清楚他是否找到了什么。[34]

似乎是为了给木佐的迅速衰落画上句号，1646 年，一场震动了新格拉纳达东北大部分地区的地震将木佐镇夷为平地。木佐总督胡安·乌尔塔多·德·门多萨说：

> ……今年 4 月 3 日凌晨一两点钟左右，上帝降下一场如此可怕的地震，多明我会教堂倒塌了，教区教堂、圣塔芭芭拉教堂和矿山旁边的教堂的许多地方都破碎了。几座房屋倒塌，造成多人死

> 亡，幸存者都等着被压成碎片，然而当上帝用鬓角磨钝手中之剑时，我们当中的一些人（在教堂避难时）奇迹般地逃出生天。[35]

正如矿山的衰落和印第安人因“疾病与瘟疫”而死亡，典型的巴洛克式做法也把地震解读为对西班牙人的罪孽的报复。在帮助埋葬了死者之后，木佐总督安排了“连续 9 天的示范性祷告和公开忏悔的游行”。

地震带来了其他后果。1648 年，木佐不再是总督府所在地，而成为地区首府通哈的一部分。方济各会和多明我会修道院被废弃，几个显赫的家族撤退到高地。在 1648 年写给国王的一封信中，
86 一名观察者写道：“木佐市已被荒废、放弃。因为市民逃逸，缺少印第安人在矿场工作，祖母绿的产量非常少。至于黑人，因为（自 1640 年葡萄牙叛乱以来）很少能进入这个王国，几乎连一个工作中队也召集不起来。由于过去几年的地震，这座城市已经被毁，剩下的户主甚至不足 50 人。”[36]

尽管有这些让人沮丧的话，但并非一切都已失去。后面的章节会论述，一些聪明的矿主从木佐封建式的委托监护制经济的废墟中崛起，他们巩固股权、购买奴隶、寻找新矿、低调行事或者贿赂王室官员以免他们掣肘。还有一些人把收益投资于畜牧业和小规模的制糖业，以此实现资产的多元化。虽然从 1630 年代到 1670 年代，五一税的记录越来越详略不一，采矿活动——无论规模多小——却从未停止过。实际上，1650 年代出现了几个拥有矿山的有权有势的家族，其中一些人用出售祖母绿赚到的钱跻身地方政坛。在他们的管理之下，祖母绿的开采很快出现了超出预期的反弹。

早期殖民地和西班牙的祖母绿市场

虽然最好的哥伦比亚祖母绿很快被销往亚洲，但许多祖母绿也在西班牙及其殖民地找到了买主。祖母绿经常被大量地镶嵌到世俗和宗教的珠宝工艺品中，也常见于上层女性的珠宝，在她们最重要的嫁妆中占了相当大一部分。关于文艺复兴时期的科学，最早被发现的一些祖母绿进了维也纳和德累斯顿的哈布斯堡珍宝柜，如今陈列在博物馆里，其他的则成为西班牙的王冠珠宝藏品。

1551 年，西班牙王室的珠宝被列成清单，它们属于查理五世的子女玛丽亚、胡安娜和菲利普，其中有若干刻面祖母绿，大多镶嵌在黄金上。[37] 里面有一颗祖母绿引人注目，它是“长长的”、顶面切平，重约 70 克拉，镶嵌在一只黄金蜥蜴上，价值 1 万达克 87
特。仅这一颗祖母绿就占了所有已估价的珠宝价值的近 12%，不过这是在发现木佐的祖母绿之前，当时祖母绿依然非常罕见。这些祖母绿无疑来自索蒙德科，有可能是克萨达当初征服美洲时掠夺的一部分战利品。

1564 年，木佐的发现使得较低的社会阶层——包括许多商人和中等富裕的殖民者，突然间也有可能问津奢华的祖母绿消费。从波托西到马德里，社会地位上升的家庭效仿王室的做法，成了哥伦比亚祖母绿的狂热消费者。通哈是离祖母绿矿山最近的重要的西班牙小镇，那里的公证记录表明，1568 年，就在发现木佐祖母绿之后，通哈突然出现了祖母绿珠宝。[38] 在整个北安第斯，祖母绿珠宝很快变成一种资本，引起了债权人和王室官员的兴趣。在 1570 年代初的卡塔赫纳，用来抵债的嵌祖母绿珠宝包括“两条有 8 颗祖母绿的项链，8 个绞丝金手镯，外加一个金项圈和 3 个祖母绿戒指”。根据王室官员的说法，典当的有“一件普通的珠宝，上面有一颗红石头和一个镶着祖母绿的十字架”，另外还有 3 颗单颗的祖母绿。[39]

这只是开始。从波哥大到基多的公证记录都表明，在发现木佐祖母绿的几十年内，尤其北安第斯的上层妇女简直是满身滴翠，嫁妆和遗嘱里也充斥着祖母绿珠宝。正如一位英国无名氏所述，1586 年，卡塔赫纳公民甚至想用祖母绿珠宝从伊丽莎白时代的海盗德雷克手中赎回这座城市：

> 阿隆索·布拉沃的妻子送给将军一套非常珍贵的黄金和珍珠
> 纽扣、一套镶嵌祖母绿的上乘珠宝、一枚有一颗祖母绿的戒指和
> 一条祖母绿吊坠。阿隆索亲自送了过去。中将也同样被赠予一套
> 有祖母绿的漂亮珠宝和有一颗祖母绿的漂亮戒指。他把所有这些
> 都说成是他妻子的馈赠……西班牙人确实非常迫切地希望用珠宝
> 88 来付这剩余的 1000 比索，因为他们提出抗议，发誓他们无法一口
> 气支付，但他们妻子的珠宝首饰会拿出来抵押。将军［弗朗西斯·
> 德雷克］欣欣然以合理的价格接受了如此多的珠宝，所以不久他
> 们把珠宝拿了出来。那些都是祖母绿，但他们留下了一些珍珠，
> 因为将军不同意他们定的价格，当时提出退还他们 300 比索以便一
> 次性付清。[40]

和大多数海盗一样，相较于祖母绿珠宝，德雷克更喜欢金条、银条和钱币。对他来说倒霉的是，庞大的“铁拉菲尔梅”宝藏舰队就在他抵达卡塔赫纳之前启程去西班牙了。

木佐祖母绿开始南下，行销整个安第斯山脉。祖母绿耳环、项链、吊坠、戒指，一些样式很奇特，到 1580 年代经常出现在资产清册和基多、波帕扬的其他文件中。合同也显示，商人们经常

把镶嵌祖母绿的珠宝带到繁荣的白银城市波托西和大秘鲁的其他地方。1586 年 11 月，在前往“秘鲁”寻找买主之前，一个商人向基多的一位公证员登记了下列祖母绿珠宝：

> 一条镶嵌了 24 颗祖母绿的金龙和一条有祖母绿吊坠的项链；一个有 10 颗祖母绿的黄金小十字架，其中有 3 颗为悬挂式；一个戒指或别针，上面有 19 颗祖母绿外加一条带吊坠的链子；一个金台子……它有 25 个嵌祖母绿的大截面和 25 个小截面；又一个大十字架……它带有 3 个吊坠，吊坠上有珍珠小南瓜和 7 颗祖母绿；又一个小小的金十字架……它有 10 颗祖母绿，其中 3 颗是吊坠；另一个非常大的十字架……它镶嵌了 10 颗祖母绿和 3 个祖母绿吊坠。[41]

著名的“安第斯王冠”（Crown of the Andes）据说是为了向圣母玛利亚致谢，1590 年代制作于波帕扬。它由黄金和祖母绿打造
而成，美丽夺目，曾经让 20 世纪中叶的欧美鉴赏家赞叹不已，最 89
后从人们的视线中消失。有故事说，圣母玛利亚使全镇居民躲过了一场瘟疫，因此虔诚的居民们请人制作了这顶王冠。[42] 1580 年代，北安第斯的这一带确实发生过好几波瘟疫，但我没有在波帕扬的公证记录中找到这个物品的合同记录。无论什么时候、出于什么原因制作安第斯王冠，它毫无疑问采用了许多祖母绿。这提醒我们，殖民地时期的哥伦比亚本土也很珍视祖母绿。

卡塔赫纳与“阿托查夫人”号沉船

正如许多经济史学者所指出的，无论是为了国王或私商，出

运的美洲金银会在每一个转运点清点、称重，这使得我们有可能追踪并估量有多少金银从矿山“流向”市场。[43] 至少从这些文件中，我们可以清楚地看到贵金属流动的巨大规模。不幸的是，对祖母绿而言，运输记录不那么有用。1539 年，新格拉纳达的“征服者”号称在圣玛尔塔搜罗了 1812 颗祖母绿送往西班牙，但塞维利亚贸易协会只统计了 562 颗。[44] 换言之，一半以上的祖母绿在到达海关之前就消失了。这种数据的不一致越来越多地被归咎于走私贸易，尤其是卡塔赫纳附近的走私贸易。

卡塔赫纳具有两方面的重要性：它既是非洲奴隶的主要入境口岸，也是西班牙铁拉菲尔梅舰队来以后的第一站。到 1580 年西班牙和葡萄牙合并时，买卖奴隶和欧洲商品的卡塔赫纳商人通常交易祖母绿、黄金、珍珠和海外需求旺盛的其他商品，包括靛蓝、兽皮、烟草和可可。就祖母绿而言，它与矿山有直接联系：17 世
90 纪木佐的营业税和其他记录表明，矿主们把祖母绿和代理人送到卡塔赫纳，然后他们在那里购买奴隶、工具和奢侈品。

发现木佐祖母绿后的头几十年里，大多数哥伦比亚祖母绿由每年一度的舰队运往西班牙，它们于 1564 年合法化。欧费米奥·桑斯利用塞维利亚和西曼卡斯两地收藏的王室财政记录，说明从 1558 年到 1600 年，平均每年有重达 1000 比索的祖母绿从卡塔赫纳运到国王的金库（这 42 年中，他发现了 21 年的记录）。[45] 在描述的祖母绿中，大约 60%为“三等”，38.5%为“二等”，只有 1.5%为“头等”。

这种记录的一个例子是“洪卡尔圣玛利亚”号宝藏船提单，该船于 1597 年 7 月停靠在塞维利亚，船上有下列归王室金库所有的祖母绿：6 颗头等祖母绿，合计重达 72 比索（1656 克拉）；价值 881 比索（20263 克拉）的二等祖母绿；5000 比索（115000 克拉）的三等祖母绿。[46] 这些数据和有记录的 1596 年木佐总的五一税

几乎一致：72 比索的头等祖母绿，701 比索的二等祖母绿，4400 比索的三等祖母绿，再加上 66 金比索现金（见附录 1）。塞维利亚记录的二、三等祖母绿的数据略高，它们可能来自卡塔赫纳征收的祖母绿税（这座城市 1569—1576 年的零星记录提到了少量祖母绿与珍珠的五一税）。[47]

国王的许多祖母绿直接从塞维利亚送往马德里，菲利普二世的珠宝保管者巴托洛梅·桑科托约留下的记录提到了一些同样也为桑斯所注意的祖母绿。1583—1597 年，每年平均有价值大约 500 比索的二等祖母绿和 1000 比索的三等祖母绿，装在小盒子和亚麻小袋里送抵埃斯科里亚尔宫。几大颗头等祖母绿也被记录在案，与上文 1597 年的记录完全吻合。所有这些祖母绿都在菲利普二世死亡前夕被进献给他。[48]

塞维利亚的记录非常不完整，但是已知年份五一税的总数与
各等级的比例和波哥大、木佐的记录近乎一致，难以估量的是在 91
1600 年后动荡的几十年里生产、出口了多少祖母绿。克拉伦斯·哈林发现，早在 1605 年，生活在委内瑞拉卡贝略港附近的荷兰商人就用奴隶和布料换取祖母绿、珍珠和贵金属。走私到西班牙早已是一个严重的问题，到 1618 年，官员们已查获价值超过 40 万达克特的走私白银——它们都来自官方舰队。[49] 在菲利普二世死后的最初几年里，走私不是一件新鲜事，但其规模似乎成倍增长。

多亏了海洋考古学家和寻宝者，一份关于大约这个时候祖母绿走私贸易情况的非常实在的记录已为人所知。1622 年，“阿托查夫人”号大帆船在佛罗里达礁岛群的最西南处沉没。这艘沉船最为知名，它的不寻常在于，它主要装载新格拉纳达即哥伦比亚的宝藏，而不是墨西哥或秘鲁的金银财宝。从 1985 年开始，为寻宝者梅尔·费希尔（Mel Fisher）工作的打捞潜水员发现了大量不在“阿托查夫人”号载货单上的祖母绿，这份单子的副本因为在另一

艘去往西班牙的船上而得以幸存。[50]

在迄今为止在“阿托查夫人”号上发现的大约6000颗祖母绿中，只有一小部分是刻面祖母绿，镶嵌在珠宝上的则更少。在“阿托查夫人”号的展品中有两个精美的黄金十字架和一枚大戒指，上面都镶嵌着大大的深绿色祖母绿。它们和公证人描述的那种珠宝工艺品非常相似。但是，潜水员们发现的大多数祖母绿，包括一些非常大的六方晶体，都是木佐的原石。

在百慕大群岛的西班牙沉船中也发现了未加工或抛光过的祖母绿，包括一个精美的镶嵌了祖母绿的金十字架，其制作时间约为1595年。[51] 在另一艘被认定为“奇迹之母圣玛利亚”号（*Nuestra Señora de las Maravillas*）的沉船中也找到了几件令人惊叹的嵌祖母绿金器，外加大约1500颗祖母绿原石。该船于1656年1月在巴哈马海域沉没。寻宝人兼考古学家罗伯特·马克斯自从1974
92 年发现了该船残骸后，就定期在这个失事地点工作。1993年的一次潜水发现了一个镶嵌了67颗祖母绿的金十字架。[52] 虽然零零散散，偶尔也会有误导性，但这些逐渐增多的来自海底的物证证实了祖母绿的交易，正如钻石和其他宝石，大部分也是私下进行，对王室保密或由王室保密。

这些“偷渡”的宝石去了哪里？又是谁保守了秘密？

第四章　帝国与审判官

正如1622年“阿托查夫人”号沉船所强烈暗示的那样，火药 93
帝国时代的宝石贸易通常是秘密进行的，只有刑事调查或偶然的发现才会部分地揭示其规模。贸易垄断与高额税收给了人们借口，但此外还有其他更实在的诱因。像祖母绿、钻石、珍珠这样的宝石——坚实、牢固、值钱——在哪儿都是理想的走私货，也是一种二等商品，可以藏在储物箱的秘密隔层里，或者缝到衣服里，甚至吞下肚子，以免被偷走或课税。在一个以重金属而不是纸或塑料为钱币的时代，宝石包装得非常好。

就利润而言，宝石名列前茅。把偷渡的石头添加到正式登记的货物如糖、兽皮中，可以把原本不太赚钱的旅行变成意外之财的来源。考虑到偷运宝石的诸多理由，西班牙和葡萄牙的商业代理人、西班牙征服者、政府官员和神职人员当然会在全球网络中利用政治关系、身体的流动性和帝国的保护，漂洋过海将祖母绿带往塞维利亚、马尼拉甚至果阿，大多数人认为不这样做就是傻瓜。

然而，虽然这种由位高权重的官僚、代理人、教士和士兵顺 94
带为之的“蚁丘”交易很重要，现存的证据有力地表明，早期近代大多数洲际宝石贸易由几十个塞法迪犹太商人家族以更有组织和常规的方式进行。这些家族总是不顾个人或群体的安危，在广大的葡—西势力范围内外活动。到1564年木佐发现祖母绿时，塞法迪犹太人早已形成一个环球商人团体，从长远来看，他们能从这种有风险的贸易中获利。如历史学家埃德加·塞缪尔所说（他强调钻石），早期近代全球的珠宝生意具有特殊性：

> 大型宝石不能按样品出售，需要相当长的时间才能获利，因此这一行需要高度的相互信任和长期信贷。对于钻石批发商来说，知道谁不可靠是至关重要的。他不仅必须能评估这一行里每一个人的可靠性，如果他想活下去，他也必须能意识到可靠性或偿付能力的下降。这只有在乡村社会特有的社会联系密切、流言蜚语满天飞的情况下才能有效地完成。然而，钻石买卖和行业并不能在村庄运转，它们需要训练有素的城市劳动力、良好的金融与保险设施、公正有效的司法体系、定期可靠的邮政与运输服务……开展国际宝石贸易的理想单位是生活在重要贸易城市内的少数族群，他们通过语言和血缘关系与其他重要城市的类似社区联系在一起。[1]

在世界早期近代的宝石贸易中，谁是主要参与者？随着时间
的推移，他们的关系网和联系如何改变？尽管现存的大部分叙述
为奇闻逸事，而不是量化证据，显而易见，许多甚至是大多数哥
伦比亚祖母绿，都是通过塞法迪犹太人和所谓的新基督徒家族的
95 关系网，跨越大西洋和印度洋销往东方。这些关系网起初立足于
塞维利亚、里斯本和安特卫普。1600 年后，塞法迪犹太人的宝石
贸易中心转移到了阿姆斯特丹，1655 年，克伦威尔重新接纳犹太
人后又转移到了伦敦。

到 17 世纪中叶，阿什肯纳兹犹太人家族也参与到竞争中去，把汉堡和其他北方城市纳入同一个“南方的”或热带的势力范围，这个范围和卡塔赫纳、果阿甚至罗安达已有长期联系。[2] 和加勒比海的联系不那么直接的其他重要中心包括地中海的一些港口：

威尼斯、亚历山大、伊斯肯德伦（Iskenderun）以及越来越重要的里窝那。此外，居住在菲斯（Fez）、马拉喀什（Marrakesh）、塞拉（Salé）、丹吉尔（Tangier）和其他摩洛哥城市的塞法迪犹太人也从事祖母绿贸易，其他生活在受奥斯曼帝国统治的阿尔及尔和突尼斯摄政国的犹太人可能也是如此。环球旅行家、珠宝商塞缪尔·帕拉彻（Samuel Pallache，约 1550—1616）的例子具有启发性，他也兼任摩洛哥苏丹缪利·泽丹派驻在里斯本和阿姆斯特丹的大使。他很有可能把哥伦比亚祖母绿带到了摩洛哥，当时那里被认为是一个小型的火药帝国。[3]

在最简单的情况下，塞法迪犹太人和后来的阿什肯纳兹犹太珠宝商走陆路或海路从欧洲和地中海城市到印度。他们带去哥伦比亚的祖母绿、加勒比海的珍珠、地中海的珊瑚、波罗的海的琥珀和秘鲁或墨西哥的白银，用来换购钻石、红宝石、蓝宝石、香料和奢华的纺织品。到 1550 年，在葡属果阿，新基督徒已是最重要的宝石商人，这种情况至少持续了一个半世纪之久。[4]

在 1700 年前的几十年里，塞法迪犹太人家族成员逐渐转移到更宽容的英国港口马德拉斯（金奈）、孟买和孟加拉。正如亚美尼亚人、旁遮普巴尼亚斯人（通常是耆那教徒）、古吉拉特邦穆斯林，可能还有几个锡克人和帕西人家族，威尼斯和热那亚的珠宝商人也活跃于果阿。在萨法维王朝的羽翼下，在波斯发展壮大的亚美尼亚人，与缅甸红宝石贸易有特别密切的关系。历史学者巴哈斯瓦蒂·巴塔查理亚发现，几个和马德拉斯以及更远的东部港口有联系的亚美尼亚商人都在遗嘱中提到了祖母绿。[5]

进一步的研究将会更多地揭示这些非欧洲人团体从事宝石交 96
易的情况。目前，有证据表明 17 世纪中叶以前，无人享有西—葡统治之下塞法迪犹太人所拥有的超长距离的联系和其他优势，尽管事实上葡萄牙和西班牙的宗教裁判所周期性地迫害他们。塞法迪犹太人是有适应能力的，当 17 世纪中叶的政治动荡和与之相伴的宗教歇斯底里停止之后，果阿的宝石市场复苏了。

仿佛奇迹一般，虽然果阿被预测会消亡，但在很长一段时间内，它似乎依然是世界宝石和珠宝贸易的中心，尤其是在 17 世纪晚期英属马德拉斯崛起之后。果阿的优势之一是，它是重兵把守的总督府所在地，历史悠久的市场、低税率和相对而言的稳定使各种各样的商人得以购买便宜货，寻找和扩大信贷，委托这座城市的许多金匠和石工制作珠宝成品。简而言之，在人们的心目中果阿是印度“天然”的宝石交易所。即使在困难时期，作为真正的葡萄牙臣民，说葡萄牙语的新基督徒也能利用官方的舰队或航线（塞缪尔所谓“定期可靠的邮政与运输服务”），以及印度殖民地的法律机构（塞缪尔谓之“公正有效的司法体系”）。[6]

葡萄牙舰队和法庭的安全性与可靠性充其量是相对的，至少在 1640 年之前，果阿的受宠有其他因素。虽然从 1610 年代开始，北欧的竞争者沿着印度的东、西海岸建立了通商口岸，但在此时期内非伊比利亚半岛的商人，如法国胡格诺派教徒和英荷东印度公司的代理人，比较缺少直接通向迫切需要的美洲财富的途径，这些财富包括祖母绿、珍珠，但更重要的是银条和西班牙银币。大印度是棉织品的大出口商，1600 年人口近 1 亿。欧洲人和其他国家的商人能将多少美洲白银输入印度的广大市场和活跃的朝贡
97 国，印度和中国就竞相吸收多少。[7] 来自东南非洲偶尔还有印度尼西亚的黄金同样受欢迎，但它的供应一直不像美洲白银那样可靠。

随着时间的流逝，印度对贵金属的胃口有增无减，刺激了欧洲的竞争。最终，因为海上力量的天平向英国与荷兰倾斜，果阿被笼罩在阴影之下，而马德拉斯和后来的孟加拉、孟买走到了聚光灯下，但这一缓慢却又戏剧性的转变需要大量昂贵的投资，以

及极大的耐心。尽管打了胜仗，但英国人、荷兰人和法国人仍然不得不和葡萄牙人竞争，从奥斯曼、萨法维和莫卧儿朝廷手中赢取特许的贸易站。虽然 1600 年之后他们为此快马加鞭，或许最关键的是 1622 年占领了霍尔木兹岛，但直到近 17 世纪末，这些努力才转化为商业发展的坚实基础。

面对潜在的各种损失，尊奉天主教的西—葡帝国的管家们到处搜查他们认为背叛了他们的渗透者。1600 年后，差不多永远不出所料，官方的愤怒指向了那些锐意进取的新基督徒，他们已使宝石、胡椒和其他全球性商品的买卖有利可图。佛兰芒人和其他“外国人”也受到迫害，但没有那么严酷。有些人在面对宗教裁判所时是狡猾的，或者至少非常灵活，但是诚如历史学者塞缪尔在上面引文中所言，在新基督徒中，亲属关系已取代法律和金融机构，远距离贸易和其他有风险的活动也能让耐心、执着的“非国家行为者”赚到钱。

除了博亚吉，安东尼·迪斯尼（Anthony Disney）和其他人也证明，虽然到 16 世纪晚期，葡萄牙的塞法迪犹太人大都散居于伊比利亚的全球火药帝国，并且保持着很大的流动性，但事实表明他们在政局不稳的时期比较容易成为替罪羊。这在很大程度上是西葡王室在周期性的财政困境中左右为难的结果。多亏了菲利普四世最宠爱的奥利瓦雷斯伯—公爵（Count - Duke of Olivares），98
1620 年代新基督徒曾获许购买免于宗教裁判所迫害的豁免权，但是到 1630 年代晚期，他们突然发现自己不仅要面对财产被没收充公的情况，而且会被永久流放甚至公开处决。[8] 这一反转如此突然而彻底，以致在许多流亡者中激发了一场深刻的宗教复兴。

虽然显而易见当时的许多牺牲品对于突然成为替罪羊感到吃惊，但这一点并非史无前例。宗教裁判所从 15 世纪晚期开始就“打击”所谓的犹太人异端，迫使伊比利亚半岛的新基督徒和虔诚的犹太人寻找了许多避难所，大多是在对西班牙人和后来的葡萄牙人有敌意的国家与地区。许多在第一次流放浪潮中被放逐的流亡者定居在摩洛哥，还有奥斯曼帝国统治下的希腊、土耳其和巴勒斯坦。后来难民们青睐意大利和法国的不同地方，然后是荷兰、英国以及它们的海外殖民地。随着1600年后荷兰人的崛起，定居在阿姆斯特丹、鹿特丹、海牙与荷兰其他港口的塞法迪犹太商人，将他们长期从事对外贸易的经验带回到新的或熟悉的转口港。许多商人的最后一站是里斯本，来自世界各地的宝石长期以来都在那里切割、钻孔、抛光、交易。

里斯本宝石市场

1510年葡萄牙人拿下果阿后不久，印度活跃的钻石、珍珠和有色宝石市场随即得到开发，里斯本也成为欧洲宝石交易和宝石艺术的大型中心之一。有一段时间里斯本和安特卫普关系密切，后者是查理五世时期受西班牙统治的尼德兰的首都。宗教裁判所和其他文件都描述了里斯本的一个繁荣而多元化的社区，那里有钻石打磨工、石工、珍珠钻工、金匠和宝石商人。许多人住在下城区码头附近的“金匠街”，如佛兰芒商人克里斯托弗罗·瑞德纳克和科内利斯·简格利特。1567年，二人都被里斯本宗教裁判所的法庭指控为新教异端。[9] 调查显示，在比利时人、德国人、法国人和英国人居民中有一个关系网，其中大多数人就是宝石切工
99 和抛光工，但有一些人也兼做药剂师和医生。

里斯本的许多宝石切工，他们多为年轻的单身汉，在新基督徒珠宝商以及年轻的新基督徒工匠的店铺干活。1563年，一名这样的工匠鲁伊·戈梅斯被指控信奉犹太教，[10] 因为有人听到他说

新教改革宣告了弥赛亚的到来。一群小切工，包括几名外国人，来声援戈梅斯，做证说他一直过天主教的节日，也和许多老基督徒为友。他的老板是新基督徒富商路易斯·门德斯，他主要投资于印度的贸易，而且有亲属在果阿。和他的大多数同龄人一样，年轻的戈梅斯没有被吊死或烧死，而是被判处长期忏悔，接受天主教的再教育。

丹尼尔·斯维茨钦斯基已证实，在17世纪的阿姆斯特丹，葡萄牙籍犹太人的宝石切割行业普遍推行学徒制，经常吸收孤儿和重新安顿的亲属为徒。[11] 1614年，里斯本宗教裁判所审判了一个18岁的新基督徒宝石匠路易斯·洛佩斯，他的父亲、叔叔和爷爷都是珠宝商。洛佩斯说，他还是个孩子的时候，就被送到安特卫普学这一行，之后就在他父亲位于金匠街的店里当钻石切工。正是在他9岁左右开始当学徒的时候，洛佩斯的生活发生了转折，让他后来和宗教裁判所发生了冲突。根据他自己的证词，在恶作剧似的用火药烧伤了一起当学徒的同伴的眼睛之后，为了躲避迫害，他逃到了阿姆斯特丹。

在这座审判官所谓的“异教徒之城”，洛佩斯说，他想搭船回家，却待了5年，主要是待在一对公开的犹太夫妇的家中，即西芒·罗萨及其妻子拉斐尔拉。在阿姆斯特丹的时候，洛佩斯割了包皮（虽然他说仪式开始之前就被骗了，还被下了药，甚至控告主人夫妇做了这些事）。最后他登上了一艘驶往里斯本的威尼斯船只，在里斯本重操旧业。根据卷宗，经宗教裁判所调解后，洛佩斯立即申请了坐船去殖民地的许可证。最初他被拒签出境，因为 100
他“（对天主教信仰）缺乏了解，容易因为和通常居住在那些占领区的犹太人做生意而转变、堕落”。1615年，洛佩斯前往一个不知名的殖民地。[12]

这些案子仅代表里斯本黄金时期宝石交易与切割的一般情况。

16 世纪下半叶，活跃在葡萄牙和西班牙的最著名的新基督徒银行家有戈梅斯家族和罗德里格斯·德埃维拉家族。他们的商业信函现存于锡曼卡斯，何塞·席尔瓦已将其大量出版。这些信函揭示了一个庞大的泛欧洲信贷网络，从里斯本或马德里到安特卫普、汉堡、巴黎、里昂、佛罗伦萨、威尼斯和那不勒斯都有黄金交易，偶尔也有珠宝交易。[13] 曼纽尔·戈梅斯当时的主要业务是把南非的靛蓝运往安特卫普，1576 年，他把一颗珍贵的蓝宝石送到法国的代理商那里，说对这种石头的需求增加了。同年晚些时候，他提到这同一颗“祖母绿，我是说，蓝宝石……要小心，因为它是非常精美的东西”。[14] 罗德里格斯·德埃维拉家族最出名的是把印度的胡椒贩卖到安特卫普，但另外也经常捎带上钻石。

1577 年，安东尼奥·戈梅斯抱怨，小钻石和红宝石在印度价格昂贵，到低地国家价格却下降了，应该暂时撤出市场。一年后，鉴于钻石的价格如此难以预料，他建议大家最好经营纺织品。[15] 但不是所有人都同意这一点，因为据说 1578 年商人西芒·鲁伊斯（Simão Ruis）还在里斯本市场找寻品质优良的红宝石和钻石。同年，佩德罗·哥德尼斯和费尔南多·莫拉莱斯忙着把成百上千颗珍珠寄给在巴黎的新基督徒和意大利代理商。[16] 长期以来，这些人被认为是早期近代欧洲最大的银行家和套利者，他们没有一个人专门从事珠宝贸易，认为这不过是没有利润的奢侈品贸易之一。他们的通信也证实了塞缪尔的断言：要想在这个变化无常的行业取得成功，有必要了解当前的价格与“流言蜚语”。

在早先的这些年里，即便是把祖母绿送往印度显然也不是一
101 件有把握的事情，也有起起落落。16 世纪中叶，一位葡萄牙不具名鉴定师的手稿，即手写的《宝石手册》（*Cousas de Pedraria*），和塞缪尔不谋而合，但增加了一些曲折而有用的细节：

> 在祖母绿这一行，关键的一点是买卖双方都要很内行，因为假货很多。那些想买但又不了解祖母绿的人，应该像对红宝石那样，用回火钢刀的刀尖探一探它的某一个面。如果能探进去，说明这颗祖母绿是假的；如果探不进去，但留下了痕迹，那么这颗祖母绿是好的。可以用肉眼判断祖母绿的好坏，它必须呈鲜绿色，没有线条，没有网状物，也没有裂缝。完美的祖母绿和钻石等价。但是，要等很久才能看到一颗完美的祖母绿。[17]

这位不具名作者似乎在暗示，这时的祖母绿和钻石价值相当，虽然这份文献的日期还不确定，甚至可能早于木佐的富矿带。另外，作者建议用刀，这一点会吓到大多数卖家，因为祖母绿天生易碎，比红宝石软得多。造假猖獗的说法表明至少在某些市场上还有大量需求。这位作者进而写道：

> 印度有一种祖母绿，如果它们来自东方、质地优良、出身良好、绿色浓郁、浑然一体，价值就是完美的祖母绿的一半；这也是净度和品级为二等的祖母绿的价格。还有一种叫秘鲁祖母绿，它们呈鲜绿色，许多人把它们作为商品从葡萄牙带到印度，因此许多祖母绿被买下，然后又［由主人］带回这个容易上当受骗的国度。如果你不是专家，最好不要买卖这样的祖母绿，否则这将不是一个有利可图的行业。

把哥伦比亚祖母绿分成“东方的”和“秘鲁的”两大类，这种做法到 1572 年已被西班牙珠宝商当作标准，并公布了不同的价
目表（见附录）。《宝石手册》的作者暗示“秘鲁”或“新世界” 102
的祖母绿不会轻易在印度销售，它们早已是三级祖母绿的代名词。哥伦比亚最好的二级和一级祖母绿只能被当作“东方的”祖母绿

来出售，这是印度市场的要求。

除了《宝石手册》手稿，早期里斯本的文献很少提及祖母绿。但是当17世纪它们更频繁地出现时，显然只是被纳入了历史悠久的全球宝石贸易网络，这个网络围绕钻石与珍珠而建，但也总能容纳有色石头，包括地中海的珊瑚和波罗的海的琥珀。这一行的主要人物大多见于宗教裁判所清单和类似文件。

葡萄牙—印度的钻石贸易循环

博亚吉做了大量工作，来确定西葡合并期间里斯本有哪些家族主导了果阿的宝石贸易。在他所谓的“贸易的巅峰”，即大约1599至1619年期间，新基督徒如蒂诺科、帕斯、费尔南德斯、希尔维拉、迪亚斯、苏萨和罗德里格斯家族经常相互通婚，定期派年轻的亲戚或女性到果阿建立立足点或维持关系。这种贸易一直活跃，直到1630年代晚期宗教裁判所施加迫害，1640年葡萄牙的反抗使里斯本宝石贸易的全盛时期戛然而止。

和西属西印度群岛一样，宝石生意在葡属东印度群岛也是偷偷摸摸进行的，幸存的官方记录很少能和偶尔的检查与沉船中收集的证据相吻合。例如，1615年一艘船在亚速尔群岛失事后，大约300袋钻石被冲上岸，数目“比‘印度之家’的任何官员在他们的集体记忆或书面记录中所能找到的都多，也远远超过了克拉克帆船一年的载货量”。[18] 这些宝石的价值可能高达225万克鲁扎
103 多，或是大约250万银比索。在表4-1中，博亚吉提供了1586—1631年私人钻石从印度运往里斯本的下列官方记录。

表 4-1　经印度航线从果阿运往里斯本的钻石，1586—1631 年

年份（船只数量）	袋数	估计的价值，以克鲁扎多/比索为单位
1586（3）	64	480,000/533,333
1592（1）	114	855,000/950,000
1596（1）	68	510,000/566,667
1598（3）	74	555,000/616,667
1600（6 艘卡拉克帆船+盖伦帆船）	3	22,500/25,000
1608（1）	114	855,000/950,000
1615（1）	125	937,500/1,041,667
1616（2）	190	1,425,000/1,583,333
1618（1 艘卡拉克帆船，1 艘盖伦帆船）	71	532,500/591,667
1631（1）	44	330,000/366,667

除非特别说明，此处的船只均指卡拉克帆船（carrack）。——译者注

博亚吉从幸存船只的运货单中提取了这些数据，但是正如类似的从卡塔赫纳到塞维利亚的祖母绿登记册一样，它们也有问题。几乎每一个写信或做证的人都说走私猖獗，这使得成千上万颗钻石——尤其是大钻石——下落不明。即便我们相信这些数据，一袋钻石的价值不是标准的（因为葡萄牙人没有像西班牙人对祖母绿那样对钻石贸易征税，因此没有必要将其标准化）。

不过，博亚吉估计一袋装有 1 磅或者大约 2240 克拉的钻石："如果普通钻石只有 1 克拉，那么一袋在里斯本大约值 1.2 万克鲁扎多。"[19] 这是假设钻石的大小与品质不可能一致，但是博亚吉给出了一些零散的估价，表明他说的平均每袋值 7500 克鲁扎多，虽然比较低，但是并非不合理。对于里斯本新基督徒珠宝商经营的祖母

绿，我们几乎一无所知，博亚吉只举了一个罕见的例子：1627 年，官员们查获了一批走私的祖母绿并将其送往马德里。[20]

104 印度航线上珠宝贸易的价值可能永远无法确定，但是宗教裁判所的记录至少揭示了这条闪闪发光的链条中一些遥远的环节。1617 年，里斯本宗教裁判所审讯了住在奥林达（Olinda）的一位德国金匠，因为他私藏新教著作。奥林达是一个风景如画、繁荣昌盛的进出口糖的港口，位于巴西东北海岸。35 岁的克里斯多福·劳斯自称是珠宝商和鉴定家，和总督弗朗西斯科·德·苏萨一起来拜访南方的船长们，“以便了解那些地方发现的石头”（见附录）。

劳斯的货物被教会官员没收时，里面有各种半成品珠宝、圣物箱、宝石原石以及大量金银。看起来劳斯的特色产品之一是镀金的银质宗教用品。除了“一个圣文森特祖母绿十字架”和“一个镶有 4 颗祖母绿的金戒指”，还有许多项圈、吊坠和其他珠宝，其中的一些有珐琅，并用小珍珠、变形的珍珠和珊瑚珠装饰。散的宝石包括若干大小不一的紫水晶和黄玉，若干块清澈的水晶，9 颗祖母绿，1 颗红宝石，1 块“刚玉”，11 颗刻面石榴石，24 颗未刻面石榴石和 42 块“色泽一般”的无名石头。[21]

劳斯还有一个钻石研磨轮，但是让他陷入麻烦的是他的书，其中有几本为佛兰芒语，还有一本他说是和一个来访的英国人做交易而得：他用他那本《英国的分裂》（*The English Schism*）换回另一本书，多疑的官员认为那是一本拉丁文《圣经》。在等候被遣返回里斯本期间，劳斯请求把工具留给他，这样他可以继续维持生计。虽然我们很容易认为这个德国人的祖母绿是巴西的，但更有可能的是，它们就像他拥有的珍珠和其他奇珍异石一样，也来自国外。正如博亚吉所指出的，当此之时，奥林达至少有一名新基督徒代理人和加勒比海的宝石走私集团有联系。[22]

在横跨大洲的祖母绿行业中，与塞维利亚的关系最关键，至少从哥伦布时代以来那里就有一个繁荣的宝石市场。大约从这时开始，里斯本、埃武拉（Évora）、埃尔瓦斯（Elvas）、埃斯特雷莫什（Estremoz），甚至是波尔图（Porto）的新基督徒都和塞维利亚 105
保持密切的联系，几个相互联系的侨民社区维持着遥远的海外关系网。博亚吉非常清楚塞维利亚几个家族的情况，也把它们和卡塔赫纳联系在一起。[23]

一如既往，在排斥异己的毛病周期性发作的时候，富裕的改宗者及其后裔引起了掠夺者的注意。宗教裁判所最恶劣，但是正如露丝·派克所言，塞维利亚的商人和银行业精英与改宗者有千丝万缕的联系，以至于出现了一个特殊的阶层，即“犹太猎手”。他们是律师、镇议员，专门寻找希伯来人的家谱，以便敲诈或者迫害试图跻身社会上层的人。[24] 直到17世纪晚期，犹太猎手的势力才衰落。

我们能在这种有毒的氛围中找到像巴尔托洛梅乌·马丁斯·德·莫拉那样的案例，他是里斯本当地人，也是一名新基督徒珠宝商，1655年因信奉犹太教而被人告发。有几名金匠通过生活在巴达霍斯附近埃斯特雷马杜拉的边境小镇埃尔瓦什的家庭成员，维持和塞维利亚的生意往来，马丁斯就是其中一名金匠。[25] 在1657年的一份清单中，马丁斯的财产包括4袋尚未切割的钻石，据说价值约为2000克鲁扎多（约为833银比索）；外加一个小盒子，内有几颗切割过的钻石，约值200密尔雷斯（约为333比索）。① 马丁斯的儿子另有4袋钻石，而他的妻子被指控藏匿了更多。

我们能从马丁斯的债务文件中发现，他和塞维利亚、里约热

① 原文为“milreis”，巴西和葡萄牙过去的货币单位。——译者注

内卢和果阿的宝石商人有广泛的联系。文件中还有寄小袋祖母绿和巴洛克珍珠给印度代理人的合同。马丁斯说，作为这些寄售的交换，他获得钻石，然后他把钻石外包给里斯本的许多宝石匠切割、抛光、镶嵌。他没有说他的顾客是谁，但承认自己在墨西哥城和韦拉克鲁斯（Veracruz）生活过两年，然后又在塞维利亚半年，主要是在那里收账。马丁斯被判有罪，流放非洲某无名之地三年。他的上诉到 1663 年的复活节仍悬而未决。

106 **卡塔赫纳的葡萄牙人**

对祖母绿商人来说，比塞维利亚更重要的是哥伦比亚的加勒比海港口卡塔赫纳。不幸的是，卡塔赫纳的公证记录被几个世纪前的海盗和火灾所毁，因此关于祖母绿出口的断简残篇仅来自信件，以及从木佐或卡塔赫纳寄往波哥大或西班牙的官方材料，其中有建立于 1610 年的卡塔赫纳宗教裁判所法庭的记录。虽然这些文件远比里斯本、墨西哥城或利马的那些简单，但也有启发性，尤其是那些详细讲述没收所谓的新基督徒或秘密犹太商人财产的文件。

历史学者阿方索·基罗什对所谓的大阴谋时期，即 1635 至 1649 年墨西哥、利马和卡塔赫纳的财产没收做了开创性研究。在那些年月里，葡萄牙犹太人和新基督徒在整个伊比利亚世界遭到了最严厉和有组织的迫害。他发现，几个被指控信奉犹太教的卡塔赫纳商人广泛经营珍珠和祖母绿。[26] 大多数人还参与了更邪恶的非洲奴隶贸易，而这正是卡塔赫纳的支柱。

1638 年，一些祖母绿经销商和卡塔赫纳的宗教裁判所达成和解，其中包括出生于里斯本的曼纽尔·德·丰塞卡·恩里克斯

（Manuel de Fonseca Enríquez，此处采用文件里的西班牙语拼写）。他除了损失了祖母绿，还被没收了大量红宝石、钻石、加工过的白银与靛蓝，还有 25 个非洲奴隶，其中 15 人归他所有。基罗什说，恩里克斯和墨西哥、巴拿马、秘鲁、西班牙的代理人以及其他生意伙伴有贸易关系。如果他是典型的西班牙老基督徒，而不是葡萄牙新基督徒商人，所有这些都会是标准的联系。和全球代理人，通常是远在马尼拉的侄子或姻亲的联系，在巴斯克和安达卢西亚老基督徒商人家族中很常见。然而，这些家族或者贸易“国家”很少买卖宝石和奴隶，也没有人能轻松往返于西班牙和葡萄牙殖民地之间。[27]

丰塞卡·恩里克斯维持着和葡属安哥拉的首都罗安达的直接 107
贸易联系，也大量投资于加勒比海珍珠贸易，据说数额达 3.5 万多比索。当和安哥拉的联系、祖母绿和珍珠生意中也有了钻石和红宝石时，提到钻石和红宝石也不让人吃惊了。1638 年，这些宝石几乎可以肯定来自葡萄牙在印度、缅甸和斯里兰卡的前哨。公证记录表明，大约在这个时候，一些这样的石头走进了西属美洲的宗教艺术，也成为私人的珠宝。虽然两年之后情况就出现了变化，但是丰塞卡·恩里克斯被审问时，遥远的印度依然在西班牙的控制之下，他时运不济。

虽然丰塞卡·恩里克斯或许和荷兰人于 1634 年占领的库拉索岛有联系，但他很有可能是把新格拉纳达的珍珠和祖母绿寄往里斯本，在那里分类、包装，然后送往印度，或者如下文所述，卖给阿姆斯特丹的代理人。其他有亲属从事印度航线贸易的卡塔赫纳新基督徒还有安东尼奥·努涅斯·格拉马舒，他是至少自 1620 年代以来里奥阿查的大珍珠经销商。[28] 这些交易的回报又被投资于纺织品、金属制品、葡萄酒和其他商品，然后把它们运到上几内亚或安哥拉换取俘获的非洲人，再把他们送回卡塔赫纳。这是大西洋上的一条环线。与此同时，在果阿和周边地区，在遥远的印度洋，来自西班牙大陆或者“秘鲁”的祖母绿和珍珠被用来交换钻石、红宝石和西方大量需求的精美的东方珍珠和宝石。

1636 年，另一位经商已久、资本雄厚的卡塔赫纳商人胡安·罗德里格斯·梅萨（Juan Rodrigues Mesa）的货物被宗教裁判所禁运。他把大量贵重金属运往塞维利亚，以便为其在里斯本的兄弟安德列斯·罗德里格斯·德·埃斯特雷莫什还债，其中便有祖母绿和珍珠。仅 1628 年，他就送去价值 1200 比索的货物。除了其他许多业务，安德列斯还是安哥拉奴隶贸易的承包商。1635 年，他写信给在卡塔赫纳的兄弟，建议他除了一级祖母绿什么都别买，因为在印度单单祖母绿就有利可图。“他们根据情况，一级品出
108 300—400 密尔雷斯，但是对二级品他们出的钱会少到半个里亚尔。”[29] 他大概是指果阿的交易所，但也可能指出口前在里斯本出的价格。虽然这份文件在价格问题上含混不清，但它是把一个重要的卡塔赫纳新基督徒商人和经由塞维利亚、里斯本到印度的祖母绿贸易直接相连的关键。祖母绿贸易的利润则主要再投资于非洲奴隶。

琳达·纽森（Linda Newson）和苏西·明钦（Susie Minchin）详尽地研究了 1640 年葡萄牙叛乱前，从上几内亚（尤其是现代几内亚比绍）到利马的葡萄牙早期奴隶贸易。她们证实了罗德里格斯·梅萨的核心角色是卡塔赫纳非洲奴隶贸易的中间商，也阐明了葡萄牙企图在西非为地中海的珊瑚、波罗的海的琥珀和其他半宝石寻找市场。[30] 毫无疑问，一些用来交换宝石的奴隶成了开采宝石的矿工。

卡塔赫纳的塞法迪犹太人巴尔塔萨·德·阿罗觉和地中海有广泛的联系，他在 1625 年的一份证词中描述了他们一家在被西班牙和葡萄牙宗教裁判所追捕后如何逃离伊比利亚。他们从加利西

亚经波尔图到萨洛尼卡，然后在威尼斯待了数月。在威尼斯，阿罗觉接受了拉比们的劝告，行了割礼，之后和兄弟启程去开罗做珍珠买卖。他做证说，自从来到新格拉纳达后，他不仅在卡塔赫纳，也在内陆数百英里的地方、内奇河上的金矿小镇萨拉戈萨（Zaragoza）遇到过其他秘密的犹太商人。其中有个人叫路易斯·弗兰考·罗德里格斯，据说他在1624年被捕之前请求一位鞋匠朋友保管黄金和祖母绿饰品，以免被宗教裁判所没收。弗兰考·罗德里格斯否认了“信奉犹太教”的指控，尽管他经历了数轮被委婉地称为“绳子”和“小马”的折磨。[31]

酷刑与贸易

哥伦比亚历史学者安娜·玛利亚·斯普伦迪亚尼及其同事研
究、抄录了1610—1660年卡塔赫纳宗教裁判所的记载，目前已出 109
版多部著作。他们记录了几起涉及可能的和已知的祖母绿经销商的案子，包括丰塞卡·恩里克斯和胡安·罗德里格斯·梅萨。由于他们工作的重点是宗教迫害，而非经济迫害，他们没有抄录被扣押货物的清单（多亏了西班牙文化部，目前可在网上查阅）。[32]尽管如此，塞法迪犹太人受害者关于信仰问题的证词，为这些人庞大的贸易网络增添了重要的细节。他们也巨细靡遗地记录了塞法迪犹太人珠宝商在希望尽可能接近哥伦比亚祖母绿和珍珠的源头时面对的巨大危险。

根据斯普伦迪亚尼抄写的记录，因为遭到同行祖母绿商人胡安·罗德里格斯·梅萨的背叛，1636年7月，丰塞卡·恩里克斯首先被关押在宗教裁判所的秘密牢房里。有17名葡萄牙新基督徒被指控“信奉犹太教”或遵守犹太人的仪式、过犹太人的节日，他们几乎都是批发商，梅萨和恩里克斯也在这 17 人之列。据称，他们在周五下午以打牌为幌子一起禁食、做礼拜。他们一被告发并入狱，其价值高昂的财产就被禁运，等待事实上更大的——实为世界范围的调查的结果。[33]

丰塞卡·恩里克斯和罗德里格斯·梅萨的房子在证人们所说的“荷兰兄弟会”的三个聚集点之列，这个所谓兄弟会的成员似乎在对犹太教信仰与实践的理解程度乃至兴趣上有很大差异。但是，一如所料，在紧张气氛中，兴趣不一并没有阻止狂热的宗教审判官们以大同小异的方式恐吓那些有嫌疑的成员。大多数人，包括丰塞卡·恩里克斯和罗德里格斯·梅萨，都受过刑具“小马”的折磨。这是一种手摇拉伸架，经常会折断人的脚趾，有时使肩膀脱臼。此处提到的受害者似乎都没有遭受过“水刑”，虽然这种模拟溺水手段在美洲的其他法庭普遍使用。尽管有严格的规定，
110 也有医生在场，宗教裁判所下令的酷刑仍有可能夺人性命。

丰塞卡·恩里克斯显然不太好对付，他是同伙中最后屈服的人之一。直到 1637 年 9 月在遭受第二轮酷刑的过程中，他才最终承认参加了犹太教仪式。尽职的裁判所书记员一字不差地记录了他的感慨：“唉！我的上帝啊，我会说出真相！我成为信奉犹太教的犹太人已经 3 年，我遵守摩西的律法，遵行以斯帖王后的禁食[普林节]，有时是在 6 月，有时 8 月，有时 9 月。”他认为弥赛亚还没有降临，在其他方面他遵守“摩西律法”。他说他知道这一切都违反了“耶稣基督的律法”，但他仍相信摩西的律法比“基督徒的律法更好”。[34]

更重要的是，丰塞卡·恩里克斯做证说，他不切实际地希望自己和“朋友们”能获得自由，他的“朋友们”即荷兰兄弟会的 17 名成员。据说正是他的同行宝石经销商胡安·罗德里格斯·梅萨在屋子里放了一本书，上面有所有成员的签名。丰塞卡·恩里克斯

克斯说，他给了罗德里格斯·梅萨300比索入会费，认为这笔钱将用来资助“荷兰海军”（荷兰无敌舰队）对付西班牙国王。罗德里格斯·梅萨是会计，其他人也给了类似金额，很有可能是投资购买荷兰东印度公司的股票（证词里明确提到了“股东”一词——和提到奴隶买卖合同的放款人或持有者时用的词不同）。

丰塞卡·恩里克斯坚称他不知道罗德里格斯·梅萨的联系人的名字，但是据说自从1632年以来，某个“住在荷兰的犹太人”一直接收该兄弟会的资金，每位会员每年300比索。捐赠人知道他们在资助海军远征，他们会来到“这个港口”（卡塔赫纳）和巴西。自从1630年占领了伯南布哥后，荷兰人一直在巴西定居。如
果这是真的，那么这些捐赠，如祖母绿，可能都是通过库拉索岛送 111
往阿姆斯特丹的，但宗教裁判所里和这些人有关的证词从未提及该岛。这其实并不奇怪，因为正如下文所要讨论的，岛上著名的犹太人社区直到1654年荷兰人被驱逐出巴西之后才繁荣起来。[35]

丰塞卡·恩里克斯坚持到最后才承认自己信奉犹太教，和他不同，罗德里格斯·梅萨于1636年被逮捕后就承认了。他详细供述了他对犹太教的各种虔诚，以及对基督教或者至少是对天主教的深恶痛绝。根据文件，他没有被用刑就承认，他一看到十字架就幻想着要“拆掉和亵渎”它们。进一步审问后，假如宗教裁判所的书记员可信的话，他说他想把夜壶里的东西倒在十字架上。[36]罗德里格斯·梅萨还说，某些情况下他会在日出时抬头、低头（显然是早祷的一种形式）。

兄弟会里其他被监禁的成员的证词称，他们和摩洛哥、加那利群岛、荷兰、安哥拉的敏锐的犹太商人也有联系。波塔莱格雷的杜瓦特·洛佩斯·梅萨说，他在休达（在直布罗陀海峡的另一边）的一个犹太教会堂改变了信仰，在阿姆斯特丹和西印度公司的一些投资者相处了一段时间，其中许多人是葡萄牙犹太人。在

后来的证词中，他告发了安哥拉许多虔诚的犹太人，他们可能是奴隶贸易的代理人。[37] 当然，酷刑之下未必有真相，但是卡塔赫纳的审判官们顽固地东闻西嗅，想得到确凿的证词，经常通过和其他宗教法庭通信追查线索。

1627 年，一名活动于罗安达的埃尔瓦什新基督徒、奴隶贩子
贡萨洛·罗伊斯·梅内塞斯遭到了里斯本宗教裁判所的迫害。罗
112 德里格斯是一个肥胖且据说爱玩乐的人。他直接从安哥拉内地购
买奴隶，销往卡塔赫纳和韦拉克鲁斯的市场。他为配备了“黑人战士”的武装探险队提供装备。据他自己招供，1598 年左右，在放弃了当学徒时的行当之后，他年纪轻轻就先到罗安达加入一支探险队。他曾在里斯本和马德里由新基督徒师父培养为珠宝商。在那些指证他的人中有几个巴斯克奴隶贩子，其中一人来自委内瑞拉的梅里达镇。[38]

根据罗德里格斯·梅内塞斯的财产清册，他至少欠了卡塔赫纳兄弟会一名会员，即弗朗西斯科·罗德里格斯·卡内罗的钱。卡塔赫纳宗教裁判所传唤的几名证人做证，来卡塔赫纳之前，罗德里格斯·卡内罗在罗安达教过许多人如何遵守“摩西律法”。卡内罗到最后都辩解自己并不知情。[39]

和中非有直接联系的另一名兄弟会会员是曼纽尔·阿尔瓦雷斯·普列托，他和珠宝商胡安·罗德里格斯·梅萨的证词决定了其他几个人的命运，包括官方的卡塔赫纳奴隶贸易合同持有人费尔南多（或费尔南）·洛佩斯·德·阿科斯塔。阿科斯塔是里斯本人，60 岁，他承认自己的“希伯来”血统，但强调他们一家已被公众认为是老基督徒。他否认所有指控，21 岁的儿子安东尼奥·德·阿科斯塔也否认了指控，但其他人做证说荷兰兄弟会有时会在老阿科斯塔家里见面。[40]

或许最悲惨的人是埃武拉的布拉斯·德·帕兹·平托（Blas

de Paz Pinto），他说他到罗安达之前就在里斯本恢复了犹太教信仰。他是外科医生，1622 年带着几个想出售的非洲奴隶来到卡塔赫纳。纽森和明钦指出，平托的几乎所有奴隶都在途中死于天花，但他通过从其他贩子手中买下有病的奴隶，养好后再转卖，很快就在卡塔赫纳赚了一小笔钱。[41]

遭受了一轮酷刑后，帕兹·平托手臂青肿、一个脚趾被轧烂， 113
供出了荷兰兄弟会所有会员的名字。他说这些人都是私敌，想以此让自己的供述没那么有价值，但是审判官否定了这一技术性细节（宗教裁判所不应接受出于个人敌意的口供）。平托不久就死于貌似的破伤风；他受伤的脚趾被截掉后，他无法张开嘴接受强迫性的圣餐。[42]

大概是因为希望回到新基督徒可以买到某种缓刑的日子，卡特赫纳所谓的荷兰兄弟会中某些最有名的成员向西班牙宗教裁判所的最高法庭提出上诉。直到 1651 年法庭才宣布一个决定，整件事以永久驱逐所有剩余嫌疑人而告终。与此同时，逮捕、迫害其他疑似犹太人继续紧锣密鼓地进行，监禁、酷刑、没收、公开或私下的羞辱也无一不有。

1651 年，波哥大商人罗德里戈·特列斯和表弟，基多的曼纽尔·德·奥利维拉被逮捕，因为有人发现他们寄钱给阿姆斯特丹的一个兄弟安东尼奥·门德斯·特列斯和波尔多的姑妈伊莎贝尔·德·奥利维拉。他们的一个表妹洛蕾娜·门德斯据称嫁给了阿姆斯特丹一个叫亚伯拉罕·恩里克斯的人。[43] 这一切表明，尽管很少提及祖母绿，但新格拉纳达和低地国家新基督徒商人之间的联系，虽然受到了威胁，在 1640 年葡萄牙赢得独立之后依然重要。祖母绿及其来源可能还有价值的丰富知识，估计也得到了传播。

1648 年发生了另一起值得注意的案件：路易斯·门德斯·

德·查维斯乘坐的英国船只，在新巴塞罗那附近沿着委内瑞拉海岸进行奴隶买卖时被捕获，随后他被投入卡塔赫纳的监狱并接受审讯。他的物品中有一些犹太人写的书，包括玛拿西·本·伊斯雷尔的著作，后者撰写的小册子和1655年的伦敦之行说服了克伦威尔允许犹太人重新在英国定居。更重要的是，查维斯说出了这
114 次贩奴航行背后的6名塞法迪犹太人投资者的姓名，他们都在阿姆斯特丹活动，其中有钻石和珍珠经销商大卫·加贝（David Gabay）。下面会谈到，加贝不久就到伦敦，汇报复辟时期头几年英国宝石市场的风向。1652年，查维斯被判处流放，但从卡塔赫纳的文件中看不出其清晰的命运轨迹。[44]

和库拉索岛的联系

荷兰人入侵西班牙的加勒比海地区是一件漫长而血腥的事情，最初的目的不是殖民和种植园，而是更自由的贸易。早在1594年，荷兰船只，其中一些船上有葡萄牙新基督徒，已在委内瑞拉沿海和附近的岛屿寻找烟草、盐、兽皮和其他产品。到1600年，繁荣的走私贸易已在开展中，主要是走私非洲奴隶和欧洲的布料，加勒比海的珍珠不过是锦上添花。[45] 西班牙的反应是严厉报复外国人及其殖民地同伙，但这只不过坚定了荷兰的决心。1624年，荷兰西印度公司获得特许权时，加勒比海地区的几个前哨站都配备了枪支弹药进行守卫。

库拉索岛上建立于1634年的新基地威廉斯塔德镇（Willemstad），离漫长而基本无人守卫的哥伦比亚海岸仅有几天的航程。历史学者艾萨克·伊曼纽尔、乔纳森·伊斯雷尔、威廉·克洛斯特和其他人都描述了库拉索岛上重要的犹太商人社区，那是19世

纪之前美洲最大的社区。[46] 文件显示，殖民时期的西班牙船只经常停靠在威廉斯塔德，尤其是在 1650 年代中期之后，船上装着走私的烟草、可可、兽皮和染料。这些货物虽然体积不大，却非常值钱，在整个北欧都有现成的市场。但是，对于和印度以及其他东部地区有联系的塞法迪犹太商人而言，西属美洲的其他著名商品，如金银、珍珠和祖母绿，才最值得推崇。

为了换取西属美洲的金银财宝，库拉索岛的商人提供欧洲的 115
纺织品、葡萄酒和香料，最重要的是非洲奴隶。伊斯雷尔引用了 1661 年西班牙大使发自海牙的报告，其中说到，走私品交易通常是晚上在库拉索岛上进行，一艘满载染料、银、珍珠和祖母绿的船刚从那儿抵达阿姆斯特丹。[47] 第二年，即 1662 年，居住在威廉斯塔德的意大利代理人垄断了西班牙的一部分奴隶贸易。两方的商人和官员都知道，获得奴隶贸易的垄断权只会增加其他商品的流通，而这些商品大多是非法的。事实上，奴隶贸易垄断权长期以来都是商业上的特洛伊木马，这一点后来被英国人说得非常透彻。

和库拉索岛的联系告诉我们，17 世纪早期，欧洲主要的宝石交易中心是阿姆斯特丹。在漫长的荷西战争中，它取代了更传统的北欧交易中心安特卫普。正如米里亚姆·博迪安和丹尼尔·斯韦茨钦斯基所证实的那样，在 17 世纪的前 25 年，阿姆斯特丹的犹太人和新基督徒流亡者社区蓬勃发展。许多商人家庭和亲戚保持着密切联系，这些亲戚在整个葡—西世界扮演代理人的角色。[48] 一些成员对于复兴犹太教信仰比其他人更感兴趣，但是除了少数例外，宗教裁判所迫害的卡塔赫纳商人实际上是荷兰兄弟会会员。

从阿姆斯特丹到伦敦

埃德加·塞缪尔已非常清楚地写明，早在17世纪之前，葡萄牙的新基督徒和秘密的犹太人就是全球宝石贸易的核心。例如，塞缪尔引用了1572年以来对里斯本手工业行会的一套规定，它们说明新基督徒主导了那座城市的珠宝制作和宝石艺术。[49] 如上所述，里斯本和科英布拉宗教裁判所的记录充分支持这一论点，对
116 于这些记录，博亚吉挖掘得最为彻底。阿姆斯特丹和伦敦随后爆发的活动，在某种程度上更容易追溯到它们的起源。

在重建17世纪阿姆斯特丹的珠宝贸易网络时，塞缪尔利用了这座城市丰富的档案和私人信札来建立家谱，追踪塞法迪犹太人难民之间的贸易活动。曼纽尔·莱维·杜阿尔特是活跃在17世纪下半叶的一名阿姆斯特丹珠宝商，他和库拉索岛有往来，其兄弟大卫1660年就住在威廉斯塔德。[50] 和大多数同时代的人一样，莱维主要批发钻石，这意味着他最重要的联系不是和美洲，而是和印度。莱维和他的一个合伙人雅各布·阿西亚斯分别娶了格雷西亚和康斯坦莎·杜阿尔特姐妹，她们继承了和安特卫普、巴黎、伦敦最大的经销商及客户有联系的珠宝生意。在库拉索岛的代理人和兄弟只不过是一个延伸到半个世界的巨大链条中的一环。莱维用祖母绿、珍珠、贵重金属和委内瑞拉的可可换来了他兄弟在威廉斯塔德的女儿们的嫁妆。

根据塞缪尔研究过的文件，1660年后，从阿姆斯特丹运来珍珠、抛光过的宝石（尤其是钻石）甚至成品珠宝，就能在伦敦赚到一大笔钱。在阿姆斯特丹切割、钻孔、分类或镶嵌的宝石到伦敦后被用来交换钻石原石，大部分原石最初由英国东印度公司的

代理人、船长和跟班们从马德拉斯走私过来。其他钻石通过成功躲过了葡萄牙宗教裁判所的新基督徒从果阿来到莱维手中，还有一些是通过和荷兰东印度公司的关系，这个公司通过它早期的前哨站苏拉特收集、运输钻石。和该公司有联系的大多数商人是公开信奉犹太教的塞法迪犹太人，他们的通信和莱维的一样，都是用葡萄牙语写成。

根据塞缪尔引述的一封写于1660年的信，英国突然需要珍珠，起因是贵族妇女参观了刚恢复的英国宫廷。给阿姆斯特丹的莱维寄信的不是别人，正是大卫·加贝——上文中查维斯在给卡塔赫
纳宗教裁判所的证词中提到的加勒比海贩奴航行的投资者。[51] 根 117
据加贝的说法，富裕的英国平民——不像同时代的荷兰资产阶级妇女——坚持一种准清教徒式的节俭。虽然最后英国赶上了欧洲其他地方，拥抱巴洛克式的富丽堂皇，但是大约经过了一代之后她们才改变方式。

就像在印度和其他顶级珠宝市场一样，跟上并适应当地的品位在商业上是明智之举，因为品位反映了政治、宗教和商业命运的变化（有时被粉饰为资产阶级的崛起）。一如莱维的账簿所示，在翻云覆雨的形势下厘清供需关系从来不是一件容易的事情，但是只要运气和销售技巧结合得好，宝石买卖可能会带来高额利润。最好的顾客（虽然最难接触），不是势利的资产阶级暴发户，而是国王、王后、苏丹和沙。单价最高的商品一直是全球宝石贸易中的圣杯（或犹太教的“圣杯”）。

17世纪后期，欧洲国家之间的关系几乎一日一变。然而，由于距离遥远，帝国之间的通信慢得令人苦恼。政治风云突变，相关信息却稀少或者相互矛盾，这一点尤其考验遥远的塞法迪犹太商人的反应能力，因为他们立足甚至扎根于许多地方。例如，1665年苏拉特和果阿之间的贸易合法化，促使宝石，更确切地说是登记过

的宝石突然流动。许多送到苏拉特的钻石没有销往阿姆斯特丹，而是伦敦，使这种情况进一步复杂化。英国东印度公司参与了这些交易，1668 年给住在果阿的代理人送去价值 1.1 万多英镑的银、珊瑚和祖母绿。根据塞缪尔的研究，1669 年运回的货物是价值超过 1.7 万英镑的钻石，其中约 40%的货物“委托给犹太商人”。[52]第七章会论述，这种注册贸易在 18 世纪早期有所拓展，涵盖了东印度公司的堡垒马德拉斯、孟买和孟加拉。

1660 年代形成的英国—荷兰—葡萄牙之间的宝石贸易，继续
118 以轻快的步伐开展了若干年。这时英国船只显然是向葡萄牙钻石经销商提供哥伦比亚祖母绿的主要供货商，期间的战争似乎并没有将这一模式改变多少。约格夫引用了 1675 年伦敦商人迭戈・罗德里格斯・马奎斯的遗嘱，里面列出了 1673 年以来的一批待运货物，包括里窝那的一名代理人加布里埃尔・德・梅迪纳托运到果阿的一批价值 4000 英镑的祖母绿。[53]

因为害怕失败，1674 年葡萄牙王室试图关闭给果阿带来新生的私人贸易。正如宗教裁判所，早期近代的君主们也反复无常，他们的心血来潮常常导致各种商品的供求剧烈波动。近东和南亚的君主们也并无二致。1688 年，莫卧儿帝国皇帝奥朗则布的军队入侵印度中南部的戈尔康达（Golconda）矿区后，几大洋之间的钻石生意遭受了沉重打击。奥朗则布实际上对宝石和其他形式的炫耀并不像其父沙贾汗和其祖贾汗吉尔那样感兴趣。

从阿姆斯特丹的宝石交易中获益

埃德加・塞缪尔引用的阿姆斯特丹的文件屡次提及宝石，却很少提起祖母绿，只有在 1675—1685 年阿西亚斯、莱维二人合伙

的账簿上才专门提到祖母绿。和分开计算的珍珠不一样，祖母绿与其他有色宝石和钻石的购销总额捆绑在一起。有些祖母绿可能也被工匠分包商镶嵌到他们收来的成品珠宝中，但没有列出它们各自的价值。因此，我们不可能了解这些人的祖母绿买卖赚了多少钱，甚至也不知道这个行业到底如何运作，而只能想象这些石头来自库拉索的家族合伙人。实际上，后面的章节将会讨论到，祖母绿也有可能是通过牙买加、伦敦、里斯本或加的斯（Cádiz）的亲朋好友得到的。塞缪尔指出，17 世纪七八十年代，曼纽尔·莱维 119
及其合伙人每年从整个宝石交易中获得大约 10%的收益。

阿姆斯特丹的这些合伙人雇用的宝石切工中，有一个人是花钱雇来“修补一些祖母绿”的。至少从姓氏来看，大多数切工并不是犹太人（和一个世纪之前的里斯本一样），[54] 而是荷兰人和法国人，其中一些女性被雇用从事挑选的工作。根据法律，只有荷兰行会成员才能制作成品珠宝，这是残存的中世纪的一个规定，它阻碍了塞法迪犹太人和其他商人对珠宝业进行垂直整合。莱维和阿西亚斯以一种比较现代的方式，充分利用阿姆斯特丹健全的银行体系和繁荣的股票市场，去“壮大”他们的生意。但是据塞缪尔说，他们对于投资相当保守，甚至试图通过为他人投保来扣除保险费。

塞缪尔补充说，莱维和阿西亚斯还参与了几个卡特尔或建立战略伙伴关系，以便大量购买未经雕琢的原钻。但是，我们不清楚他们操纵价格的效果如何。他们确实送了珠宝成品到印度出售给奥朗则布朝廷，但不幸的是我们缺少详细的描述。[55] 我们也不知道这些珠宝有没有卖掉，但是正如上文所言，奥朗则布不是沙贾汗。鉴于这些商人和库拉索岛有直接的联系，几名以法国为基地的塞法迪犹太人也经常买卖西属西印度群岛的白银，很有可能他们出口到印度的商品中也有祖母绿。证据再次表明，祖母绿依然是神秘的走私品，比钻石和珍珠神秘得多——它们更有可能在沉船中发现，而未必见于装运记录。

部分是因为缺失这种记录，塞缪尔认为阿姆斯特丹批发商出口到印度的商品就是列在清单上的，就量而言最重要的那些，即西班牙银币（pieces of eight）。对于贸易公司和他们的代理商而言，白银当然是最重要的出口商品。荷兰和英国东印度公司想要的主要商品，即印度的纺织品，不能通过其他方式购买。

120 宝石经销商希望从印度换回未加工的钻石，这些钻石可以通过居留的塞法迪犹太商人购买。其中一些商人是亲戚，他们定期离开苏拉特和马德拉斯的荷兰和英国工厂，直接从戈尔康达矿区购买钻石。巴尼亚和其他印度商人有皇帝颁发的执照，他们抓住机会，充当矿工与外国买家之间的中间人，有些人因此变得非常富有。

到17世纪后期，英国、荷兰和（姗姗来迟的）法国公司的官员们，正如他们的葡萄牙前辈和同时代人，有时为了他们自己的利益干预塞法迪犹太人和内陆的珠宝贸易。1687—1692年任马德拉斯圣乔治堡（Fort St George）总督的伊利胡·耶鲁（Elihu Yale）就是一个例子，尽管从长远来看，与其说他是贸易的真正障碍，不如说他是一个麻烦。莱维和阿西亚斯把一些投资委托给了耶鲁，耶鲁亏损了，虽然他们只是外侨，却能利用英国的法律制度弥补亏损。

显而易见，钻石生意如此吸引耶鲁，以至于实际上他成了塞法迪犹太人贸易社区的一员。钻石代理人的寡妇杰柔尼玛·德·帕瓦成为耶鲁的情妇，二人育有一子。几年后，在1722—1723年，耶鲁的巨额财产（包括许多祖母绿），在伦敦的几个地方拍卖，但他只拿出一些书资助康涅狄格州的一个小学院。[56]

切普赛德宝藏的污名

著名的切普赛德宝藏（Cheapside Hoard）是珠宝首饰的宝藏（大部分现藏于伦敦博物馆），它们大致属于莎士比亚的时代，其中有一大块镶嵌有瑞士手表的哥伦比亚祖母绿。宝藏中的其他祖母绿包括一只雕刻的鸟，它让人想起莫卧儿的奇石，另外还有挂在耳环上的葡萄串。被发掘出来的还有许多祖母绿戒指和单颗的刻面祖母绿。如果当时祖母绿的大市场是印度，那么这些祖母绿在伦敦干什么？

一卷1641年的证词目前存于伦敦的议会档案馆，它们可能涉 121
及宝藏中发现的一些物品，包括那只祖母绿大手表。[57] 这桩案子提到了一个名叫杰拉德·波尔曼（Gerard Polman）的荷兰人（文件里把他的姓拼写成英语“Pullman”），1631年他在冈布龙（Gombroon，又名阿巴斯港）乘坐英国东印度公司的船只“发现”号。冈布龙是萨法维王朝最近在波斯湾建立的一个港口，邻近霍尔木兹。经过和葡萄牙人的长期斗争之后，英国与荷兰东印度公司（分别成立于1600年和1602年）的代表帮助萨法维王朝强行进入这些水域。作为交换，他们于1622年获得了贸易优惠。[58] 根据各种证词，据称已在东印度群岛近30年的珠宝商波尔曼，拿出100或200英镑给船长和船员，以便他自己和货物能安全回到欧洲，大概是回到他在威斯特伐利亚的家。

运气没有站在波尔曼这边。“发现”号在去好望角的途中停靠在科摩罗群岛补给用水，波尔曼就因病或中毒死在那里了。船员们，尤其是木工的助手克里斯托弗·亚当斯，拿走了死者的货物。我们对于剩下的航程一无所知，但是在远未到泰晤士河入海口的格雷夫森德附近时，亚当斯就在某个夜晚弃船逃跑，带着赃物划到了岸边，据说赃物中有半蒲式耳大小的“黑盒子”，里面装满了珠宝首饰，此外还有几箱波斯丝绸。他把这些东西藏在房子里和几个亲戚家的谷仓里，包括妻子伊丽莎白那里，首先记录的就是她的证词。她说，黑盒子里“装的珠宝如此明亮，以至于他们认为船舱着火了”。其他曾在船上见过这些珠宝的证人说，他们能借着珠宝的光芒阅读。

亚当斯的房子似乎是在南安普顿的一个村子里（显然是明顿教区的巴什利耶，但我没有找到现在它在何处）。他找好藏身之处和安全屋后，就多次去伦敦见珠宝商，包括舰队街的尼古拉斯·蒲柏，并把许多珍珠和宝石卖给了他的妻子——虽然他自己宣誓做证说价格太便宜了。同时，关于这个荷兰人的赃物的消息也传
122 到了林赛伯爵罗伯特·伯蒂耳中，然后又传到东印度公司财务主管和国王内侍那里。伯爵怒不可遏，派手下去追查亚当斯和为了一己私利处理了这名荷兰人以及东印度公司货物的“发现”号其他船员。

最后，亚当斯锒铛入狱，被关了将近3年。经过一番讨价还价后，他同意把波尔曼的“黑盒子”交给伯爵，但他保留了一把钥匙。据亚当斯和其他目击者说，盒子里有各种钻石、红宝石、祖母绿、蓝宝石和珍珠，还有好几袋绿松石（大多未经加工）、玛瑙、玉髓、石榴石、玛瑙石、黄玉、鸡血石、牛黄石，以及一些精雕细琢的红宝石、尖晶石和石榴石，它们一般被统称为红宝石。

这批财宝和切普赛德宝藏有关吗？这很难确定，但是亚当斯在他的第27条证词中坚持说，他给林赛伯爵的侦探亲信罗林森和彭尼科特的石头中，有“一颗长3英寸的绿色原石或祖母绿，还有3英寸在罗盘里”。他还说，“听说后来它在切普赛德被抵押了出去，但不知抵押给谁”。

有可能这颗非常大的祖母绿和著名的切普赛德手表没有关系，专家们把手表里的瑞士机件上溯到 1600 年左右——大约在亚当斯获得这笔波尔曼横财的 30 年之前。尽管如此，一种可能的情况是，亚当斯提到的祖母绿是手表外壳的原材料，制作手表的同一个无名珠宝商不是从林赛伯爵的手下或者亚当斯，就是从“发现”号的其他人手中购买了其他物品。此人可能轻轻松松就获得了一堆尚未完工的老珠宝和其他杂七杂八的东西，如切普赛德宝藏里发现的许多未经加工的绿松石和红宝石。绿松石是波斯特产，切普赛德宝藏中的其他许多宝石和戒指，似乎和波尔曼一案的口供中提到的那些非常相似。

至于埋藏这些珍宝的一个原因，很显而易见的是 1630 年代中期林赛伯爵上演了一场对人与珠宝的狩猎，随后波尔曼在荷兰的
一位继承人又提起了诉讼。不久，就在 1641 年 9 月获取这些证词 123
之前，英国爆发了内战。1642 年 10 月，林赛伯爵在艾吉尔率领皇家军队时被杀害。[59]

无论其起源或确切的时间是什么，切普赛德宝藏和其他证据表明，伊丽莎白和詹姆士一世时期的伦敦，对哥伦比亚祖母绿仍有需求。[60] 对于早期在萨法维波斯活动的祖母绿经销商而言，波尔曼的祖母绿可能同样重要。波尔曼所携带的祖母绿，以及亚当斯提及的大祖母绿原石和其他祖母绿，几乎可以肯定都来自哥伦比亚。一名证人描述说，一包 200 颗抛光过或未加工的祖母绿卖给了一个叫作雅各布·亚瑟（Jacob Arthur）的金匠。其他人提到了半配克①袋子的祖母绿和“一些大大的祖母绿原石，每一颗都像大核桃那么大”，它们至少值 200 英镑。最后，证人赫尔曼·马歇尔说，他见过一颗两英寸宽、两指宽那么厚的祖母绿。

① 原文为“peck”，容量单位，1 配克等于 2 加仑。——译者注

那么波尔曼是如何得到这些石头的呢？他为什么要冒着生命危险把它们带回西欧，即它们的来处？如上所述，西班牙和葡萄牙商人很早就认为，一些祖母绿是“东方”的，而另一些是“西方”的，即便它们实际上都来自相同的哥伦比亚矿山。一个像波尔曼那样有许多宝石和多年经验的人，完全有可能知道怎样玩这个游戏。即使他没有为他的“东方”宝石找到“东方”的买家，他也可以指望把它们再出口到欧洲，然后把它们说成是来自东方的——这是真的。

布鲁斯·莱曼指出，大使托马斯·罗爵士（Sir Thomas Roe）亲自拜见了印度莫卧儿王朝的皇帝贾汗吉尔和波斯萨法维王朝统治者阿巴斯一世（Shah Abbas I）。在他的建议下，利用英国东印度公司船只的私商开始把祖母绿运往东方的市场。1624 年，公司代表在苏拉特以莫里斯·艾伯特的名义出售一包珠宝和单颗的石头。其中有 3 颗祖母绿总共卖了 3000 卢比，相当于平均每颗 130 英镑
124 左右。另外还有 5 颗石头卖了 2910 卢比，其中有 3 颗重达 100 多克拉。[61] 这笔买卖不大，但显然很赚钱。大多数运到东方的祖母绿没有回家。

来回追溯早期这些跨越海洋的商品链似乎是一种乱七八糟的做法，但大概也没有更好的办法来了解祖母绿从哥伦比亚的卡塔赫纳港，到欧亚的各种宝石交易所和市场的流动情况。祖母绿交易似乎是一项非常不确定的业务，最好在烟草、可可、兽皮或纺织品等大宗商品的贸易之外开展。作为以走私或“偷渡”为主的生意，祖母绿贸易显然也和邪恶的大西洋两岸奴隶贸易有关，因此也和著名的甘蔗种植园有关。正如非洲奴隶的贸易，祖母绿贸易链条中的一些环节很早就从好望角一带延伸到了波斯湾、印度和东南亚。早期这些全球贸易的主要代理人是通晓多国语言、不知忠诚于谁的环球旅行家。

第五章　环球旅行家

2000 年，一个由加斯顿·朱利亚尼领衔的国际矿物学家团队，125
比较并报告了一颗祖母绿和莫卧儿王朝的一些知名宝石的氧同位素比值，前者来自 1622 年的“阿托查夫人”号沉船，后者一直被认为不是来自埃及就是南亚。矿物学家证实了历史学家和宝石学家长期以来的怀疑：哥伦布时代之后在欧亚大陆流通的大多数优质祖母绿都来自新世界，包括那些仍被吹捧为“东方”的或来自“遗失的矿藏”的石头。[1] 几乎所有受测试的祖母绿都不仅可以追溯到哥伦比亚的木佐、科斯凯兹和契沃尔地区，还能追溯到具体的露头。

然而也有意外。虽然在属于海德拉巴邦的大君的 4 颗石头中，有 3 颗号称来自旧世界的石头结果被证明来自哥伦比亚，但是第 4 颗，显然是 18 世纪时切割、镶嵌的，其同位素特征和出自阿富汗潘杰谢尔山谷的祖母绿相近。一般情况下，潘杰谢尔祖母绿的颜色可以和木佐祖母绿相区别，但有时近似于契沃尔祖母绿的蓝色调。因为没有 1990 年代以前该地区采矿业的历史记录，矿物学家不得不猜测，几个世纪前，在地面碎石中偶然发现的一些石头进入了印度市场。

进一步的科学分析可能会证明哥伦比亚祖母绿在几大洋之间 126
流动的范围，但是历史记载有许多故事可以讲述。只有文件和已出版的记载才能带着几分确定性，告诉我们在早期近代这些石头通过谁之手、经过什么机制到了远方的顾客如莫卧儿皇帝手中。

正如前几章所讨论的，大多数美洲祖母绿都是像“阿托查夫人”号船员希望的那样开始旅程的：从卡塔赫纳安全地横渡大西洋到塞维利亚。单是这段航程就要持续6个月，有时在哈瓦那，有时在亚速尔群岛停留，航程既漫长又充满了危险。

到达塞维利亚是一项成就，到达东印度群岛则是非凡的成就。朱利亚尼及其同事没有错，他们认为一方面，新世界的石头通过塞维利亚和东地中海的陆路贸易网络运到近东和南亚；另一方面，也通过所谓的马尼拉盖伦帆船进行的太平洋贸易。后面这些船只每年从墨西哥的阿卡普尔科港出发，经过大约4个月的航行抵达菲律宾。1570年后，菲律宾和中国、日本、东南亚甚至印度的贸易都很活跃。

博亚吉和其他人已证实，葡萄牙商人，包括一些著名的新基督徒，从遥远的果阿等地定期来到马尼拉，主要用胡椒和纺织品换回西班牙的白银，然后将白银运往澳门。南亚和东南亚的宝石也在马尼拉买卖，1609年至少有一份西班牙官方材料注意到，葡萄牙商人把通过太平洋而来的新世界的祖母绿带到了马六甲。盛产玉的中国显然不需要哥伦比亚丰富的绿色石头，但显而易见中国购买了印度的钻石和缅甸的红宝石。[2]

朱利亚尼及其同事没有提到的是从里斯本到果阿的标准的葡萄牙海路，这在前面几章都有所描述。这是迄今为止最有可能把新世界的祖母绿和亚洲的顾客相连的路线。一些石头肯定是在亚速尔群岛卖给了葡萄牙商人，西班牙铁拉菲尔梅舰队的许多船只在去往德巴拉梅德和塞维利亚的途中都到那里补给淡水和食物。舰队被风吹到那里，或者海盗埋伏在瓜达基维尔河口的传言迫使
127 舰队驶往那里时，其他船只可能直接抵达里斯本。如前所述，卡塔赫纳的葡萄牙奴隶贩子在1580年之后也直接买卖祖母绿，通过他们和其他中间人，这些石头后来被转卖给了库拉索岛的荷兰人

和牙买加的英国人。

尽管如此，至少在1700年之前，把大部分哥伦比亚祖母绿供应给南亚或许还有波斯顾客的，是葡萄牙官方的“印度航线”。这段旅程漫长而艰难，往往长达一年，它把葡萄牙和它在亚洲的主要前哨果阿联系在一起。1695年后巴西发现了黄金和钻石，可以由此成为葡萄牙王冠上的宝石，但是到了18世纪初，葡萄牙的海外利益集中在了印度西海岸中部的总督府首府、守备森严的岛屿果阿。

“黄金果阿”的哥伦比亚祖母绿

“大量品质精良的［钻石］……进入果阿。任何对它们有所了解的人，和有现金，有来自欧洲的金丝［金银丝］织物或西方的珠宝，尤其是祖母绿和红珊瑚的人，能做一些非常好的投资。他们尤其推崇祖母绿。”[3]

——威尼斯旅行家安布罗西奥·本博（Ambrosio Bembo），约1675年

历史学家乔治·维尼斯和其他人指出，葡萄牙人几乎从未向殖民地的珠宝贸易征税。甚至里斯本也是这样，那里有繁荣的从事宝石切割与买卖的国际化社区。葡萄牙的开放政策迥异于每一步都对祖母绿课以重税的西班牙的政策，这产生了双重影响：刺激了商业，但几乎没有留下任何记录。因为这一政策，外加1755年的里斯本大地震和随后毁坏了无数文件的火灾，对于贸易量、价格或全面的经济分析所需的其他东西，我们所知甚少。

但是，正如上一章提到的，总督的报告、船只的运货单、宗 128

教裁判所的文件和其他昙花一现的事物，包含了一些说明葡萄牙从印度出口钻石的零星记载。不幸的是，关于进口祖母绿的报告更少。在一些怪事中才有这方面的信息。如1650年代中期葡属印度总督萨尔泽达什伯爵提到，据说需要一颗大祖母绿去赎回被果阿强大的近邻——比贾布尔（Bijapur）的阿迪尔沙扣押的一名葡萄牙商人。[4] 著名的文件集《季风书》包含了一些法令，它们涉及被秘密地统称为“*pedraria*”① 的宝石贸易，但是据我所知，它们没有特别提到祖母绿。[5]

由于财政部记录和类似于在哥伦比亚、西班牙发现的其他官方资料的匮乏，历史学者非常仰赖非葡萄牙籍欧洲商人的记录，其次是活跃在葡萄牙海上世界的传教士。16世纪晚期的主要权威是荷兰商人扬·哈伊根·范·林斯霍滕，其两卷本《扬·哈伊根旅行记》在其有生之年被广泛阅读并翻译成其他文字。1580年代和林斯霍滕同行的英国人拉尔夫·费奇（Ralph Fitch）也有帮助。知名度更低的是年轻的佛罗伦萨商人和环球旅行家弗朗西斯科·卡莱蒂（Francesco Carletti），他也留下了一部回忆录。他于1599—1601年居住在果阿，提供了一些他所理解的关于亚洲宝石贸易的有趣细节。

至于17世纪初的情况，维尼斯、本杰明·缇斯玛和其他人借助于最近发现的佛兰芒珠宝商雅克·德·库特（Jacques de Coutre）的手稿。从1592年开始，他在果阿生活了好多年。1609年，英国东印度公司商人罗伯特·科维特经过果阿，1610年甚至走陆路去阿格拉（Agra）觐见贾汗吉尔。一路上，他把许多没有具体说明的珠宝和宝石卖给了王子们。法国游客，拉瓦尔的弗朗索瓦·皮拉德描述了1610年左右的果阿。[6] 关于17世纪中叶至晚期，法国

---

① 葡萄牙语“*pedraria*”意为“宝石”。——译者注

胡格诺派珠宝商让-巴蒂斯特·塔韦尼耶已出版的记载长期以来被
人们参考，一直非常有价值。塔韦尼耶大部分时间生活在荷兰和 129
英国的通商口岸苏拉特和马德拉斯，但他很了解果阿的贸易。从尼可拉·马努奇（Niccolao Manucci）的多卷本著作《莫卧儿王朝史》（*Storia do Mogor*）中也发现了一些关键的资料，他曾在果阿生活过一段时间，但最终在英国的马德拉斯定居。

欧洲的其他一些旅行家，如上面引述过的威尼斯骑士安布罗西奥·本博，在说到南亚、波斯和前奥斯曼帝国的商业时提到了宝石贸易。尽管如此，林斯霍滕、库特和塔韦尼耶因为主要从事宝石买卖而引人注目。在印度洋转口贸易的运作方式方面，我在很大程度上仰仗于他们的著作，并结合葡萄牙语和其他档案的只言片语。为了解更神秘的近代早期的宝石贸易和南亚以及近东的消费模式，我利用了欧洲商人和外交官的记述，它们提供了有用的提示和观察。但是，因为他们是外来人，容易误解是什么驱动了当地的品位并决定了价格，因此也有必要借助莫卧儿、萨法维和奥斯曼作者留下的文献资料。除了大量的绘画和珠宝工艺品，幸存的还有宫廷编年史和皇室回忆录。

旅行者的故事

自马可·波罗以来，从霍尔木兹到马六甲的财富和买卖的各种珠宝首饰让欧洲游客惊愕不已。1580年代在果阿和其他印度洋口岸城市居住了若干年后，林斯霍滕比较详细地描述了印度和缅甸的珠宝贸易。关于祖母绿，他这样写道：

印度人称为“帕切”（*pache*），阿拉伯人称为“萨玛热特”

> （*samarrut*）的祖母绿，在整个印度都没有。但是据说在那里发现了一些，虽然很少，也不经常有。不过它们大多是从埃及开罗运
> 130 来的，同样号称是东方的祖母绿：它们在印度备受推崇，因为数量不多。也有许多来自西属印度群岛，并被带到了勃固（Pegù，缅甸的城市）。那里有许多人佩戴并崇尚祖母绿，许多威尼斯人（他们带着祖母绿来到这里，用祖母绿换取红宝石）变得非常富有，因为比起红宝石，当地男人更喜欢祖母绿。[7]

林斯霍滕提到了开罗，这一点值得注意，因为它表明，人们继续利用古老的红海和东地中海航线把新世界的祖母绿运到印度。实际上，正如弗雷德里克·莱恩和其他历史学者所指出的，在葡萄牙印度航线的时代，走这条航线和其他从地中海到印度的陆上通道的人很多。费奇及同伴约翰·纽伯里提到了在阿勒波购买祖母绿珠宝，以便在果阿换取钻石、珍珠和红宝石。后者于1583年在霍尔木兹入狱，后来在果阿遇到了林斯霍滕，[8] 开罗的这条路线无意中还有一个优势，那就是让新世界的石头看起来像是“埃及”的。

1600年前后的几十年，是东地中海和近东地区激烈竞争的时期，威尼斯处于风暴的中心。但是即使奥斯曼帝国把势力扩张到了阿拉伯半岛、美索不达米亚和印度洋的一部分，威尼斯、亚美尼亚、犹太、古吉拉特和巴尼亚商人仍然继续通过已有的路线运送宝石、贵金属、香料、丝绸织物和其他值钱的商品。旧有的贸易习惯很难改变。

从1620年代英国、荷兰和萨法维统治者阿巴斯一世结盟逐渐开始，巨大的变化发生了。在此之前，每年从里斯本经由好望角远道而来的严重超载的葡萄牙卡拉克大帆船，终结了由来已久的东地中海对东方商品的垄断，但从未取而代之。迟至1616年，葡

萄牙国王试图驱逐外国商人或塞法迪犹太人，把果阿作为他们的入境点，从印度内陆购买宝石，然后通过陆路运往“威尼斯、土耳其、法国、意大利和其他地方”。[9] 如前一章所言，至少有一个与威尼斯和萨洛尼卡有联系的卡塔赫纳塞法迪犹太商人曾在埃及 131
直接交易海湾的珍珠。

林斯霍滕还提到了在因其红宝石而闻名遐迩的佛教国家缅甸，那里有一个繁荣的祖母绿消费者市场。这仍然是一个谜，或许等到新的文献资料浮出水面后才能解开。我只看到过一些弧面型的祖母绿被用到近代早期缅甸的一些珠宝中（显然所存不多）。

林斯霍滕叙述了对大多数宝石的估价以及它们的相对价值，他大概是指果阿一地，那里的宝石交易最集中，他也在那里生活了很久。他的基线是他所谓的1克拉的完美钻石。按照他的说法，一颗那么大的纯净无瑕的钻石可以卖到50达克特，或60盎司白银，但是这样的钻石流通得太少，以至于市场上所谓“完美”的石头实际上都有轻微瑕疵，它们卖得便宜一点，大约40金币。这仍是一大笔钱，因为在当时的果阿，最好的莫桑比克奴隶也卖这么多钱。林斯霍滕注意到“真正”的埃及祖母绿几乎总是质量很差，然后他对来自“西属印度群岛”的石头采用了以下估价标准：

老珠宝商们说，如果一个人能找到在颜色、净度、款式和厚度等各方面都完美无缺的祖母绿，那么这样的祖母绿值3颗钻石，按照我们的账目应该是120达克特。我确信这一点非常正确，但是到目前为止，具备所有那些优点的祖母绿，无论大小，从未被发现过；发现的一些祖母绿在颜色和款式上堪称完美，但净度和纯度不够，里面总有一些像绿草之类的油脂，因此让我们估算的话，我们会说一颗普通类别的祖母绿，完美而大的话值80达克特，因为它可以和1克拉的钻石做比较……[10]

附录2.2再现了西班牙宫廷珠宝商维拉费恩（Arfe y Villafañe）编制的估价表。在1580年代的果阿，1克拉的优质祖母绿能换来
132 差不多100盎司的白银，甚至更多——这是1572年在马德里的卖价的两倍，也是1598年时那里可能卖出的价格的25倍，无论是“新”或“旧”的祖母绿，都是如此。

虽然在16或17世纪的哥伦比亚，即便在销售记录、存货清单和税金估算中祖母绿从未被如此清晰、细致地估价过，但是最大、最好的原石偶尔的拍卖记录显示，它们在印度的价值比在原产地高好几倍。即使是1克拉的切工很好的石头也能卖到相当于10达克特的价格。即便在木佐优质祖母绿仍然很罕见的时候，差异也是巨大的。1572年的一起欺诈案提到，木佐或波哥大卖出了一颗重400克拉左右的精品祖母绿，只要200多金比索，或400盎司白银，相当于一个健康非洲成年奴隶的现价。[11]

林斯霍滕没有考虑价格的指数级增长，如维拉费恩在其西班牙语估价表中仔细列出来的那样。这是一个明显的遗漏，因为现在的博物馆里能看到那么多来自美洲的印度祖母绿。林斯霍滕也探讨了将加勒比海的珍珠引入印度的问题，但他说，它们的质量几乎都不如那些来自不同的“东方”河床的珍珠，比如波斯湾和印度东南的珍珠。[12]

关于葡属东印度群岛珠宝生意的另一个有趣的记载，是弗朗西斯科·卡莱蒂写于1606年左右的环球航行回忆录。卡莱蒂是一名和里窝那有往来的佛罗伦萨商人，1594年他获准从塞维利亚出发去卡塔赫纳，然后去利马、阿卡普尔科、马尼拉、长崎、澳门、马六甲和果阿。1602年，他经莫桑比克和巴西东北部回到欧洲。

卡莱蒂的第一笔生意是在佛得角群岛购买非洲奴隶，然后在卡塔赫纳出售。虽然他说到了非洲奴隶被送到内陆开采祖母绿，

但没有提卡塔赫纳的祖母绿贸易。在从马六甲到果阿的途中，他 133
从科摩林角（Cape Comorin）买珍珠，从锡兰买红宝石和蓝宝石。[13] 1599—1601年，卡莱蒂留在果阿参与了钻石贸易，他对葡萄牙的利润空间曾如是说：

> 仅从来自里斯本的［银］里亚尔上他们就能赚到超过50%的钱，8里亚尔［比索］在葡萄牙值320里斯，而在印度值480、484里斯。从那里运到印度的其他东西，如葡萄酒、油、珊瑚、玻璃、猫眼、橡胶、红宝石、祖母绿、大珍珠和其他各种商品，也都是如此。他们用大帆船把这些东西从果阿运到葡萄牙，过去和现在都从中获取了令人难以置信的利润。大帆船通常在12月或1月启程。[14]

在搭乘这样一艘大帆船——超载的"圣蒂亚哥"号——经由好望角回家的途中，卡莱蒂和他的葡萄牙同伴们在南大西洋的圣赫勒拿岛上被偶遇的西兰岛人打劫。卡莱蒂说，在被损坏的船上就有价值30万斯库多①的珠宝，别提还有几百捆上等布料和一大批胡椒。但或许更有趣的是，他讲述了自己和其他绝望的乘客如何藏匿赃物。荷兰人要前往摩鹿加群岛，他们更想要珠宝而不是香料来当赎金，于是乘客拿出许多珠宝换取从下沉的"圣蒂亚哥"号上获救的机会。

1602年复活节前后，在抵达巴西东北海岸的费尔南·迪诺罗尼亚岛后，乘客们在被释放之前接受了最后一次检查。据卡莱蒂说：

---

① "斯库多"（*scudo*）是19世纪以前的意大利银币单位。——译者注

> 他们赤身裸体地上岸，只带了一件衬衫和一条白裤子。他们被搜身，看看有没有珠宝。许多人把珠宝吞到肚子里，尤其是珍
> 134 珠，还有一些钻石和红宝石。许多人把珠宝做成小串，藏在脚底。因为有女奴，她们的主人就让她们把珠宝藏在身体里。这样做或许更方便，但也更不安全，因为其中有个人下了帆船，要登上送她上岸的小船。她竭力伸出腿，结果一串钻石掉落下来，很快就被一个水手发现了。[15]

一到米德尔堡，卡莱蒂就哀叹未能吞下自己的一些珍珠，因为“我的喉咙太干了”。[16]

神奇的雅克・德・库特：祖母绿商人

维尼斯和缇斯玛关于葡萄牙人在果阿的珠宝贸易的重要著作，在很大程度上以一部手写的自传为基础。它成书于 1640 年左右，最近才被发现或者说得到肯定，现藏于西班牙国家图书馆。这部自传被加了大量注释，于 1991 年以《亚洲漫游》(*Andanzas Asiáticas*) 为题出版。该书的作者是一个名叫雅各布・范・德・库特伦或雅克・德・库特的佛兰芒人，他用带着浓重的葡萄牙语痕迹的西班牙语写成此书。库特在马德里去世后不久，这部手稿就被存放在那里，当时他是菲利普四世的宫廷珠宝商。[17]

也许是为了让宗教裁判所的审查人员相信他对天主教的虔诚和对西班牙事业的忠诚，库特在其流浪汉小说中增加了关于荷兰应如何在南亚和远东活动的详细建议。正如埃迪・斯托尔及其同事在对库特手稿的研究中指出的那样，这个四处游荡的佛兰芒人受到了监视。他出现在宗教裁判所的记录和其他西班牙、葡萄牙

文献中至少有两个原因：他与果阿的葡萄牙新基督徒关系密切，
而且他自己“差不多就是荷兰人”。就像当时生活在葡西语系国家
的许多比利时人一样，根据1605年颁布的要求所有佛兰芒人接受
质询的皇家法令，库特和他的兄弟被关进监狱并接受审讯。[18] 这
对出生在布鲁日的兄弟因为娶了受人尊敬的葡萄牙老基督徒家族 135
的果阿女人而得到好处。

从库特的叙述来判断，他泰然自若地面对这些挑战，把大量精力集中在尽可能多地寻找和购买印度的著名钻石上。为了避开中间人，他直接去找传说中的戈尔康达和拉马利科塔矿区，这时它们正好在莫卧儿王朝的领土之外。拉马利科塔矿区实际上毗邻覆灭不久的婆罗门帝国维查耶纳伽尔的废墟。库特写到，他通过其兄弟和其他代理人把印度的钻石送到里斯本，也进口新世界的珍珠和祖母绿。他还经营锡兰蓝宝石和缅甸红宝石，但他没有说他是怎么得到它们的。

库特呼应了林斯霍滕的看法，他也指出，祖母绿在印度非常稀少，因此特别让人珍惜。1604年，库特拜见了穆斯林王国比贾布尔的国王，其首都位于果阿东北约250公里处。对此，库特回忆道：

国王知道我带了一些大祖母绿，其中一颗重300克拉，另外一颗重200克拉，还有一颗水滴形的重100多克拉。我把3颗都卖给了他，价格是2000金宝塔——所以大家都知道，宝塔就是金币，杏仁芽大小，上面雕着大象，每一个值我们的20里亚尔。[19]

库特没有说他如何得到这些祖母绿，也没有说他花了多少钱，但他告诉了我们很早的时候祖母绿在印度内陆的价格，这是极其罕见而详细的信息。根据库特的计算，这3颗大石头的售价大致相

当于5000银比索。

再次呼应林斯霍滕的是，从这次买卖中可以看出，每克拉祖母绿的价格刚刚超过8银比索，没有呈指数增长。可能是因为那时
136 大祖母绿不像16世纪时那样稀缺，也有可能是当地的估价习俗不允许将大型祖母绿的价格像欧洲常见的那样增加一倍、两倍等，或者这些石头的品质属于次等。

无论如何，我们有理由相信库特知道自己在做什么，毕竟他不是一个生手。他把一路同行的亚美尼亚商人——在果阿的葡萄牙人社区中被称为弗朗西斯科·贡萨尔维斯——叫作“能干的翻译”，所以不可能产生误解。就像库特记述的其他事件一样，这里有个问题涉及风险和由此导致的价格“扭曲”，起因是商人直接向印度皇室出售奢侈品，但这件事给人的印象是一项公平、没有争议的交易。

1612年，库特再次经过比贾布尔，这次他继续东行，寻访波利、南戴尔和马默的钻石矿，它们位于现在的安得拉邦。他说他“随身携带了红宝石、祖母绿、珍珠和其他珍贵物品，以便卖给东方的国王。这时，我很得那些国王的欢心。因为他们也买卖宝石，因此非常尊重、赏识那些也买卖宝石的人，对外国基督徒更是如此”。库特说，在比贾布尔，他把他带的“一些珍珠、珠宝和其他一些商品”卖给了前王子埃达肯，即现在的易卜拉欣·阿迪尔沙。[20] 这给了他去钻石矿所需要的钱。

库特叙述了沿途的几站，并说他卖了“一些珠宝”给皇室人物，如要塞城市马拉维利的戈帕尔·莱雅。这次这个四处漫游的比利时人没有专门提到祖母绿，但推测起来，早些时候他把它们列在携带的石头里，意味着其中一些已经卖掉了。（这就提出了一个问题：印度教或锡克教王子们是否像他们的穆斯林邻居一样喜欢祖母绿。后来的绘画和证据表明他们也喜欢，但我们不知道这

始于何时。）然后，库特写道，他从维查耶纳伽尔的老供应商——波利的矿工那里购买嵌有钻石的大块母岩，寄给在果阿的兄弟，再由他们寄给“欧洲的朋友”。库特自称是第一个为了找到宝石到
内陆探险的人，因为果阿的其他葡萄牙人甚至懒得去了解“钻石 137
在哪里诞生”。[21]

后面库特没有再提旅途中卖石头的事情，但他讲述了他下到波利钻石矿的难忘经历。他说，他脱掉衣服，只穿一条亚麻布内裤，然后跟着一个穿得差不多的矿工向导。他弯下身子，跟着矿工的灯往前走，穿过一条极其狭窄的隧道，这条隧道比两枪的射程还长，然后进入一个他估计能容纳 1000 人的地道。他说那里酷热难当，岩石都“出汗了”，他“看见许多人在灯下用大型铁质工具干活”。[22] 这里，终于出现了印度钻石矿的景象，和世界另一端的木佐祖母绿矿的奇异、恐怖如出一辙。

库特提到了一次流产的钻石买卖，它也印证了这次对于印度宝石开采的匆匆一瞥。他说：“就在同一个洞中，我从一个矿工手里买了一颗 30 克拉的钻石，花了 700 宝塔。”这大概是个很好的价格，否则库特不会费心记上一笔（但也有人怀疑他手头是否有 700 宝塔，因为他是“赤身裸体的”，而且“像矿工们一样全身湿透，浑身是泥”）。[23] 如果按照库特之前说的兑换率，一颗 30 克拉的钻石在地下值 1750 银比索，那么我们推测在上面它的价值是这个数字的两倍，甚至更多。

这对库特来说是不幸的，对于把当天开采到的大石头卖给他的矿工更是不幸。不久后，当地的王公就听说了这笔地下交易。王公把库特叫到面前，对他说只是因为他是一个“佛郎机”（欧洲人），他的货物才不会被没收，财产才不会被烧毁。相反，这个幸运的比利时人被允许送信给在果阿的兄弟，让他送回石头。（在这里和别的地方，库特都显示了他多么信任大概是印度的中间人，

让他们寄钱、宝石和信件——还有，他竟那样快就把贵重物品送到了果阿的安全地方。）据库特说，宝石到了之后，王公就感谢他的合作，并归还了他的700宝塔。这些钱是从那个倒霉的矿工身上
138 拿来的，“作为找到那块石头并把它卖给我的‘奖励’，他被痛打了一顿后，被他们丢在那里等死”。[24]

为什么有这种惩罚？因为诚如林斯霍滕在他早些时候讨论印度钻石贸易时所言，许多当地的王子、国王和其他王室成员将所有超过一定尺寸的石头据为己有。他写道，根据他的经验，所有7克拉以上的钻石都归君主所有。库特的主人简单地说：“……你知道那么重的石头都是我的。”[25] 这意味着钻石出口商，甚至是那些像库特这样敢于冒险的人，都非常难以获得大颗的石头，因此即使和透明度最高的小颗钻石相比，它们的价值也会立刻大幅上升。

相比之下，只有在极少数情况下，来自今哥伦比亚的大颗祖母绿才会留给西班牙国王，也从来没有政策要求这样做。各种大小和品质的哥伦比亚祖母绿从一开始就自由流通，西班牙国王以和贵金属相同的重量征税。如果有什么区别的话，大而异常美丽的石头恰恰是最有可能逃脱西班牙控制的东西，并且由此压低价格。在早期近代的宝石世界里，看起来“东方专制”既有利可图又危险，对痴迷于金属的西班牙人来说，这显然是一个没有吸取的教训。

印度的祖母绿价格也受到了王室买家的影响，也可以说是扭曲，这些人能对诸如库特这样的外国人施加相当大的压力，随后在另一个王子的宫廷里发生的事件证实了这一点。1614年，库特和几个配备了火枪和弓箭的仆人骑马从果阿到巴格纳格尔城（可能就是比贾布尔北部的艾迈德纳格）。途中，库特在友好的埃达肯王子的王国停留，在那里他卖了一些不知名的珠宝，受到了隆重

的接待，身披上好的棉布，还有人请他嚼槟榔。库特和仆人继续
前往巴格纳格尔时，目睹了一件事情的发生：据称是莫卧儿王朝
代表的人，因为不愿为他们从戈尔康达运到比贾布尔出售的一些
大象纳税而受到骚扰，这场争端导致 4 人死亡。显然纯粹出于好 139
奇，库特耽搁了行程，直到问题解决。不久，埃达肯宫廷的代表
抵达，他们释放了戈尔康达的来客，将地方长官和他的 25 个下属
砍头，12 个卷入这场误会的平民的尸体被扎在长矛上。[26]

在讲述这件可怕的事情时，库特揭示了印度内陆的跨境贸易有多么危险和不确定，这样做明显夸大了他自己的英勇。很快就轮到他和权贵买家做宝石生意了。一到巴格纳格尔，在卡塔布萨王子的宫廷里，库特成功地卖出了价值 2000 宝塔的祖母绿，却陷入了由一套珍珠引起的纠纷。他为这些珍珠开价 4000 宝塔，但被告知“国王”只愿意付 3000 宝塔。库特不肯让步，与此同时他还收购了两盒牛黄石、红宝石原石和“其他东西”。[27] 在此期间，王子不允许他走。他偷偷地把所有东西装进箱子，打发仆人一起带走，只留下珍珠和几位果阿商人托他代管的一些现金。卡塔布萨发现了这件事，截获箱子并让人送到他面前。库特不想在一个价格争议会让他掉脑袋的地方碰运气，于是把珍珠和钱托付给一个在巴格纳格尔担任大使的葡萄牙修士后，“像一个绝望的人”那样骑马逃之夭夭。

似乎这还不足以证明王子们反复无常的倾向会阻碍商业的发展，雅克·库特回到果阿去找自己的兄弟约瑟夫，他因为是个外国人而被葡萄牙总督投入了监狱。库特不久也入狱了。荷兰在和西班牙的所谓“十二年休战”期间（1609—1621）占领了苏拉特，现在所有生活在哈布斯堡领地的佛兰芒人都无端地受到怀疑。实际上，对外国人的恐惧可以追溯到 1605 年皇家颁布的敕令，但是现在在印度感受到的巨大危险加剧了这种恐惧。

那位葡萄牙修士保管的珍珠和钱最后回到了果阿，但是库特兄弟已无法接收，因为他们的宝石生意已被剥夺。他们不想被送
140 上下一艘去往里斯本的船，无疑也是因为印度航线不安全，于是兄弟俩从果阿逃到印度洋另一头的某个角落，或许就在苏拉特附近，库特只是说第二年他和“摩尔人”做宝石生意。[28]

显然，库特对失去了和果阿的合法关系并不在意。1616 年，他在次大陆自由出入，用“大量黄金、珍珠和祖母绿换取钻石、石榴石、紫水晶、蓝宝石、海蓝宝石、蓝锆石和其他许多不同颜色的石头”。[29] 不难看出，他的兄弟约瑟夫获准回到果阿重新开店，因为库特提到寄了一封信到那里。最后，兄弟二人都得到了果阿总督的允许或原谅，库特也回到了果阿。

与此同时，从马拉维利的戈帕尔那里购买大钻石的机会再次显示了权力对价格的严重破坏。这次，这位王公从库特那里购买了珍珠和一些不知名的珠宝，并提出卖给他几颗重 10 到 30 克拉的钻石作为回报。尽管库特对此显然很感兴趣，但他拒绝了，说他的报价是它们在欧洲的价值的两倍。他接着说，多少像一句格言：“有一点是肯定的，除非纯属必须，否则不要从王子手中购买珠宝。”[30]

1619 年，库特到达雄伟的首都阿格拉，拜见“莫卧儿大帝”贾汗吉尔本尊。这不是社交性的拜访，因为之前他们兄弟二人和另一个佛兰芒人费尔南多·科朗都曾送宝石过去，他是去那里收款的。[31] 王宫的富丽堂皇几乎让库特目不暇接，适合用来作为他的祖母绿故事的结尾：

嗯，说到财富，这句话说得对：世界上没有一个君主像莫卧儿大帝那样拥有这么多财宝，或这么多臣民。对此我毫不怀疑，因为我走过、看过这个世界，在此所述即我所见，莫卧儿大帝拥

> 有的宝石、黄金和白银比欧洲所有国王所拥有的加起来还要多……非常确定，珍珠、祖母绿、红宝石和价值不菲的珠宝从世 141
> 界各地运往东方的印度，我们知道这一切最后都到了大帝手中。[32]

库特的印象并非独一无二，也呼应了许多耶稣会来访者和英国大使托马斯·罗爵士的说法。1617 年，罗建议英国商人将下列宝石带到苏拉特，和莫卧儿王朝的中间人进行贸易："珍珠，3 至 10 克拉的珍珠链，越大越好。红宝石利润最高，3 克拉到 3 克拉以上均可，颜色要好。半刚石，又好又大，要 60 克拉以上。猫眼，选对就好。祖母绿，开采自或新或老的岩石，最好。"[33]

多亏了像雅克·德·库特这样周游世界的中间人，所以如此多的哥伦比亚祖母绿在被发现后很快就到了印度。不过，正如本杰明·缇斯玛所观察到的，印度有一些深奥的东西，库特显然不明白：

> [宝石] 受制于他们自己的贸易伦理和送礼习俗，欧洲的这类准则与亚洲迥然不同。库特在各种场合都表示，他对当时在印度次大陆盛行的原则没有充分的认识，他不能放弃直截了当的欧洲原则，即买卖就是买卖，价格就是价格。这对于亚洲宫廷的供应者来说是非常不明智的，因为从长远来看，皇室的恩惠只会带来好处。从一个统治者或王子的角度来看，如果他微妙地暗示他认为某件东西很漂亮或者想拥有它，这件东西却没有立即作为礼物送过去，这是不可思议的。这样的人是没有礼貌的，应该纠正过来。[34]

在这个充斥着礼物和王子们貌似幼稚的强烈欲望的世界，像雅克·德·库特这样不圆滑的欧洲珠宝经销商幸运地保住了项上人头。

142 正如本章和前一章所述，到16、17世纪之交，一小群活跃在亚洲的塞法迪犹太人和其他西欧宝石商人已成为祖母绿稳定流向东方的主要媒介。其中一些商人，尤其是大胆的佛兰芒人雅克·德·库特，深入南亚和西南亚的许多国家，用祖母绿换取钻石和当地出产的其他奢侈品。像库特这样的人学到的不仅仅是如何利用由比较优势、政治不确定性或供求波动所决定的价格差异来获利，还包括如何跨越东西方之间或至少“火药帝国的皇帝”与“佛郎机商人”之间巨大的文化鸿沟，或者仅仅是在这种鸿沟中生存。

第六章　沙的祖母绿

雅克·德·库特的传奇经历表明，欧洲人不仅见识了亚洲火 143
药帝国鼎盛时期的财富，更领略了其强大的国力。不止库特，以
伊比利亚人和意大利人为主的天主教传教士，长期追随亚洲的苏
丹和沙，尤其是莫卧儿印度和萨法维波斯的君主。新教欧洲新成
立的特许贸易公司派出的大使也紧随其后。事实上，在1600年左
右，莫卧儿王朝的阿克巴和波斯阿巴斯一世的宫廷是欧洲人名副
其实的活动中心。在他们去世后的几十年里，即使不是全盘接收，
宫廷里也仍保持着相对开放的风气。

这些年里，奥斯曼帝国的苏丹们有时不太欢迎伊比利亚的代
表，因为他们大多来自敌人哈布斯堡家族，但他们和其他外国人、
基督徒、犹太人等相安无事。1535年，法国人与奥斯曼人结盟对
抗查理五世，之后一直保持这种友谊。总的来说，无论是法国、
荷兰、英国、俄罗斯或是其他国家的商人和外交官，都可以安全
通过奥斯曼帝国的领土。正如最后一章所指出的，威尼斯与土耳
其宫廷的关系经常剑拔弩张，偶尔也会发生冲突，但威尼斯商人
在很大程度上仍可以像亚美尼亚人和摩洛哥的塞法迪犹太人一样
自由流动。这些四处流徙的生意人都利用了分布广泛的家族关系 144
网和信奉同一宗教者的网络。

然而，旅途常常危机四伏，对于贩运这些闪闪发光的小型贵重物品的商人而言尤其如此。海盗在地中海和亚非海域出没，贝都因人和其他游牧民强盗经常在叙利亚的山区和沙漠袭击经过的

人。因此，一些宝石商人乐于加入使团，例如16、17世纪之交英国的黎凡特公司和东印度公司派遣的使团。周游世界的商人们不仅交流了语言，也传播了文化。英国的罗伯特·雪利（Robert Sherley）和托马斯·罗等人很快发现，要想取得贸易优惠，首先要为“火药皇帝”准备大量礼物，包括祖母绿和其他珠宝。本章将着重探讨祖母绿如何介入南亚和西南亚的礼物经济，以及这在当地可能意味着什么。

孔雀宝座继承人

> 星期四［1607年12月2日］，应阿萨夫汗（Asaf Khan）之邀，我携后宫女眷一起去他的府邸过夜。第二天，他献上礼物，请我过目。他进献了价值100万卢比的宝石、镶嵌珠宝的器皿、纺织品、大象和马匹。我留下了几颗红宝石和祖母绿、珍珠、布匹，还有几件中亚和中国的瓷器，其余均送还给他。[1]
>
> ——印度莫卧儿皇帝贾汗吉尔

印度次大陆自远古以来就是世界上最大的宝石生产国和消费国。然而，只是在早期近代，随着莫卧儿王朝的崛起，珠宝财富
145 中才出现了大量的祖母绿。中世纪晚期埃及的资源耗竭之前，早先婆罗门教和伊斯兰教的王子们用的是低质的埃及宝石，也许还有缅甸或泰国的绿色蓝宝石。阿富汗和巴基斯坦祖母绿也时有流通，但据我们所知并没有被积极开采。随着莫卧儿王朝的崛起，王室对祖母绿的渴望与日俱增，16世纪后期哥伦比亚祖母绿的到来满足了这一需求。

18世纪晚期英国入侵内陆之前，莫卧儿帝国统治了南亚大部

分地区。帝国的起源一般追溯到巴布尔（约 1494—1530）的崛起，他是一位精干的军事统帅，手下有大批骑兵。对欧洲枪支的仿制和进口加速了巴布尔的征服进程，莫卧儿因此被马歇尔·霍奇森视为火药帝国的原型。

巴布尔是坚定的穆斯林和帖木儿的后裔，但他从阿富汗攻入印度的主要动机似乎是劫掠而非信仰，因为他最终征服的恒河平原的大部分地区原本就在穆斯林王子们的统治之下。侵略者的突厥语以口语形式保留，莫卧儿王朝的官方语言是波斯语，它是诗人和圣贤的语言，而阿拉伯语当然也要使用，因为它是先知和神圣的《古兰经》的语言。

莫卧儿王朝在巴布尔的孙子阿克巴（意为“大帝”，1556—1605 年在位）统治时期开始不断炫耀其财富。阿克巴与奥斯曼土耳其的苏莱曼大帝、西班牙哈布斯堡王朝的菲利普二世和英国的伊丽莎白一世处于同一时代，他既是一名征服者，也是思想家。阿克巴的周围是信仰不同宗教、具有不同文化传统的臣民和来宾，他力图减少他们之间的摩擦，或许也想留名青史，于是创立了自己的兼而有之的信仰。

阿克巴的宗教虽未得到发展，但是他创立宗教的胆识和冷静而极富洞察力的智慧，都令来宾印象深刻。阿克巴在宫廷接待了数不清的欧洲人，包括天主教牧师和新教外交官，但是当他们试图打动他时，他无动于衷。阿克巴的生活非常简朴，他对枪支的兴趣多于珠宝。《阿克巴本纪》（*Akbarnama*）是那个时代的编年史之一，尽管这本书的插图中有珠光宝气的女性舞者和衣冠楚楚的 146
男子，但对宝石的消费鲜有提及。[2]

莫卧儿王朝在贾汗吉尔（1605—1627 年在位）统治时期展现出不同的特点。贾汗吉尔是阿克巴和一位印度公主的儿子，他安于享乐而非征服四方，在位的 20 多年里，大部分时间都在打猎、流连后宫。尽管表面上他有真诚的信仰，实际却酗酒、每日吸食鸦片。他对印度的娱乐方式无所不知，经常讨论印度次大陆舞女的诱人魅力。尽管有这些癖好，但贾汗吉尔仍然是一名出色的管理者和改革家，受到人们普遍的爱戴和尊重。他继承了父亲阿克巴的宗教宽容传统，但没有宣传他提出的信仰融合。我们对这位经常自省的穆斯林皇帝的了解大多来自其自传《贾汗吉尔回忆录》(*Jahangirnama*)。[3]

贾汗吉尔与亚洲的许多王子一样，花费大量时间在礼物的收受上，并逐一巨细靡遗地记录，以证明或显示他的慷慨。最常见的一件礼物是伊斯兰念珠。许多贾汗吉尔的肖像画都描绘他戴着这样的珠串，它们一般为珍珠串，但常常点缀着祖母绿和红宝石，有些则为祖母绿念珠串。贾汗吉尔及其爱子库拉穆王子（未来的沙贾汗）的头巾上也装饰着类似的珠串。有些念珠是下属在特殊场合赠送的礼物。

例如，1608 年 8 月，贾汗吉尔以前的老师送给他珍珠念珠，还有“几颗红宝石和祖母绿”，价值 30 万卢比（1 卢比相当于半个银币）。[4] 1618 年 8 月，一位即将迎战的来客献给皇帝一串价值 2000 卢比的念珠，它显然完全由祖母绿制成。[5] 在一幅大约作于 1625 年的肖像画中，贾汗吉尔就戴着这样一串念珠项链，科威特国家博物馆的阿尔萨巴赫收藏中也有一条类似的项链。[6] 贾汗吉
147 尔也常将珍珠和祖母绿念珠赠予他人，并收授不同大小和类型的单颗宝石。

祖母绿被镶嵌到各种作为礼物的珠宝手工艺品中，一些独特的被雕琢成独立的饰品。贾汗吉尔记录道，他曾无数次地将镶嵌珠宝的剑、匕首、笔筒、墨水瓶、箭袋、马鞍和其他此类礼物送给亲信指挥官和官员。这一时期有许多这样的物品散落到博物馆，其中有许多宝石，大部分是祖母绿和尖晶石红宝石。同样重要的

还有“荣誉长袍”和其他纺织品，经常还有骏马。馈赠大量现金也很常见，有时是以隆重的仪式赠给有地位的男女，再由他们分发给穷人。贾汗吉尔还多次赠送或接受祖母绿戒指，[7] 伦敦维多利亚与艾尔伯特博物馆藏有一枚刻有其名字的祖母绿图章戒指，伊朗著名的宝石地球仪中也镶有一块刻有贾汗吉尔名字的大祖母绿。[8]

贾汗吉尔喜欢炫富。大使托马斯·罗爵士希望推进羽翼未丰的英国东印度公司的利益，他安排贾汗吉尔乘坐特意从英国进口的四架马车后，这样描述1616年贾汗吉尔从阿杰梅尔（在斋浦尔附近）启程的情景：

> 随后，人们高呼“吾皇安康”，声响如鸣炮。在一片欢呼声
> 中，皇帝走了下来。我在迎接他后，又移步走向下一个人。这时，
> 有人献上一条硕大的鲤鱼，还有人献上一盘白色的东西，像淀粉
> 一样。他把手指放进去，又摸了摸鱼，然后把鱼放在额头上擦一
> 擦，祈祷好运降临。又有人走了过来，为皇帝的剑和盾扣上带子，
> 其剑和盾上镶满了大钻石和红宝石。还有人紧握皇帝的箭袋，他
> 的30支箭和弓则装在箱子里，这只箱子为波斯大使所赠。皇帝戴
> 着华丽的头巾，上面插着几根长长的羽毛。头巾的一侧挂着一颗 148
> 不镶嵌的红宝石，大小如核桃；另一侧是一颗同样大小的钻石，
> 中间则是一颗大得多的心形祖母绿。他的腰带上点缀着一圈大珍
> 珠、红宝石和钻石，脖子上戴着一条极为珍贵的三重双层项链
> （我从没见过那么大的珍珠）；他的肘部和护臂上都镶着钻石，手
> 腕上也有三排各种各样的宝石。他两手空空，但几乎每个手指上
> 都戴着戒指……[9]

诸如此类的事例足以说明，贾汗吉尔珍视象征着高贵地位的

祖母绿，但实际上他对钻石、珍珠或红宝石也一样感兴趣。

在正式的回忆录中，贾汗吉尔比较详细地叙述了其矿山生产的钻石的质量，并简要描述了一些不同寻常的红宝石，其次是珍珠。威廉·霍金斯（William Hawkins）是英国东印度公司在阿格拉的第一位代表，他根据王室的一份记录，于1610年左右评述了贾汗吉尔的珠宝。他估计皇帝拥有的祖母绿总重量为412.5磅，2.5克拉以上的钻石总计124磅左右，红宝石至少164磅，珍珠约990磅。[10]贾汗吉尔等莫卧儿王朝的统治者虽然常常着迷于大自然的奇异，如马达加斯加的狐猴和美洲的火鸡，但不同于同时代的欧洲人喜欢巴洛克风格或奇形怪状的珍珠，他们依然视浑圆的珍珠为最佳。

关于祖母绿的产地，贾汗吉尔经常说起“老矿/新矿”（或罗所谓的“旧岩/新岩”），它始于16世纪欧洲人携哥伦比亚祖母绿来到印度后对印度祖母绿的一些说法。1616年，一位来访的王子带来一份礼物，贾汗吉尔说那些金银珠宝中有“造型奇特的古老的祖母绿”，还有一些“欧洲的玛瑙”。[11]这些宝石由一位“赛义德”带到宫廷，皇室珠宝商估计其价值为5万卢比。1617年
149 10月，贾汗吉尔的儿子，未来的沙贾汗献给他大量宝石，其中就有比贾布尔的君主阿迪尔沙进贡的一颗祖母绿。贾汗吉尔说，这颗祖母绿很可能是从哥伦比亚经果阿运来的，因此“它虽然出自一个新矿，但色泽极佳，非常珍贵。到目前为止，还没有见过这样的东西”。[12]

在贾汗吉尔的儿子沙贾汗（1592—1666；1628—1658在位）统治时期，印度消费了更多的哥伦比亚祖母绿。因建造泰姬陵而举世闻名的沙贾汗被外国游客誉为世界上最富有的君主。1648年左右，法国珠宝商让-巴蒂斯特·塔韦尼耶来到阿格拉后，注意到沙贾汗的品位与其财富相匹配：

> 在（阿格拉神庙）俯瞰河流的这一侧有一个伸出去的眺望台，当皇帝想要享受观赏他的双桅帆船或大象决斗的乐趣时，他会去那里坐坐。眺望台的前面是作为门廊的走廊，沙贾汗的设计是用红宝石和祖母绿把走廊搭建成一个棚架，展现自然界里葡萄由绿开始变红的过程。但是，这个在全世界引起了极大轰动的设计需要的钱财超出了他的财力，因此一直未能完成，只打造了两三个带着叶子的金花环，因为其他的需要用祖母绿、红宝石和石榴石做成葡萄，并用其天然的色泽装饰。[13]

沙贾汗统治时期的官修编年史《沙贾汗本纪》中有 20 多次明确提及祖母绿，几乎都和皇家赠送礼品有关。许多最昂贵的礼物都送给了沙贾汗的爱子们。1633 年 6 月，按照当时的习俗，15 岁的穆罕默德·奥朗则布王子称体重，和他同等重量的黄金被分发出去，以示恩典。随后，沙贾汗送给奥朗则布许多礼物，包括一把匕首、一套矛与盾、一个臂环、一个“萨尔佩屈”① 和“一串嵌有红宝石和祖母绿的珍珠念珠”。[14]

1636 年，在奥朗则布的婚礼上，沙贾汗将“一个缀着红宝 150
石和祖母绿的珍珠头冠戴在这位王子的头上”。1637 年，奥朗则布得到提拔，第一次被派往德干，获赠的礼物包括“一个价值连城的珍珠和祖母绿萨尔佩屈”等。1640 年和 1647 年又有类似的馈赠，赠品中都有祖母绿。1652 年晋升时，奥朗则布从父亲那里得到了一个“镶着红宝石、珍珠和一颗祖母绿的臂环”。1656 年征服戈尔康达时，部下米尔·朱姆拉献给奥朗则布各种宝石，包括“一颗钻石原石、两颗红宝石、9 颗祖母绿、一颗蓝宝石和

---

① 原文为“sarpech”，指一种羽毛状的珠宝头巾饰品，曾流行于印度莫卧儿王朝的男性贵族中间。——译者注

60 颗珍珠”。[15]

沙贾汗最疼爱的另一个儿子什科也收到过类似的礼物，但显然继承人奥朗则布得到的最多，而且赏赐的宝石越来越多。对于镶嵌到传说中的奥朗则布宫廷的孔雀宝座上的祖母绿，珠宝商塔韦尼耶曾这样描述：“有很多色泽美丽的祖母绿，但它们有许多瑕疵；最大的可能重达 60 克拉，最小的重 30 克拉。细数起来大约有 116 颗，数量比红宝石多。”[16]

从流传于世的编年史记载来看，在贾汗吉尔统治时期，互赠、馈赠宝石与嵌宝石物品，通常还有骏马、大象，有时是纺织品，这些盛大而张扬的活动几乎每天都在发生。1635 年，为了庆祝自己的阴历生日，沙贾汗向纳扎尔·穆罕默德汗回赠了 160 颗红宝石、250 颗祖母绿、一头母象，几件黄金制品和精细纺织品，因为之前他收到了这位部下类似的一批礼物。1654 年阳历生日那天，沙贾汗送给一位臣服的王子一批珠宝首饰，外加“一颗上等红宝石和一颗祖母绿”。[17]

赠送礼物也是为了庆祝臣服。1636 年，比贾布尔的阿迪尔沙臣服于沙贾汗后，后者将一把剑和其他镶有绿宝石、珍珠和红宝石的物品赠予他。1649 年，祖母绿再次出现在皇帝送给阿迪尔沙的礼物中。忠诚的臣民，如 1653 年去觐见皇帝的昌达地主曼吉，
151 获赠没有镶过的祖母绿、珍珠、珠宝、长袍、马匹。1654 年，一份罕见的礼物被赠送给下属朗姆地区的长官，这是一个四周缀满祖母绿、红宝石、蓝宝石和珍珠的牛黄石臂环。与当时的许多欧洲人一样，沙贾汗也相信牛黄石能有效抵御疾病，在这里是预防“频繁流行于伊斯坦布尔”的瘟疫。[18]

莫卧儿祖母绿的意义

莫卧儿王朝皇帝的传记从几个方面动摇了西方关于权力的认知。首先，他们不太去琢磨战争和庆祝胜利，甚至不太去想日常法律的执行，而更在意人生大事。其次，他们用充满爱意和一丝不苟的细节，不断地记录无休无止地给予和接受这些精致而无用的礼物。正如珍珠、红宝石、钻石甚至大象，祖母绿之所以必要，只因它是权力的象征：它们奇异、鲜艳、硕大，标志着慷慨和神圣。

如此众多的稀世珍品如此广泛地流传，如此慷慨地馈赠，这并不像一些欧洲访客——包括库特和马努奇等敏锐的观察家所描述的那样，是一种君主的专横的囤积经济，而是一种挥霍无度的慈善行为。莫卧儿王朝的祖母绿不仅被赋予了安拉的力量，而且被赋予了皇帝——这位无可争议的“世界之王”——拥有的“灿若太阳”的非凡魅力。君主赏赐的祖母绿，仿佛就是太阳赐予的生命的绿色精华，它们也许比其他任何礼品更能彰显王权的神圣起源。（在这一点上，他们差不多呼应了前哥伦布时代的穆伊斯卡人，他们把精液、太阳等含义赋予了祖母绿。）

哈尔班斯·穆基亚指出，对莫卧儿皇帝而言，悠久的封赏传统具有极其重要的意义。首先，皇帝要证明自己是慷慨的军事统帅，就需要分发战利品来稳固那些协助他南征北战的部下的忠诚。德克·科尔夫称，这是对中亚掠袭者所有后裔的要求。[19] 其次，
他们很想通过赏赐展示宗教虔诚（几乎反映了当时巴洛克时期天 152
主教的倾向）。因此，从阿克巴开始，一种对皇室的无私的崇拜与骑兵们对再分配的强烈要求相结合，在宫廷里制造了一种冬季赠

礼节（potlatch）式的氛围。正如《沙贾汗本纪》所言，这种过度赏赐的传统并未随着时间的流逝而逐渐消失。

然而，《沙贾汗本纪》也透露出，授并不总是比收好。的确，历史上还出现了皇室赠予礼物之举的另一个重要方面，穆基亚称之为“馈赠礼物以彰显身份差异”。[20] 已故的安玛丽·舒密尔指出，每个“莫卧儿皇帝”的习惯不同，但是从阿克巴时代开始，无论是下属觐见还是探望下属，皇帝也必须接受下属赠送的珠宝，这是强制性的。[21] 下属进献礼物是为了表明并确立自己的身份，但最终是由皇帝定夺什么才是合适的礼物，皇帝保留拒绝礼物的权利。贾汗吉尔最长于使用这一手段，通过拒绝奢侈的礼物来彰显王室的慷慨——他在回馈礼物的过程中反客为主，使得文武百官都能摆正自己的位置。

塔韦尼耶讲述了多次和莫卧儿皇室交换物品的事情，多以赠送而非售卖的方式进行。例如，1666年，塔韦尼耶去达卡拜访奥朗则布皇帝时任孟加拉纳瓦布①的叔叔，他“向纳瓦布行礼，并呈上一件金色的锦缎斗篷，四周镶着一圈华丽的‘西班牙点’金色花边，还有一条有相同花纹的精致的金银丝巾和一件珠宝，上面有一颗非常美丽的祖母绿”。[22]

他们没有谈到价格，作为回报，他们招待塔韦尼耶的食宿都很不错。之后，塔韦尼耶又送去更多“礼物”，包括一块很好的手表和一对镶银的手枪，他估计所有东西一共值5000里弗左右。后来，才通过中间人批准了一份信用证。但是，甚至这一点也没有
153 得到尊重，引得塔韦尼耶长篇大论地讨论携带最终得不偿失的奢华礼物是如何重要。对那些想要留下来的人来说，它们就是南亚

① 原文为“Nawab”，系印度莫卧儿帝国时期的省级地方行政长官。——译者注

珠宝生意的“启动资金”。

塔韦尼耶说，作为沙贾汗朴素而虔诚的继任者，也是最后一位伟大的莫卧儿皇帝，奥朗则布本人（1666—1707年在位）更喜欢金银而非宝石。其他资料显示，奥朗则布严格限制宫廷大兴土木或投入艺术活动，但业余宫廷御医、威尼斯人马努奇，其漫长一生的大部分时间都在印度度过，坚称奥朗则布仍用珠宝封赏后宫佳丽。马努奇为我们打开了一扇难得的窗户，让我们一窥宝石对于莫卧儿后宫佳丽们的意义：

> 她们把鉴赏和炫耀珠宝作为消遣，但会找些合适的借口。我自己有好几次注意到，当我被引到她们的寝宫时，她们都说有事要向我咨询，谈话开始前，她们常常用黄金盘子端出饰品和珠宝，向我询问它们的用处和特点，并做出其他类似的评价。这时我有充足的空闲端详它们，可以说，我见到了各种各样的宝石，有一些特别大。还有一串串颗粒均匀的珍珠，一开始我还以为是不同的水果。她们把这些珠宝项链像围巾一样披在双肩……她们的双耳戴着珍贵的宝石，脖子上是大颗的珍珠或好几串宝石，上面有一个昂贵的饰品，其中心是一颗大钻石、红宝石或祖母绿、蓝宝石，由硕大的珍珠环绕着……[23]

马努奇认为，尽管奥朗则布个人生活简朴，但他认可女性披金戴银的习俗。他也暗示了珠宝在宫廷生活中的重要作用：“王妃
和公主们……这样生活，无忧无虑，一心只想着炫耀，摆出威风 154
凛凛、神气活现的样子，或者让自己更有魅力，成为全世界谈论的中心，取悦君主。”[24] 抛开炫耀不谈，与西方一样，珠宝也是印度女性的资本中不可分割的一部分。

马努奇说，奥朗则布几乎不佩戴任何珠宝，“……只是在头巾

中间插一根小羽毛或一个萨尔佩屈，头饰前面有一块大宝石，肚子上还有一块”。流传下来的肖像画印证了这一点。大英图书馆藏有一幅老年奥朗则布的画像，画中的他裹着饰有一颗大红宝石的头巾，项链上的一颗祖母绿垂挂到了肚子上。马努奇接着写道：“他佩戴的所有宝石都有特殊的名字，几乎都来自太阳、月亮或星星等，或他觉得合适的其他事物。”祖母绿可能被赋予了占星学意义，但莫卧儿皇帝给他们所有的东西都起了名字，包括攻城大炮。奥朗则布后宫的许多女性被取名为钻石、珍珠或红宝石，但没有人叫祖母绿（萨玛拉德），只有一个太监被冠以此名。[25]

商人、王子和外交官之间互赠礼物的悠久习俗使宝石和珠宝首饰得以流通。据塔韦尼耶介绍，奥朗则布在任何对他表示敬意的节日之前，“都会从宝库中取出大量的钻石、红宝石、祖母绿和珍珠，由掌管珠宝的人委托几名商人卖给必须向皇帝进献礼物的贵族，这样皇帝就同时获得了金钱和珠宝”。[26] 如果塔韦尼耶所言属实，那么奥朗则布已经学会将给予与接受的崇高的快乐转变成简单的交易。

塔韦尼耶还谈到，奥朗则布任命的3名王室宝石检查员使情况变得更糟，这些检查员“不忘尽其所能地敲诈［商人］，这些行径可能会毁掉他”。他们的手段包括收取贿赂，索要礼物，强迫商人接受每一种宝石的行家们故意压低的估价。塔韦尼耶称，1665年
155 造访奥朗则布的宫廷时，他分发了价值2.3万里弗的礼物，包括一个镶嵌祖母绿和红宝石的土耳其马鞍，“一只手表，金色表壳上镶满了小颗的祖母绿”，以及“一把水晶战锤，四面嵌满红宝石和祖母绿，里面还镶着黄金”。[27] 这些礼物中有几件不是送给皇帝或其亲属，而是送给各种宫廷执事和官员。对于新来者，塔韦尼耶告诫道：“千真万确，那些想在波斯、印度还有土耳其宫廷里做生意

的人，除非已经准备好大量的礼物，并随时为他们能放心打交道的各种官员打开钱袋，否则什么也别做。”[28]

穆基亚解释说，围绕这些不同形式的礼物赠赐，一种精心设计的礼仪逐渐形成，最上层人士指定特定物品的行为也随之成风。包括大象、狗和宝石在内的奢侈品，在莫卧儿人、萨法维人甚至奥斯曼人中流传。例如，波斯皇帝阿巴斯一世送给贾汗吉尔一颗非常精美的红宝石，后者将它传给了儿子沙贾汗。[29] 正如本书开篇所提到的，具有传奇色彩的镶嵌祖母绿的托普卡帕之剑就是另一件这样的东西，目前它在伊斯坦布尔展出。1747 年，奥斯曼帝国苏丹马哈茂德一世派人将它送给伊朗的纳迪尔沙，但得知后者被暗杀的消息后就带了回来。如前所述，纳迪尔沙非常喜爱莫卧儿王朝的祖母绿，他在 1739 年洗劫德里后就把它们像鸡蛋一样囤积起来，但 1741 年他把一些祖母绿送给了俄国女沙皇伊丽莎白。

至少从贾汗吉尔统治时期起，祖母绿在莫卧儿王朝就具有非常重要的意义，但皇帝的赏赐中最重要的是“荣誉长袍”（*khila' t*）。长袍本质上是皇帝皮肤的延伸，因此“穿上他的长袍”就是分享他神圣魅力的光辉。有些这样的长袍上缝着祖母绿作为护身符，上面经常刻着《古兰经》中的宝座经文或什叶派的祈祷文。[30] 其他衣服上还系着镶嵌祖母绿的腰带。对于皇帝们而言，最有价值的祖母绿可能是“萨尔佩屈”和“吉卡”型头饰中的那些，其中 156
许多已成为私人藏品，流传至今。[31] 皇帝佩戴最精致的头巾饰品，但他们也将其作为礼物赏赐给贵族和高级官员，官员们只在星期天使用。

丝绸与宝石：萨法维王朝

亚洲三大火药帝国中，萨法维伊朗一直最为神秘。尽管波斯语声望非凡——被更强大的奥斯曼人和莫卧儿人视为近乎神圣的语言——并且有宫廷历史学家、诗人和吟游诗人的存在，但与邻国相比，萨法维的文献记录还是显得有些单薄。波斯的外来观察者也比土耳其或印度少，而且他们留存下来的观察记录总体上不够精练，王朝过早地突然覆灭也阻碍了文字记载的存续。

但有一部著作可以和莫卧儿王朝的宫廷编年史相媲美，那就是伊斯坎德尔·蒙希关于阿巴斯一世（1587—1629）统治时期的重要史著。[32] 可惜的是，蒙希对交换或掠夺金银财宝几乎没有提及，他最痴迷的是战争。但他也提到了 1603 年围攻埃里温（Erevan）时，阿巴斯收到了莫卧儿皇帝阿克巴让大使送来的一把镶嵌了珠宝的剑。蒙希说："在这个特殊的时刻，帖木儿的后裔送来一把剑作为礼物，由于帖木儿与敌国印度和阿富汗作战所向披靡，这把剑被认为是阿巴斯在阿塞拜疆和锡尔万最终获胜的吉兆。" 在围城间隙，阿巴斯把阿克巴送给他的其他礼物分给部下。他们又花了 3 年时间才夺回阿塞拜疆和锡尔万，为庆祝这一胜利，阿巴斯将自己的全部财产赠送给了先知穆罕默德、女儿法蒂玛和 12 位伊玛目，这份豪礼中有中国的瓷器和大量珠宝。[33]

16 世纪萨法维王朝的迅速崛起，大致与西部和南部邻国的崛起和巩固在同一时期。同奥斯曼王朝和莫卧儿王朝一样，萨法维
157 王朝在中亚骑兵中有深厚的根基，但从 1503 年伊斯梅尔沙统治开始，他们将什叶派立为国教，从此与以前有所不同。他们深刻而灵活地信奉这个或多或少属于本土的伊斯兰教派别，尽管面对什叶派神职人员的压力，但某些部落传统和地方习俗被允许以务实的方式保留下来。他们也容忍异教徒，大部分非穆斯林都在当地平静地生活。1598 年，阿巴斯一世甚至把他的新都城伊斯法罕（Isfahan）郊外的一大片地方，即新焦勒法（New Julfa），划出来给亚美尼亚基督徒，他们当中的许多人从事宝石和其他贵重物品的长途贸易。

正如威廉·弗洛德和其他人所描述的那样，萨法维波斯不是靠抢劫、掠夺来维持生计和税收收入的，而是靠和平的陆上贸易和地方的手工业生产。[34] 二者都与古代波斯在丝绸之路中发挥的纽带作用有关。地方生产的产品有高档纺织品、地毯、精良的瓷器和金属器皿，以及葡萄酒、坚果、水果等农产品。如前所述，珍珠来自帝国在巴林的卫星领地。考虑到伊朗的长途贸易联系（主要通过亚美尼亚人、犹太人、巴尼亚人和俄罗斯人的居住区），以及统治王朝与他们的主要盟友和敌人——奥斯曼人和莫卧儿人之间礼节性的礼物互赠，哥伦比亚祖母绿在 17 世纪初在首都伊斯法罕出现。到了 1660 年，一位法国嘉布遣会修士说，波斯商人在寻求“来自西方的祖母绿”。[35]

此类宝石和珠宝交易，不论是官方的还是私人的，已持续多年。1622 年，英国人和荷兰人帮助阿巴斯一世把葡萄牙人赶出霍尔木兹后，私人的宝石交易量扩大了。无论是否与著名的切普赛德宝藏有关，荷兰人杰拉德·波尔曼的故事都是繁荣的珠宝贸易的一角，他在阿巴斯港（欧洲人称其为“冈布龙”）乘船时携带的金银财宝在 1630 年代中期散落到伦敦珠宝商手中。

圣彼得堡冬宫博物馆收藏了一把有刻款、有纪年的波斯匕首， 158
时间为 1621—1622 年。匕首柄和鞘上都镶嵌着祖母绿，其中最大的一颗上刻着圣诗。[36]

1671—1675 年，贵族安布罗西奥·本博（流行的 Bembo 字体就是以他的家族命名）从威尼斯到果阿，再经黎凡特、伊拉克和伊朗回到威尼斯。在对于这次旅行的记述中，本博涉及了萨法维波斯和邻近地区陆路宝石贸易的一些细节。本博本人没有足够的财力参与宝石贸易，但他注意到，1674 年波斯宝石经销商把宝石藏在衣服或母鸡里，应对巴格达附近奥斯曼海关人员的搜查。[37] 本博也目睹了伊斯法罕宝石市场的繁荣，虽然在他看来，这个市场最引人注目的是当地丰富的宝石，尤其是绿松石和青金石。本博在伊斯法罕接触过不少亚美尼亚人、印第安人和其他外国商人，但他最欣赏的是波斯人。波斯人的诚实延伸到珠宝贸易行业，他说，在珠宝贸易中，“人很容易上当受骗”。[38]

祖母绿与奥斯曼帝国的辉煌

本书开篇提到的18世纪早期的托普卡帕之剑，无疑是奥斯曼帝国最著名的嵌祖母绿物品，但土耳其人对哥伦比亚祖母绿的兴趣至少和莫卧儿人、萨法维人一样久远。托普卡帕宫博物馆收藏
159 了大量镶嵌祖母绿的头巾饰品、旅行水壶、笔袋、箭袋和书皮等，它们都可追溯至16世纪，有些甚至属于苏莱曼大帝统治时期，他也是一名金匠。18世纪，哥伦比亚祖母绿被送出去，向好战的邻居如纳迪尔沙示好，有时也被作为祭品展示在圣城麦加和麦地那。

这些礼物和祭品对奥斯曼人意味着什么？艺术史学者沃尔特·丹尼强调了超大宝石的重要性，从伊斯坦布尔的征服者穆罕默德二世统治时期（1451—1481）开始，它们就是奥斯曼帝国权力舞台上必不可少的道具。丹尼认为，托普卡帕宫建筑群精心设计了保密和公开的部门，具有北京紫禁城的部分功能。苏丹的宝库如同其后宫一样，是为了令人敬畏而非忌妒，尽管实际上难免会兼而有之。苏丹偶尔走出宫殿，更多是为了公开露面，而不是证实臣民的猜疑。丹尼描述说：

每周五，他都会摆驾去京城一座宏伟的皇家清真寺祈祷。他骑马走在长长的游行队伍中间——这支队伍中有军队、内廷和司法机构中的代表人士，是政府权力的直观展示和人格化。苏丹衣

服上繁复的纹饰、装点权杖的巨大宝石、头巾上的饰品、用于仪式的水壶、宝剑上金银手工艺品的光芒、苏丹巨大的白色丝绸头巾，更不用说其朝臣和仆人的华丽服饰、武器与马饰，无一不在向围观的人群展示皇权。[39]

正如现存的微型模型和其他艺术品所显示的那样，这是一个爱丽丝梦游仙境般的宫廷剧场，需要祖母绿来搭配。后来的统治者们让人制作了数不尽的嵌祖母绿道具。其中有一个极其精致的金水壶，属于塞利姆二世（1566—1574）或穆拉德三世（1574—1595）时期，上面镶了 100 多颗祖母绿，大多是明晃晃的木佐绿。18 世纪中叶，苏丹穆斯塔法三世（1757—1774）命人制作了一件 160
同样令人惊叹的珠宝，送到麦地那穆罕默德的陵墓。这件宝贝上有一个镶嵌在金衣架上的巨大的木佐祖母绿晶体，并挂着小珍珠串成的流苏。[40] 如前所述，1747 年，苏丹马哈茂德一世（1730—1754）下令制作一把镶有祖母绿的托普卡帕之剑，献给日益危险的邻居——波斯的纳迪尔沙。[41] 幸运的是，这件礼物回到了奥斯曼帝国。

正如本章所述，伊斯兰亚洲的火药帝国，特别是莫卧儿印度、萨法维波斯和奥斯曼土耳其，吸收了相当多的哥伦比亚祖母绿和许多其他宝石——与其说是因为那里有“纯粹的市场”，不如说是因为它们在各种馈赠仪式和神圣的皇家戏剧中扮演了角色。至少，南美洲的祖母绿比昂贵的马赛克瓷砖稍多，它们和红宝石、珍珠一起被镶嵌到皇家的珠宝配饰中。但是，最好、最大的祖母绿上常常刻着经文，缝在神圣的长袍和头饰上，成为沙和苏丹的宗教护身符。这种以祖母绿为中心，配以念珠和头巾饰品的打扮，构成了一种皇家的装束。如果绿色是天堂的颜色，那么它也一定是权力的颜色。

第七章　逃税人与走私犯

161 事有凑巧，亚洲对哥伦比亚祖母绿需求的上升适逢西班牙哈布斯堡王朝的衰落，昔日的火药帝国变得几乎和莫卧儿帝国一样脆弱。1640 年葡萄牙的叛乱和 1648 年荷兰的独立标志着西班牙辉煌的全球海上霸权时代的终结。更早的时候，荷兰人就让伊比利亚人付出了代价，他们的手甚至伸向了马尼拉，但在 1621 年《十二年休战协定》到期后，荷兰人的收获一落千丈。葡萄牙从埃尔米纳到马六甲的贸易要塞被荷兰大炮攻陷，到 1637 年，巴西的大部分地区不再受西班牙或葡萄牙国王统治，而受控于拿骚的莫里斯亲王。

1628 年，西属美洲也遭受了荷兰人的重创，西印度公司的海盗皮特·海恩及其同伙卷走了数以百万计的墨西哥以及秘鲁白银。与同时代的其他火药帝国一样，掠夺只是荷兰建立庞大帝国的宏伟蓝图的第一步。这种大规模的（也是耻辱的）原始积累之后是比较平常的大宗贸易。在公司资助的坚船利炮的保护下，商人们在炎热的库拉索岛成立贸易点，这里距离西班牙大陆只有一步之
162 遥。在河床区，荷兰的奴隶走私犯搜刮波托西银器，将其送往阿姆斯特丹，重新包装后运往亚洲。

伊比利亚人一度似乎毫无胜算。然而关键是，尽管有这种由火药推动的全球海上力量重组，但荷兰的进攻和殖民计划远未能消灭伊比利亚人及其殖民地。实际情况是，随着海上帝国维护成本不断增加，数量一直不多的荷兰人与其宿敌之间形成了一种寄

生平衡。从新格拉纳达到马尼拉，西班牙殖民者的合作与斗争一样频繁，他们更愿意把精力投入走私贸易而不是防御上。

对哈布斯堡政权日益加强的军事和商业打击，在西属美洲殖民地产生了多方面的影响。随着王室权威的削弱，克里奥尔人精英集团获得了一定程度的自治权。国家收入被转用于建立家族王朝，腐败现象猖獗。巴洛克式的焦虑刺激了宗教捐款，捐款反过来为教堂的大规模建设和边疆传教活动提供了资金。与此同时，一些土著居民逐渐走出谷底，缓慢复苏；另一些则消失了。在新格拉纳达炎热的低地，像木佐这样的民族灭绝后留下的空白区域，逐渐为非洲人和其他有色人种占据。

正如第三章结尾所描述的，到 1640 年葡萄牙起义时，木佐的祖母绿矿已处于危机之中，1646 年的大地震则几乎决定了它们的命运。然而，本章将阐明，长期被忽视的哥伦比亚和西班牙文献证实了 17 世纪木佐缓慢而稳定的复兴。早在 1650 年代，新发现刺激了经济增长，也催生了欺诈和走私贸易，这些现象引起了政府的关注。

始于 1660 年左右的欺诈调查显示，商人从波哥大和卡塔赫纳两地潜入矿区，买下祖母绿，换取奴隶和奢侈品。矿主们则向王室官员隐瞒收益，或者花钱换取他们的庇护。宝石切工和矿工（其中有些人是奴隶）也建立了新的地下交易网络。这些野心勃勃 163
的个人和家族没能意识到，虽然西班牙哈布斯堡王朝业已衰弱，甚至被羞辱，但瘦死的骆驼比马大。帝国官僚机构依然张牙舞爪，因为它们有野心家和皇室支持的激进法庭。只要地方官员和法官认为必要，就可以在瞬间摧毁经过几十年才建立起来的生机勃勃、影响深远的贸易网络。

然而，随着 1654 年来自巴西的荷兰难民在库拉索岛定居，1655 年英国人占领牙买加，新格拉纳达与全球贸易的联系被永远改变了。木佐祖母绿一到达加勒比海沿岸，就进入了一个近乎自由贸易的状态，被外国奴隶贩子和走私者偷运。在库拉索岛或牙买加买卖木佐祖母绿的人中，很多就来自那些被宗教裁判所赶出葡西世界的塞法迪犹太人家族。一些阿什肯纳兹犹太人也加入这一行列，还有一些犹太家庭在法国的圣多明各、马提尼克岛和卡宴避难。如前面几章所述，许多可溯源的宝石都被送往阿姆斯特丹的加工厂，但越来越多的宝石被运往伦敦，在那里，它们被送上东印度公司的船只，与西班牙白银和地中海珊瑚一道被运往马德拉斯换取钻石。尽管走私猖獗，但到18世纪初，哥伦比亚祖母绿经常作为登记过的货物出现在船只的运货单上。

巴洛克时期木佐的复兴

当地的税收记录显示，早在1646年地震之前，木佐的富裕家庭就将资产转移到了养牛业和小规模制糖业上。销售文件显示，时常定期转让的不是矿场和商店，而是农场、牧场，以及简陋的用牛驱动的糖厂。文件也提到了几桩非洲奴隶的买卖，但没有特别指出他们主要从事开采。因为缺少人手，16世纪末17世纪初的
164 纺织业难以维持。就在人们一度害怕的土著木佐人即将灭绝的时候，区域经济变得多样化，摆脱了对祖母绿开采的依赖。

虽然从投资人的角度来看，这种产品多样化是健康的，但祖母绿依然在生产中。根据税收记录，有一些祖母绿又大又好。在长时间中断之后，1659年的一次矿场收购记录显示，该次收购价格仅为30银比索，而当时一块不大的土地可以卖50银比索，一个小麦农场可以卖80银比索，一座镇上的小房子可以卖65银比索。同年劳动力的价值是，一个非洲奴隶售价为425银比索。在随后的

几年，一些上层女性卖掉了几名非洲女奴，表明大多数女奴都是在做家务，而不是采矿。但如下文所述，事情并不总是这样。[1]

1663 年 7 月 1 日，木佐和新格拉纳达的许多矿业小镇一起庆祝哈布斯堡王储查尔斯·约瑟夫的诞生。[2] 这位畸形、愚钝、最终不育的王子将以卡洛斯二世的身份统治哈布斯堡王朝，直至 1700 年他去世，波旁王朝取而代之。但对于哈布斯堡王朝近两个世纪的卓越统治而言，此时不幸的结局尚未显现。王储诞生的好消息几乎与基督圣体节同时到来，人们在木佐镇的主广场举行了一场特别的弥撒来庆祝。他们建了 3 个平台，还有 4 个临时的户外祭坛，组织风笛手、风琴手、唱诗班，以及一小队鼓手、横笛吹奏者和其他杂七杂八的乐手等进行演奏。

当地民兵首领、陆军元帅弗朗西斯科·德·托瓦·阿尔瓦拉多利用这一机会召集追随者，开展运动“惩罚那些撤退到本省尽头的印第安人”。目前尚不清楚他指的是哪支印第安人“游击队”，但很可能是马格达莱纳盆地中部的游牧民族卡拉雷人，而不是幸存的木佐人。这个宣告之后，举行了为期 4 天的马术比赛，其间还有马上长棍对决和逗牛游戏。记录显示，木佐的所有精英，包括两名宗教裁判所的外勤官员，都参与了这次活动，他们“精通马术，有 4 个中队，穿着昂贵而不同的制服”。每晚的最后一个节目是令人难忘的烟火表演，提醒人们火药也可以用于和平的目的。 165

活动的欢乐气氛很快就被大大冲淡。1657—1663 年，碰巧整个新格拉纳达王国都在经历一次王室总稽核，管理木佐区的是一个名叫弗朗西斯科·德·乌塞切·卡德纳斯的缉私人员。先前的巡视重点（如果没有纠正的话）是关注虐待土著劳工的情况，这次稽核则致力于调查向卡塔赫纳商人出售未纳税祖母绿的指控。境况不佳的西班牙财政部一如既往地急于攫取财政收入，木佐的少量资金似乎被偷偷地挪用了。

乌塞切·卡德纳斯的老板胡安·德·科尔内霍将军在向西班牙的印度委员会发表的讲话中，开门见山地提到一场“祖母绿灾难”正在困扰帝国。他引用了塞维利亚财政部官员的话，后者迷惑不解地记录了“这种商品的运达，这表明许多昂贵的祖母绿”在众多私人的财宝箱中，而国王的那一份似乎“数量很小很有限”。接到上司的命令后，乌塞切·卡德纳斯立刻试图查清这场供应方面的“灾难”。

稽核员在木佐向包括矿场管理人和宝石匠在内的许多户主取证。显然，他认为这些人比较脆弱，很可能为了保命供出他们的赞助商和客户。有趣的是，乌塞切·卡德纳斯没有审讯任何女性、美洲印第安人、非洲人、黑白混血奴隶或任何有色人种。他似乎特别想从真正的维西诺人或有地位的户主那里收集证词，大约他们的证词在看重身份的巴洛克时期的法庭上最受欢迎。证词很快就描绘出了该镇所有重要人物的状况，哪些人发财了，哪些人因此心怀怨恨。

首当其冲的是木佐的陆军元帅——托瓦·阿尔瓦拉多，自1640年代以来他就是主要的祖母绿生产商。他的大部分财产集中
166 在卡纳维瑞尔矿区，那里是最早发现祖母绿的老特拉扎格兰德矿区的一部分。其次是军士长胡安·德·波韦达，据说他和镇上的教区牧师巴御勒·尼古拉斯·弗洛里斯共同拥有并开采同样古老的鲁伊兹矿场。另一位有权有势的矿主是阿隆索·希梅内斯，他是亚库皮矿山唯一的老板，该矿山以拥有光泽独特而美丽的祖母绿著称。

所有这些人都因利用非洲奴隶和黑白混血儿采矿而知名。另一位老前辈是弗朗西斯科·奥瓦莱，他一开始是非洲奴隶的监工，现在是一个大矿主。他的采矿地遍布于木佐地区，不过他的奴工最幸运的是在传说中的布斯托采矿，那里是最古老的福地之一。

我们很难解释从1650年代开始祖母绿产量突然上升的原因，但是必须承认的一个因素是矿场工人技术水平的不断提高，尽管精英们编写的文献从未提及这一点。这些非洲人、美洲印第安人和他们的后代，因为发现（通常藏匿或出售）最大、最好的祖母绿，而在后来关于欺诈案的文件中留下了他们的名字。

由于工人们的努力，木佐的一些矿主获得了巨额财富。事实上，一些自称“奴隶主和矿场主”的人，靠着运气从一贫如洗变得腰缠万贯。其中一位就是波韦达，他是军士长胡安的亲戚，也是木佐当地矿业家族的后代，他和助手胡安·贝尔特兰在之前留给国王的矿场中发了财。尽管他因此支付了三分之一而不是五分之一的税收，但最终还是富甲一方。

弗朗西斯科·帕切科也是如此，他在发财后将自己“最大、最通透”的祖母绿委托给木佐的首席宝石匠弗朗西斯科·鲁伊兹加工制作。迭戈·德·阿尔达纳发家后，和其他新富的矿主，把他们的祖母绿原石或切割、镶嵌过的祖母绿及流动的商业代理人送往卡塔赫纳，还有少量祖母绿被送往波哥大。1663年的审讯中提到的商业代理人有：约瑟夫·迪亚斯、弗朗西斯科·卡梅罗、约瑟夫·萨尔加多和胡安·德·阿尔塞·佩纳戈斯（Juan de Arce
Penagos）。其中几人，包括阿尔塞·佩纳戈斯在内，是最早的矿场 167
主或西班牙征服者的后人。

王室官员计划征收定额采矿税——五一税，但他们也对其他税收来源感兴趣，如土著男子和非裔或部分为非裔的自由人（不限男女）缴纳的贡品。这些自由人被殖民地官员称为“黑白混血儿”“赞博人”① 或“黑人”，从17世纪初开始，新格拉纳达各地就每年向他们征收贡品。这笔以白银缴付的赋税最初被说成他们

① 原文为“zambo”，指黑人和印第安人所生的混血儿。——译者注

对西班牙长期战争的“慷慨捐赠”，但就像许多赋税一样，如果没能成为常规税收就很难持续下去。在现金匮乏的木佐向有色人种自由民征税，无意中鼓励了他们私底下销售“高等级”的祖母绿，以获取所需的银币。

这里特别值得注意的是，稽核文件提到了两名生活在“矿场”的黑白混血儿。1663 年的巡视取得的其他证词表明，据说在伊托科山和其他矿区旁有几个奴隶营寨，或称“兰切里亚斯”①。据描述，那里的房子以泥巴涂抹的篱笆为墙，茅草为屋顶。我们不清楚，生活在兰切里亚斯的女性是直接从事采矿工作，还是只做些辅助性工作，如洗衣做饭，或是分拣矿石。但有大量证据表明，在此期间，新格拉纳达的非裔妇女从事各种类型的矿场工作。[3]

黑白混血儿乌苏拉和她的黑人奴隶丈夫马特奥一起住在矿区，他们育有 5 个孩子：安娜·玛丽亚、帕斯夸拉、弗朗西斯卡、多明加和佩德罗。先不考虑采矿，照顾家庭已不堪重负。更有可能是矿场女工的是黑白混血儿格雷戈里亚，她未婚未育。非洲女奴，因为她们不需要缴纳贡品而没有列出来，比自由的有色人种妇女
168 更有可能从事采矿工作。那些没有被安排采矿的女性，显然也会在山体滑坡和其他机会出现后搜寻祖母绿。地方领导托瓦·阿尔瓦拉多这样描述 1657 年卡纳维瑞尔矿区的一次山体大滑坡：

我那个掌管那些矿山的大管家说，这座山在星期六晚上 10 点左右坍塌，但直到第二天，也就是星期天早上 9 点左右，他才告诉我这件事。之后，我派他和我的一个儿子去查看滑坡情况。他们在现场赶走了 100 多人，包括黑人男子、黑人女子、黑白混血儿、

---

① 原文为“*rancherías*”，指由茅舍或简陋的小屋构成的村落、营寨。——译者注

> 麦士蒂索人①和印第安人，他们从早上5点就到那里，在倒塌的东西里翻翻捡捡。风传这些人偷走了大量祖母绿，因为我在城里，无法阻止这一切。虽然陛下损失了五分之一，我却损失了五分之四。[4]

因为这种“天灾”，国王和矿主的损失成了工人和平民的收获。木佐越来越多的有色人种自由民，无论男女老幼，似乎都很清楚他们要寻找什么。

木佐的其他精英人士证实，一个地下祖母绿市场很早就在这里的混血平民阶层中蓬勃发展，主要交易“偷来的”或高等级的宝石。案件中首次明确使用“莫罗勒罗斯”（*moralleros*）一词是在1655年，当时鲁伊兹矿区出现了两次幸运的大发现。该词不是指矿工，而是指小规模的原石买家。证词显示，这些小贩中就有有色人种自由民。

1655年的幸运大发现发生在复活节前的一周，当时，安东尼奥·苏亚雷斯雇用的一群短工正在清理一个平台，突然他们发现了一条富矿脉。根据法律，它马上就被掩盖起来，由一个名叫弗朗西斯科的黑人奴隶负责看守，直到苏亚雷斯带着一名地方法官从镇上回来。在法官的见证下，他们开采了祖母绿晶体，并留出五分之一给国王。苏亚雷斯在镇上的时候听一个刚来的“黑赞博”说，他在鲁伊兹矿区为一个教区牧师当矿场监工，那里也发现了 169
一条富矿脉。

一位目击者把它们叫作“肥厚的晶体”。如此大量的晶体实际上来自第二次幸运大发现，当时跑去交易宝石的“莫罗勒罗斯”

---

① 原文为“mestizos”，指混血儿，尤指拉丁民族和印第安民族的混血儿。——译者注

很快就花光了钱，匆忙赶回木佐镇筹钱。其中有一人是“黑白混血儿路易斯”，他和其他私人买家放弃了镇里的逗牛游戏和其他节日庆祝活动，只想从矿场分得一杯羹。

据称，卖石头给“莫罗勒罗斯”的人包括那位牧师在鲁伊兹矿场的两个仆人：“结巴”唐·胡安·印第奥和“人称胖子的黑白混血儿弗朗西斯科·苏亚雷斯”。[5] 在1663年的贡品册上，唐·胡安被注明为“印第安人逃犯”的头头，而“胖子”苏亚雷斯是一个自由的黑白混血儿，木佐人弗朗西斯卡·苏亚雷斯的儿子。王室官员嘲讽地称他们这些人为“平民”。鉴于他们之间的关系网，而且他们也有明显的购买力，那些自诩为木佐的白人精英似乎不得不与各种社会下层人士谈判，以保住部分祖母绿业务。

最后的矿业热潮

整个1660年代晚期的税收记录显示，当时销售的当地产品有原棉、玉米、牛肉和甘蔗糖浆（用于制造一种廉价劣质烈酒或称“美洲烧酒”），此外从高地和邻近低地购入盐、奶酪、烟草、牛肉干和火腿等商品。与西班牙有联系的行商也把葡萄酒、肥皂、香料和纺织品等带到木佐。针对糖浆和棉花征收的特别税用来资助名为“迎风启航和墨西哥湾舰队”的西班牙海军，以打击加勒比海海盗。这种特别税表明当地对农产品非常重视，对他们而言，农产品是比祖母绿更可靠的收入来源。个体农场主每年登记的棉花销售量为20至30厄罗伯①（约275至410公斤），产量低于经
170 济作物种植园，但对于家庭制作土布显然已经足够。

① 原文为“*arrobas*”，旧时西班牙重量单位。——译者注

1667 年，木佐的税收记录证明祖母绿采矿业出现了新的热潮，那年，队长迭戈·德·古兹曼·萨维德拉购买了半个祖母绿矿的所有权和一个黑人奴隶。这本不值一提，但不久古兹曼在 1670 年代短暂的祖母绿热潮中崭露头角，成为重要人物。无独有偶，同年安东尼奥·苏亚雷斯·德·阿尔瓦拉多购买了至少 7 个祖母绿矿。然而，这仍然是一个买方市场，因为所有这些（可能是停滞不前的）矿场加起来只值 90 银比索——这不是一大笔钱，因为同年一个半大牧场加上一块甘蔗地和一个糖厂可以卖到 850 银比索，种植经济作物的土地显然比全凭运气的祖母绿矿更可靠。

但在木佐，只有矿藏能让人发财。1668 年，王室官员没收了商人弗朗西斯科·佩雷斯的财产，税收记录进一步证明了祖母绿带来的收益。佩雷斯生前未立遗嘱，死后留下了一些或许未纳税的祖母绿，包括 7 盎司（约 1006 克拉）二等或宝石级的原石，还有大约 4.5 磅“好的”三等祖母绿。更有意思的是，佩雷斯还有 165 颗加工过的宝石，“其中有 6 颗颜色由浅到深的水滴形祖母绿”。虽然木佐的官员没有明说，但他们汇报说产地附近在走私交易抛光过的祖母绿。[6]

1670 年，新的发现撼动了当地的劳动力和房地产市场。这一年，古兹曼和妻子玛格丽塔·德·里亚尼奥卖掉了他们的甘蔗园和糖厂，买了 5 名奴隶。女奴尤金妮娅据描述是黑白混血儿，很可能在矿场做筛工，或者在附近的奴隶住地当厨娘。古兹曼夫妇的投资第二年就得到了回报，他们登记的一块重达 4.5 盎司（约 647 克拉）的一级祖母绿，在拍卖会上以 2000 银比索的价格售出。这是 171
自 1570 年代以来单颗祖母绿的有登记的最高售价，可见其不同凡响。在 18 世纪早期的巴西，机敏的筛工能因为发现大钻石而获得自由，但在这里，发现这块珍贵祖母绿的非洲奴隶没有获得任何嘉奖。

古兹曼用这颗大宝石，尤其是宝石带来的信誉，进行了一次疯狂的收购。他从木佐的教区牧师那里买了两个祖母绿矿，又向一名普通人购买了一个，还买到另外一个矿的一半产权，共花费540银比索。可以看出矿场的价格攀升了，但仍远低于采矿的4名奴隶的价格：1580银比索。古兹曼还用自己的“祖母绿期货”购买了另一名非洲奴隶，尽管销售税记录中没有这名奴隶的名字，但他无疑要在矿场工作。古兹曼夫妇还购买了更多的耕地，毕竟，从长远来看，这是比矿场或奴隶更安全的赌注。[7]

1667年，安东尼奥·苏亚雷斯·德·阿尔瓦拉多购买了7个矿场。1672年，他的运气好转，他登记的一颗一级祖母绿以250银比索的价格拍卖。虽然远不及古兹曼那颗，但相对于90银比索的矿场成本来说，是不错的回报。矿场销售50年来第一次突然变得普遍起来，房地产销售也总体回温，价格上升。1672年，木佐镇半个街区的地块和许多夯土版筑的店面以1440银比索的价格售出。同年，王室官员向在该地区工作的两名当地男子和一名黑人与土著的混血儿弗朗西斯科·赛维拉斯收缴贡品，他们很可能都是被带到或吸引到矿场做日工。

1673年，古兹曼的儿子、市议员恩里克·德·古兹曼上尉购买了别人生产的一级祖母绿。1674年，父子一起以100银比索的价格从佩特罗尼拉·德·菲格罗亚太太手中购买了一座矿场。这是唐·迭戈的最后一笔投资，随后他就在那一年去世了。由于男性早逝，在一定程度上，上层女性，尤其是寡妇，在木佐和在其他西班牙殖民地城镇一样引人注目。这些女性往往在高端市场非
172 常活跃。胡安·瓦列霍是木佐的皇家会计师，他和兄弟弗朗西斯科一起从胡安娜·古兹曼女士手中购买了一座矿场。1677年，胡安娜·加西亚卖掉了一个矿场，而玛格丽塔·弗洛里斯买下了一个。也有一些女性卷入了针对欺诈的调查。

1674年的记录中出现了较低层的生产商，因为他们的名字前没有尊称“唐”，这些人中间也有一些矿场的买卖。其中一个频繁出售矿场的人是胡安·德尔加多·马塔胡迪奥斯，他那直白的第二个姓“马塔胡迪奥斯”意为“犹太人杀手”，说明他是木佐第一代欧洲移民的后人。马塔胡迪奥斯家在伊托科山的资产长期停滞不前，他接连卖掉了那里的8座矿场，大赚了一笔。这些第二层级的出售大多不到50银比索。另一个层级的生产商则不那么显眼，他们是“莫罗勒罗斯”或自由的探勘者经销商，但还会在1680年的调查讯问中再次出现。到1674年，大多数土著和混血劳工（和非洲奴隶不一样）被明确地称为“仆人”或债务劳工，几乎可以确定，他们是被强迫或受诱骗而从事采矿工作的。

迭戈·德·古兹曼·萨维德拉上尉走漏风声而引发了抢购热潮，更多引人注目的祖母绿不断出产。1677年，一颗一级祖母绿以340银比索的价格售出；1679年，又有一颗售价达300银比索。前者来自胡安·拉米雷斯·德·波韦达上尉的矿场，他是木佐名门望族之首；后者来自社会地位同样很高的安娜·诺列加女士，1678年她为价值140银比索的高等级祖母绿缴税。也是在1678年，矿主们为所谓的“仆人”交纳贡品。尽管王室账目总结中没有提到大部分年份当地的奴隶买卖，但1678年开始的一系列欺诈调查却频频提及。

到1679年，王室的一项重要调查在顺利进行中。1680年，对祖母绿生产征收普通税的记录停止了，取而代之的是根据新稽核员弗朗西斯科·阿斯卡拉特所说的“祖母绿五一税的组成”，当地精英被收取1000银比索。这些本质上是对据称自1668年发现新祖母绿矿以来未纳税或未登记祖母绿的罚款。如果幸存的记录能说明问题的话，那么无论罚款持续增加的意图如何，都扼杀了刚刚 173
复苏的木佐。

新丑闻

当然，在矿场之外，还有同样令人忧虑、错综复杂的跨洋贸易。1678—1680年王室对欺诈案的调查，揭示了自大约1650年卡塔赫纳大部分从事宝石交易的新基督徒和秘密犹太人社团被驱逐后发生的变化。一些新基督徒无疑仍然活跃在西班牙殖民地，但在1660年代后期或者更早的时候，一个新的以塞维利亚为基地的商人团体进入了祖母绿行业。1670年代，其中一些商人设法渗透到木佐矿区和波哥大的宝石匠—珠宝商网络，试图垄断市场。虽然我尚未找到他们在西班牙的关系网的详细资料，但他们在新格拉纳达活动的记录却很丰富。此外，记录显示这一时期的五一税记录只是模糊地反映了祖母绿的生产情况，尤其是品质最佳的祖母绿。

1677年底，对税务欺诈的指控浮出水面后，案子拉开了帷幕。波哥大的商人被抢走了多笔祖母绿生意，于是他们向皇家财政部官员告状说，有外来者正在购买宝石，并且没有交税就“偷偷摸摸”运往西班牙。这一包包祖母绿的价值据说从2000到1.2万银比索不等，对于一个用2000银比索就能在首都买到一幢漂亮的联排别墅，或者一小群非洲奴隶的地方来说，这可是一笔可观的数目。据说每年的销售总额高达数十万银比索，王室却没有从中受益，这真是“莫大的耻辱”。木佐所有的矿主家庭，大约13个，几乎都被牵连，调查人员也追查了那些据说“在废弃矿山找矿”的“黑人和其他穷人”，他们“暗中、偷偷地”售卖祖母绿。[8] 牧师也是嫌疑人。

所有商人，无论是克里奥尔人还是半岛人，都接受了严格的

审查，他们的宣誓证词和被没收的文件很能说明问题。商人们的
信件显示，在1670年代早期的卡塔赫纳，祖母绿价格下跌，这可 174
能与1660年代后期的大发现有关。流动的和固定的代理人通信，
抱怨价格突然变化，好的祖母绿时不时匮乏，西班牙跨大西洋舰
队不可靠。一位商人甚至写到，木佐的矿主们想出了这样一个诡
计：他们放出发现了新祖母绿的风声，传到海岸吸引债权人，然
后在拿到钱和商品后空手而归。为了换取说好的祖母绿，送给木
佐上流社会人士的东西包括塔夫绸、亚麻布和其他上等织物等奢
侈品，排在第二位的商品是东印度的香料：胡椒、肉桂、丁香和
孜然。[9] 这里终于证明了何为全球性的互惠互利！

与往常一样，祖母绿经销商参与了卡塔赫纳让人不愉快的生意：跨大西洋奴隶贸易。几位商人提到，在木佐，用奴隶交换祖母绿是一种常见的做法。其中一位商人在1677年9月写给同事的信中提到，他可能直接将祖母绿买卖的利润投资于西班牙奴隶贸易垄断事业。[10]

最大的新奴隶贩子是塞维利亚的杰罗尼莫·德·埃斯特拉达(Gerónimo de Estrada)，他在1679年8月的证词中诉苦，他预付了几名奴隶（连同各式各样的精美纺织品）给木佐的矿主安娜·诺列加，却没有得到其承诺的“顶级色泽”的宝石。据说安娜·诺列加早已为埃斯特拉达提供了价值6000银比索的祖母绿，它们都来自她那些由耶稣会士管理的矿场。

我们对这些耶稣会士一无所知，但似乎每个人都在考虑扩大木佐非洲奴隶队伍的可能性和问题。商人们提到，他们试图出售矿场里年轻的黑人女孩，而几名矿主做证说，在1670年代，非洲男奴经常能找到祖母绿，偶尔他们会违背主人的意愿卖掉一些最美丽、最大颗的祖母绿。[11]

其他被传唤做证的波哥大商人包括埃斯特拉达的教子，39岁

175 的胡安·马克斯·波耶特，还有约瑟夫·德·里考尔特、克里索巴尔·潘托哈、胡安·卡尔沃、约瑟夫·马查多、弗朗西斯科和安德烈斯·德·格兰达斯父子、路易斯·豪尔赫。除了波耶特，这些流动代理商大多与埃斯特拉达或其他半岛买家，包括安东尼奥·德·克萨达、费利佩·德·贝拉斯科和多明戈·德·巴拉索达等，没有明显的联系。

波哥大的商人主要往返于木佐，尽管少数人也去过卡塔赫纳。波耶特、潘托哈和里考尔特都说到，他们曾多次把银币付给木佐的矿工，以换取祖母绿。里考尔特是唯一一位在证词里提供详细价格的人：他以每马克 350 银比索（大约每克 1.5 银比索或每克拉 2.5 里亚尔）的价格购买了两马克（约 2300 克拉）的一级祖母绿。这似乎指的是切割过的宝石，因为他说他以“每马克 180 银比索的价格购买了原石”，但上下文并不清楚。无论如何，里考尔特收集的大部分宝石都卖给了埃斯特拉达。[12] 如果这里头等祖母绿的价格比较准确，那么埃斯特拉达这样的出口商的收益显然是惊人的。

祖母绿地下世界

由于王室的调查以波哥大为中心，因此也聚焦于首都的宝石切割工和金匠小社团。有几名宝石匠提到了他们的服务对象包括当地精英、宗教机构和海外市场等。宝石切割师和珠宝商洛伦佐·埃雷罗做证说，他的一些珠宝由商人克里斯托瓦尔·潘托哈在马德里出售，获利颇丰。[13] 他谈到，波哥大的许多成品被送往卡塔赫纳，但由于 1677 年整个地区所有可用的祖母绿原石和成品大量流失，从那以后他什么也没有制作。所有东西都被杰罗尼莫·

德·埃斯特拉达抢购一空。

约瑟夫·德·里考尔特是埃斯特拉达的代理商之一，他是非洲宝石匠、奴隶胡安·德·阿奎勒斯的老板。49 岁的阿奎勒斯做证说，在严格的学徒训练和“出师”之后，他切割了 30 年宝石，176
他以前的师傅是一位与他同名的 88 岁的金匠和石匠。他们很长时间在波哥大共事，但也曾在卡塔赫纳生活过一段时间，为州长佩德罗·萨帕塔“修补破碎的宝石”。老阿奎勒斯最近退休了，为了让小阿奎勒斯学会这门手艺，他曾要求他切割 1000 多颗祖母绿。两人偶尔去木佐购买原石，还一起为多明我会的玫瑰园教堂制作了一座镶着宝石的大屏风。[14]

珠宝商约瑟夫·拉莫斯和费利佩·托雷斯表示，他们曾按照埃斯特拉达和其他卡塔赫纳商人的订单切割宝石或制作首饰。自由的黑白混血儿宝石匠约瑟夫·阿里亚斯说，他曾受人委托切割马里基塔紫水晶和木佐祖母绿，做成水滴状或“鳄梨”状，但没有说委托人是谁。几名宝石匠说，他们偶尔会去木佐买祖母绿，但更多的时候是从行商那里购买。这个行业里也出现了一些神秘人物。33 岁的珠宝大师胡安·纳瓦罗说，他曾受委托制作一些镶嵌祖母绿的项链，他只知道对方叫“俘虏”。他还说，他和另一名珠宝商费尔南多·巴伦苏埃拉为一名军士长镶嵌了一些很大的宝石，这名军士长在木佐从一个名叫“大头”的人（现已死亡）手中购买了这些宝石。另一名木佐矿工被叫作“银圆之眼”。[15]

1679 年 2 月埃斯特拉达在卡塔赫纳的财产被查封时，他正与妻儿一起等待一年一度的舰队到来，这样他就可以返回西班牙。他被没收了大约 6000 银比索，214 马克精制银器，一些据说属于他妻子的黄金和祖母绿首饰，12 个精美的马鞍和 20 幅油画。奇怪的是，没有发现单颗的祖母绿，无论是切割过或未加工的原石。埃斯特拉达对自己被指控涉嫌欺骗王室感到愤怒，要求证人做证，

他曾于1678年在蒙波斯（Mompóx）的马格达莱纳河港口亲自招募
177 并出钱武装了一支民兵队伍，以打击威胁卡塔赫纳的法国海盗。随
后，他出示了从寡妇安娜·诺列加处购买祖母绿的收据和木佐当地
的五一税记录。尽管如此，埃斯特拉达还是被要求支付4万银比索
保证金；波哥大商人安德烈斯·德·利亚尼奥签署了这笔款项。[16]

接着，王室调查人员将矛头指向了木佐的矿主，强迫他们上交看上去比较合理的6000银比索保证金，但他们只交了4600银比索，并抱怨说“失去了我们的奴隶租金”。当地最大的矿主弗朗西斯科·德·托瓦尔·胡斯蒂尼亚诺和胡安·波韦达什么也没交，所以自调查开始他们的财产一直被查封。[17]

事件余波

1681年，王室调查员阿斯卡拉特写信给上级，希望起诉木佐的小规模拾荒者和原石经销商。他发现，这些人花样百出，包括把祖母绿扔进水沟，等矿场关闭后再捡回来。[18] 他似乎已经找不到更重要、更有利可图的目标了，事实上，文件显示埃斯特拉达和其他“大鱼”宝石交易商正在西班牙和波哥大寻求帮助，试图摆脱其控制。

王室稽核员追查木佐当地矿业精英的努力也失败了，他主张要么撤销对他们的起诉，要么庭外和解。他们现在已经因为诉讼费破产了，至少他们是这么说的。一名矿主说，他的奴隶在他被传唤到波哥大做证时逃跑了，另一位名叫希梅内斯的耶稣会士则要求行使在民事法庭免于起诉的教会豁免权。甚至连阿斯卡拉特也试图拍卖一些作为五一税收取的祖母绿，但未能吸引到竞购者，仿佛只要和祖母绿有联系，就会受到诅咒。[19]

文件中一段很长的空白表明，1678—1680 年的王室稽核与 1646 年的地震一样，再一次为木佐敲响了丧钟。但是 1688 年的一 178
起案件证明它至少有一次小小的复兴，而且几乎是历史的重演。王室官员再次采用五一税，他们发现木佐的几个矿场已经恢复运转，于是又开始指控有人要诡计。新的欺诈调查针对属于瑞辛克家族的鲁伊兹矿区，大管家托里比奥·阿尔瓦雷斯·德·诺列加和矿长克莱门特·戈麦斯·德·坎塞拉达是主要嫌疑人。事情发生在一个星期六，当时 4 名非洲男奴发现了一条很有希望的细脉，他们沿着它进入了一个竖井似的地方。面对诱惑，风波出现了。[20] 他们立即通知监工和矿长，他们立刻赶到，监督大家转移了所有祖母绿。

30 岁的奴隶曼纽尔·布兰做证说，星期六在矿区干活时，他的一个同伴塞巴斯蒂安·曼丁加用铁撬棍“敲了敲铜绿色的地方”，结果掉出两块鹰爪状的母岩，“中间有祖母绿”。曼丁加还发现了一块巨大的晶体，“三指长、两指宽”，他立即把它交给了矿长戈麦斯。戈麦斯下令停工，并封闭井口。据几名目击者称，没几天这个地方就被清理干净了。恩里克·瑞辛克为此责怪戈麦斯手下的苦工，而戈麦斯和诺列加却认为是奴隶们干的。尽管曼纽尔·布兰说他尽力了，但他到得太晚，所以很难说到底是谁“清理”了现场。

戈麦斯家中的一名女性约瑟法·德·阿圭勒做证说，曼丁加和另一名奴隶矿工给她带来了一些石头，她把它们卖给了木佐的宝石匠维特力诺·桑德，桑德对它们不屑一顾，称它们为“面包屑”。不管价值如何，这些宝石都是通过当地的走私网络运送的，这个网络把非洲奴隶、女性户主和宝石切工联系在一起。

很可能是因为运送和持有都很有风险，许多较大的祖母绿很快就流入大买家之手。实际上，王室官员对奴隶们说的给了戈麦

179 斯的那块大祖母绿更感兴趣，据说它有“天堂的颜色”，在当地至少值 1000 银比索。戈麦斯和大管家被判入狱，但现存的记录中没有任何解决方案。戈麦斯声称他从未见过那块大祖母绿。

这起事件之后的祖母绿矿区似乎真的濒临死亡了。到 1702 年末西班牙王位继承战争爆发时，来访的官员报告说，木佐的大部分矿场已经关闭了 20 多年；与 1646 年的地震余波一样，1688 年的一场大火将木佐镇烧毁殆尽。[21] 直到许多年后，矿场才恢复到全面生产的状态，但再也没能像 17 世纪那样出产那么多的顶级祖母绿。

走私犯的滩头阵地

1655 年后，英国占领牙买加，在加勒比地区建立了一个声名狼藉的新商埠。罗亚尔港在其鼎盛时期是英属美洲人口最多的城市，坐落在牙买加南海岸一个突出的细沙岬上，环绕着金斯敦港（Kingston Harbour）。据几位虔诚的英国人和西班牙人说，1692 年的大地震使半座城市滑入大海，当地居民的罪孽得到了应有的惩罚。在那之前，罗亚尔港拥有一个繁华的多样化商业社区。老城的一部分和毗邻的要塞保留了下来，但大多数幸存者穿过海湾，搬到了疟疾多发的金斯敦，或是内陆更为健康的圣地亚哥德拉维加，即西班牙镇。

1660 年，一些犹太商人，主要是葡萄牙的塞法迪犹太人，在罗亚尔港开了店铺，但数量远不及荷属库拉索岛多。英国流浪汉在墨西哥和伯利兹砍伐的染料木，连同生姜、糖、烟草和可可，是牙买加早期的出口产品。但一如葡萄牙人和荷兰人很久以前就发现的那样，真正能赚到钱的是向西属美洲非法贩卖奴隶以及海

盗活动。这是属于亨利·摩根、亚历山大·艾斯克默林和威廉·
丹皮尔等海盗的时代。由于政局不稳和对西班牙旷日持久的敌意，180
英国几乎没有采取任何措施来干预海盗活动或走私贸易，两者都被看作“界线之外”的模糊世界的战争。[22]

历史学家努阿拉·扎赫迪耶详细研究了17世纪末罗亚尔港的走私贸易，引用过总督报告和其他信件中偶尔提及宝石的话。在1672年的一封信中，总督托马斯·林奇曾抱怨，与西班牙人进行贸易几乎是不可能的，因为他们是“世界上最愚蠢、最忘恩负义的人”，甚至不能让他们买“一颗祖母绿”。[23] 显然，这位总督把他的商品弄反了，任何有自尊的西班牙人都不会从英国人那里购买祖母绿。

尽管总督有怨言，但英国船只已经在从委内瑞拉到巴拿马的西班牙海域开展活跃的贸易活动。与前几章描述的库拉索岛威廉斯塔德的贸易一样，在哥伦比亚海岸的巡航是在夜幕的掩护下进行的，外国游客在废弃的海滩上离船上岸。1690年代初，西班牙环球旅行家格雷戈里奥·德·罗布雷斯（Gregorio de Robles）写到过卡塔赫纳和附近巴鲁岛非法买卖祖母绿和其他贵重物品的情况，他也持这种说法，并补充了丰富的细节。[24]

在这种只能鬼鬼祟祟开展贸易的状况下，只有小巧的贵重物品能用来换取纺织品、葡萄酒和非洲奴隶。金银、祖母绿和珍珠非常适合担当此任，它们经常从卡塔赫纳西南的托鲁转手到委内瑞拉海岸外的玛格丽塔岛。此外，尽管西班牙显然无力遏制走私，但如果一个人粗心大意，或者对政治风向的最新变化知之甚少，那么就会像逃避矿业税一样，走私贸易仍可能让人丧命。

作为巴洛克时期不确定性的典型，长期的合法性穿插在标准的严刑峻法之中。1665年，在罗亚尔港运营的英国皇家非洲公司获得了西班牙的供应合同，或者说是奴隶贸易的垄断权，1677—

181 1690 年它又被转让给一家葡萄牙公司。在此期间，以库拉索岛为基地的热那亚商人也曾短暂地垄断奴隶贸易。罗布雷斯于 1690 年来到罗亚尔港，他哀叹道，供应合同使“英国人、荷兰人和犹太人通过非法手段攫取了陛下领土上的黄金、白银、珍珠、祖母绿和其他果实”。[25]

并不是只有罗亚尔港的犹太商人有可能从事祖母绿贸易，但是正如前面几章所述，他们与奴隶贸易和放贷的密切联系，与伦敦、阿姆斯特丹的宝石商人及印度各种工厂的固定关系，使他们最有可能成为祖母绿商人。[26] 扎赫迪耶援引了 1664 年的一起事件，论证罗亚尔港两名犹太商人与阿姆斯特丹投资者之间的直接联系。多年前，梅耶·凯泽林就注意到 1655 年以后牙买加、库拉索岛和巴巴多斯的塞法迪犹太人之间的关系。[27] 这些商人之所以选择牙买加而不是库拉索，部分原因是考虑到地理因素。库拉索离西班牙海岸更近，确实是开发委内瑞拉优质可可和烟草的绝佳之处，但由于加勒比海盛行东风，从卡塔赫纳或圣玛尔塔出发很难抵达库拉索。

这一时期，罗亚尔港的其他常客很可能也从事祖母绿交易，其中包括几百名嗜酒如命并通晓多种语言的海盗，但他们的活动本质上是不可持续的。海盗和珠宝商确实有交往。罗伯特·里奇讲述了犹太珠宝商本杰明·弗兰克斯的故事。1696 年，弗兰克斯和海盗猎人出身的海盗威廉·基德一起搭车去印度。[28] 弗兰克斯来自汉堡的一个阿什肯纳兹犹太人家庭，他在 1692 年的罗亚尔港地震中失去了财产。据里奇介绍，弗兰克斯的证词中没有提到祖母绿，但在牙买加和他做生意的任何人——特别是如果与印度有联系的话——都有可能在某个时候从事过祖母绿的交易。

关于弗兰克斯家族后来在英国和北美的命运，里奇采纳了经济史学家格达利亚·约格夫的研究成果。约格夫于 1978 年出版的标志性著作《钻石与珊瑚》（*Diamonds and Coral*）追溯了犹太商人之间的联系，主要涉及在葡萄牙、西班牙和荷兰海外殖民地都有经验的塞法迪犹太人，此外也涉及像弗兰克斯这样来自汉堡和其 182
他北方城市的阿什肯纳兹犹太人，以及英国东印度公司。[29]

为了和提倡囤积金条的重商主义政策保持一致，英国东印度公司鼓励犹太商人将地中海珊瑚运往印度交换钻石，而不是使用白银或黄金。商人们照做了，但如下文所述，大多数商人仍在大量运送西属美洲的银比索，以及珍珠、祖母绿和波罗的海琥珀。[30]约格夫没有说明这些商人获得哥伦比亚祖母绿的途径，但就像之前提到的，在弗兰克斯和基德那个时候，大多数商人很有可能是通过牙买加或库拉索来获得祖母绿的。还有一些祖母绿是通过在里斯本、塞维利亚或加的斯的家庭关系运来的，然后重新包装，从伦敦出口。

无论通过何种途径到伦敦，犹太商人都会定期向东印度公司的官员申请许可证，以便以较低的价格将哥伦比亚祖母绿运往印度。早在1703年，祖母绿、珍珠和珊瑚珠只需缴纳估价2%的税费，珊瑚原料则为4%。[31] 约格夫引用了1709年的一项决议，该决议在整个18世纪定期更新：

> 准予向苏拉特、圣乔治堡［马德拉斯］和婆罗洲出口各种珊瑚、珊瑚珠、琥珀珠、珍珠、祖母绿或任何宝石。如有需要，出口商应保证运回国内的商品为钻石、圆粒金刚钻、麝香、龙涎香、牛黄，无任何其他货物。[32]

关于印度，没有什么令人惊讶的，但是婆罗洲呢？巧的是，南婆罗洲当时是除印度之外世界上最重要的钻石产地，18世纪上半叶，英国东印度公司试图挤入荷兰在南婆罗洲的贸易市场，但失败了。我至今没有发现哥伦比亚祖母绿进入婆罗洲的记录。与此同时，犹太人主导的将珊瑚、琥珀和祖母绿卖到印度的私人贸易开始了一个新的周期。

183 走私商品的合法化

1978年，约格夫和特里韦拉托都曾述及大量的欧洲珊瑚售卖到印度，他们的研究有助于我们理解类似但规模更小、更隐秘的祖母绿贸易。[33] 自从人们在西地中海发现仅见于此地的深红色珊瑚后，潜水员和拖网捕鱼的人就在马赛、热那亚、利沃诺、撒丁岛和那不勒斯附近的水域打捞。与珍珠一样，珊瑚是一种可再生但脆弱的资源，很容易被过度开采和破坏，且质量差异很大。天主教徒最喜欢用它们制作念珠和祭品。

尽管西欧、中东的装饰品和珠宝中有珊瑚，人们认为它也像其他矿物质一样，具有神秘的疗愈能力，但西方对珊瑚的需求一直不旺盛，它也就没能成为稀世珍品。相比之下，印度，尤其是印度西部，对优质红珊瑚的需求广泛而强烈。与之前讨论过的，莫卧儿王朝和类似情况下帝王对昂贵宝石的渴求不同，珊瑚是一种比较普通的装饰品。欧洲旅行者注意到，不同种姓和宗教信仰的人们每天都戴着沉重的珊瑚项链和手镯，作为财富和地位的象征。

印度珊瑚市场比透明的宝石市场更具弹性，原因在于：首先，由于当时没有银行，囤积作为一种货币形式的珊瑚珠就具有了经济意义。它们价格高昂，但又不至于让小偷在光天化日之下把它们抢走。其次，出于宗教的原因，人们常常在德高望重者的葬礼上焚烧大量珊瑚——犹太商人有时在运货单上把这些珊瑚列为“珊瑚枝”。[34] 只要不断有受人尊敬的人死去，珊瑚实际上就是在被“消费”，而不仅仅是囤积。因此，近代早期印度的珊瑚消费似乎是由文化和经济因素共同推动的，它们比变化无常的珠宝时尚潮流更有影响力。然而，犹太商人很快就发现，即使是珊瑚市场也有限制，他们学会了在需要时保留存货。

部分是因为欧洲多变的政治局势，此外另有其他因素在发挥 184
影响。正如特里韦拉托所论述的那样，17 世纪后期发展起一个复杂的珊瑚—钻石贸易网络，连接了阿姆斯特丹的塞法迪犹太商人与里斯本的意大利天主教徒（主要来自利沃诺），再与果阿的萨拉斯瓦特种姓的婆罗门商人相连。这些截然不同的贸易社区之间相互依存的关系到 18 世纪进一步加强，尽管主要的钻石市场向南转移到了马德拉斯。与此同时，在 18 世纪的大部分时候，欧洲对钻石的需求就算不是深不见底，也依然强劲。

然而，正如 1725 年左右巴西发现大量新钻石之后所发生的那样，钻石行业也很容易受到冲击。欧洲对更昂贵的印度宝石的需求突然间被抑制，根据约格夫的论述，耐心的犹太珠宝商用两个办法安然度过了这场风暴。第一，他们迅速进入巴西的原钻行业，以限制其流动。第二，他们暂时减少了印度的钻石购买量，但没有取消。1750 年左右，当人们清楚地认识到巴西钻石并非取之不尽时，对印度宝石的需求再次回升。多亏了这些小心翼翼的操作，那些一直在从事这一行的商人家族依然屹立不倒。[35]

18 世纪欧洲迅速的资本积累和普遍的人口增长似乎也推动了需求，直到 1780 年代，印度的钻石行业才遭遇了一场重大危机。与其他行业一样，对于宝石交易商而言，商业周期可长可短，但就独家奢侈品来说，崩盘往往更为剧烈和不可预见。保持世界上最稀有宝石的“秘密”和独家声望，同时又扩大其消费，这是一件微妙的事情。然而在这种情况下，生产才是更大的问题。巧合的是，正如下一章所讨论的，哥伦比亚祖母绿矿场化为废墟与钻石在印度、巴西和欧洲崩盘大致是同时发生的。

在巴西大发现引起钻石贸易中的供应混乱之际，一种有趣的说法出现了，可能是由东印度几个不同种姓和附属于他们的宝石
185 商人灌输和散布的：巴西钻石不够“东方”；它们是美洲的，因此是二流的。这种指责显然是出于害怕和怨恨，尽管一些钻石鉴赏家至今仍坚持认为，世界上最耀眼的钻石只产自印度古老的戈尔康达矿区。新世界再次被认为似乎不可能古老到可以出产“足够成熟”的宝石。

宝石的数量

我在伦敦查阅英国东印度公司的记录时，发现我只能为约格夫的著作添加一些细枝末节，揭示与祖母绿相关的事情。继上文引述的1709年运费规定之后，该公司在其账户中为“金条”或“外国白银”（主要是墨西哥银比索），以及珊瑚、祖母绿、珍珠、琥珀和各种珠宝设立了一个专门账户，这些东西都由私人贸易商专门运往印度“以换取钻石”。

为了利用当时可能是最安全、最快捷的全球运输服务（与葡萄牙古老的“印度航线”完全不同），伦敦珠宝商（几乎都是塞法迪犹太人）支付最低的运费，外加其宝石估计售价2%—4%的税。对于运回来的钻石，他们也这样操作。珠宝商们将货物分散给东印度公司每年走这条航线的大约6艘船只分别运输，进一步降低了风险。

根据这些文件，将祖母绿运往马德拉斯，偶尔运往孟买或孟加拉的大多数商人是塞法迪犹太人，他们的委托人也是。因为记录通常只列出他们的标记或品牌，而不是名字，因此很难说出谁

以祖母绿为业（如果有的话）。大多数祖母绿没有加工就运出去了，少数经过抛光，极少数镶嵌在成品珠宝中。在我能查找的记录中，运送的珍珠与祖母绿的数量大致相当，其中一些很可能产自加勒比海。令人称奇的是，1730 年以后，甚至有一些可能来自巴西的钻石也被运到印度市场。然而，正如表 7-1 所示，大部分业务，至少登记的那一部分，涉及的是地中海珊瑚和西属美洲的白银。1978 年，乔杜里对该公司用白银购买纺织品的贸易进行了大规模的研究，诚如其所言，有关方面在信函中更新了银比索和卢比的汇率，并详细列出了墨西哥铸币厂发行的钱币中的银含量。[36]

表 7-1　运往印度用于购买钻石的私人财宝登记表* 186

年份	外国白银	珊瑚	琥珀/珍珠	祖母绿
1730		49,796 英镑（约）		75 英镑（2 包）
1731		13,079		
1732		12,231		
1733	2,500 盎司	16,043		1 包(价值不详)
1734		34,772		1 盒(价值不详)
1735		48,159		
1736		43,878		450 英镑（1 盒+1 包）
1737		47,320		25 英镑(1 包)
1738		32,979		937 英镑(2 盒原石,1 盒珠宝)
1739		15,416		500 英镑(1 盒)
1740	1,350	25,900		110 英镑(1 盒)
1741		37,430		

续表

年份	外国白银	珊瑚	琥珀/珍珠	祖母绿
1742	57,715	43,829	300 英镑珍珠，25 英镑琥珀珠	150 英镑(1 盒)
1743	106,700	55,273		
1744	66,550	19,922	"利索"的珍珠	约 1,200 英镑+珠宝、戒指
1745	112,850	37,094	约 200 英镑珍珠	
1746	91,501	71,922	约 1,000 英镑珍珠+一些琥珀珠	约 2,220 英镑(一些盒装/珍珠)
1747	152,500	68,286	约 2,500 英镑珍珠+琥珀珠、钻石	约 2,500 磅珍珠(大多盒装/珍珠)
1748	345,616	45,994	约 2,000 英镑珍珠+一些珠宝	约 1,000 英镑
1749	652,350	74,520	约 3,000 英镑珍珠+700 英镑琥珀珠	未指明，但有一些宝石
1750	131,828	44,373	约 400 英镑琥珀和宝石	285 英镑(2 盒)
1751	172,869	59,943	约 4,000 英镑珍珠+钻石、宝石	约 2,000 英镑
1752	25,760	39,262	一些琥珀	50 英镑
187 1753(部分)		14,185	220 英镑琥珀	约 200 英镑

* 东印度公司书信册，现藏于大英图书馆，OIAC E/3/105-11。

18 世纪上半叶，至少有四五十人活跃在英国东印度公司赞助的钻石贸易中，最后几个名字告诉我们，阿什肯纳兹犹太人慢慢地进入了以伦敦为中心的印度钻石行业和祖母绿行业。从数量和价值来看，18 世纪中叶以前，塞法迪犹太商人亚伯拉罕和雅各布·弗兰考一直统领该行业。非犹太人很少，但其中有周游各地的托马斯·戈弗雷、詹姆斯·波滕和乔治·阿诺德，还有几个意大利人和至少一个亚美尼亚人。

约格夫指出，尽管东印度公司的官员努力将珊瑚大量销往印度市场，但白银仍不断流失，每年都有成千上万盎司的白银伴随着价值数万英镑的成箱的珊瑚和珊瑚珠一起流出。相比之下，祖
母绿和珍珠在注册贸易中只占据微不足道的份额，在任何一年都 188
不到总量的 1%。虽然仍存在私下交易，但现在祖母绿已不再是一个超级机密的走私物品，而是一种出售的商品。

虽然我没有找到 1730 年之前或 1753 年之后祖母绿出口的详细清单，但在此期间的记录显示有一种固定的流动模式。考虑到白银和珊瑚有更深层次的需求或更广泛的市场，人们可能会认为祖母绿的数量在这两种货币商品的衬托下黯淡无光，但我猜测，祖母绿在这些记录中表现不佳还说明了两件事：第一，通过葡萄牙古老的航线或走私渠道将祖母绿销往印度的贸易仍在继续；第二(可能更为重要)，木佐的矿场普遍出现危机。下一章，也就是本书的最后一章会讨论到，碰巧这一时期祖母绿的供应比以往任何时候都要少。

本章所展示的是木佐矿区如何在 17 世纪下半叶复兴，并通过流动和频繁的走私贸易网络将祖母绿偷偷送往国外。从木佐到卡塔赫纳，逃税现象猖獗，摇摇欲坠的西班牙哈布斯堡王朝仍不时证明自己有能力干涉殖民地的商贸事务。由于一系列的欺诈调查，到 1680 年，王室几乎摧毁了新格拉纳达的祖母绿采矿业。然而，

祖母绿仍然从哥伦比亚流向印度，有时数量巨大。在大西洋上，在主要围绕钱币和非洲奴隶而开展的贸易中，祖母绿仍然是走私物品。1656 年的“奇迹之母圣玛利亚”号等一系列沉船证明，航行在大西洋的西班牙宝藏船队仍然运载着大量的祖母绿，同时它们也通过其他方式逐渐被运往东方。越来越多的哥伦比亚祖母绿通过库拉索和牙买加来到阿姆斯特丹和伦敦。到 17 世纪末，通往亚洲的航线也发生了变化。葡萄牙的里斯本和去往果阿的印度航线被取代，祖母绿开始定期并正式随同东印度公司的船只离开欧洲，前往苏拉特、马德拉斯和其他工厂。

第八章　帝国祖母绿的黄昏

1702—1713 年西班牙王位继承战争期间，一中队英国人袭击 189
了铁拉菲尔梅宝藏舰队，当时该舰队从巴拿马海岸的波多贝罗起航后，即将抵达卡塔赫纳。1708 年 6 月 8 日下午至晚上的袭击导致 1200 吨级的旗舰“圣何塞”号沉没，600 多名船员中仅有 12 人幸免于难，而价值数百万银比索的财宝——大部分是秘鲁白银——沉入海底，至今下落不明。历史学家卡拉·拉恩·菲利普斯推测，“圣何塞”号未必载有祖母绿，因为它在驶往西班牙之前正要返回卡塔赫纳，以获取更多的财宝。

然而，“圣何塞”号的姊妹船、幸存的“圣华金”号在耽搁了好长一段时间后，从卡塔赫纳驶往西班牙，船上至少有一些祖母绿。菲利普斯在“圣华金”号的运货单中发现了几包二级和三级祖母绿，据王室估价师判断，价值约为 3200 银比索，于 1711 年装载。[1] 这些祖母绿可能是木佐矿区的税收，但并无相关记录。船上是否可能还有更多未经记录的祖母绿？

涉及矿区周边地区的文献资料表明，在波旁王朝统治的最初
几年，木佐仍然处于危机之中。走私指控满天飞。西班牙王位继 190
承战争后，走私贸易成为整个新格拉纳达普遍的丑闻。1739 年，菲利普五世（1700—1746）将这个殖民地提升为总督区，首府为波哥大。该计划早在 1710 年代就已经提出了。然而，总督区的设立并没有遏制住走私活动，相反，随着哥伦比亚太平洋沿岸大型金矿的扩张，走私情况恶化了——在这些金矿干活的是主要由英

国商人提供的非洲奴隶。[2]

波旁王朝的另一种类型的干预也没能让木佐起死回生。1760年，查理三世（1759—1788）手下开明的大臣们建议由王室接管矿山，并采用科学的采矿方法，试图以此复兴矿区。当时，只有少数勘探者仍在使用挖掘法。然而，即使有王室的关注、投资和科学研究，木佐还是无利可图。1792年，王室的监工嫌恶地放弃了这项国家事业，至少在官方层面，矿场几乎再无产出，直到1820年代初玻利瓦尔解放了哥伦比亚。

18世纪发生了一系列深刻的全球变革。在大西洋流域，变革多源于英法两国的斗争。对西班牙及其殖民地来说，大多数重大变革，包括新的垄断和“罪恶税”，到18世纪中叶以后才到紧要关头。葡萄牙紧随其后，垄断了新近富裕起来的巴西的钻石矿场，并将殖民地的首都从萨尔瓦多迁往里约。和以前一样，收税权和贸易主导权具有重要的利害关系，而火力、航运能力的增强和战争中平民的加入扩大了暴力的规模，用来保卫港口城市的堡垒越来越多。与此同时，法国和英国的观察家们惊愕地发现，在西南亚，纳迪尔沙异军突起，大败邻国，但后来自己身死，波斯也走向衰落。东印度公司的官员也详细记录了莫卧儿帝国的衰落。

这种翻天覆地的变化和命运的逆转当时似乎已司空见惯。
191 1750年代，奥匈帝国和埃及成功地开疆拓土，挑战了奥斯曼帝国的决心。元气大伤的西班牙联合法国对抗英国，四面楚歌的葡萄牙则联合英国对抗西班牙和法国。重要港口（马尼拉和哈瓦那）和整个殖民地（新法兰西和佛罗里达）像游戏筹码一样被交易。复原了的荷兰整合了自己在印尼占有的财产，结果却眼睁睁地看着他们著名的东印度公司因为破产而灰飞烟灭。咖啡和茶真正的成本终于要开始计算了，而且不局限于大都市。人们也开始谈论反帝的“民族”革命。

这些动荡和剧变，以及由此引发的漫长而致命的战争，使珠宝商面临巨大的挑战。他们不仅要正视贸易的中断，还必须面对人们品位的变化。奢华之风绝不会过时，事实上，在资产阶级迅速壮大的繁荣的欧洲城市，这种风气更加平民化。然而，整个欧亚大陆上“巴洛克式的”或“稀世”珍宝的固定市场似乎正在消亡。亚洲古老的火药帝国正在迅速衰落，取代它们的会是什么？毫无疑问，新的政权终会建立，但它们仍然会渴望祖母绿吗？

木佐的衰落

这些天来，我一直在寻找祖母绿，但所有我找到的不值几个钱。这些祖母绿颜色很差，又太小，全部加在一起还不值 2000 银比索。[3]

——1741 年波哥大的一位西班牙游客

1713 年签订《乌得勒支条约》后，西班牙被迫向英国的奴隶贩子开放加勒比海港口卡塔赫纳。该条约也允许有限的布匹交易和其他商品贸易，使过去和牙买加罗亚尔港之间的走私贸易正规化，但同时也扩大了走私的规模。历史学者兰斯·格拉恩研究了西班牙的一些文献，它们详细记载了 18 世纪初西班牙如何在哥伦 192
比亚海岸查获走私船，但是因为这些文献几乎都是关于进港船只承载货物的记录，祖母绿的数据只出现在模糊不清的急需货物的清单中。[4] 与此同时，向新格拉纳达贩卖奴隶的英国官方供应商、政府支持的南海公司（著名的 1720 年南海泡沫事件只是短暂地中断其业务），与历史更悠久的东印度公司交织在了一起。

英国东印度公司在 18 世纪上半叶迅速崛起，同时崛起的还有前一章所述的以犹太珠宝商为主的群体。尽管矿区的奴隶有所增加，但木佐的祖母绿产量并没有提高。东印度公司的书信册证明，通过卡塔赫纳或牙买加的代理人弄到手的少数祖母绿被运往圣乔治堡和印度其他港口，但至少部分因为旷日持久的矿业危机，祖母绿依然是个很少被注意到的影子商品。

进入 18 世纪后，60 年代之前关于木佐的记录很少，当时王室试图复兴木佐，但早在 1702 年，两名矿主（恰好也是当地官员）之间发生了一起纠纷。引起争端的项目位于古老的卡斯卡隆矿区，这显然是一个大项目，雇用了许多非洲奴隶，花费了大约 1500 银比索。[5] 其中一个投资人是玛丽亚·德·托瓦尔·胡斯蒂尼亚诺女士，其父亲、祖父都是 17 世纪该地区最大的矿主。[6] 至于矿工，1704 年木佐的一宗诉讼案显示，非洲奴隶的后代和"协调一致的"土著工人仍一起在伊托科盆地挖掘祖母绿，他们经常一起喝酒斗殴。[7]

其他的档案片段说明当时祖母绿原石普遍匮乏。1712 年，矿主们因为在卡纳瑞维尔矿区发现了一处矿藏而发生争执，但文件里除了提到两位矿主分别是一名牧师和波哥大铸币厂的财务主管外，几乎没有其他细节。[8] 由于一段时间没有收到任何消息，王室官员于 1720 年离开波哥大去视察木佐的金库。他们发现王室的
193 箱子空了，里面只有一把宝石秤和一些文件，包括 1719 年第一季度在伊托科山山坡上收税的记录。[9]

登记下来的祖母绿寥寥无几，但其中有一些颗粒大且成色很好。一条奇怪的旁注提到，4 月登记的祖母绿中，有四分之一抵押给了"蒙波斯的圣约瑟夫先生"。[10] 蒙波斯是一个重要的河港，位于马格达莱纳河下游通往卡塔赫纳的路程的四分之三处，以其经由里奥阿查和马拉开波湖（Lake Maracaibo）的走私贸易而闻名。这是一条线索，但是再无其他。1726 年，木佐的王室矿长写信给

波哥大的上级，恳请把他召回。他说：“这片土地上传染病肆虐，瘟疫和流血事件夺走了许多人的生命，令人不寒而栗。”[11] 木佐矿场的前景堪忧，但波旁王朝的科学家很快就会介入，试图振兴木佐。

共济会和科学家

圣菲和波帕扬两省只能从卡塔赫纳获得成品，别无他途。商人们风尘仆仆地带来金银币、金银锭和祖母绿，因为除了圣菲（马里基塔）在开采的银矿以外（它们每天都因为有新发现而在增加），其他银矿也出产顶级祖母绿。但如今这些宝石在欧洲没那么值钱了，尤其在西班牙，过去收入相当可观的宝石交易现在大幅减少，挖宝的报酬也随之下降。[12]

——豪尔赫·胡安、安东尼奥·乌略亚著，《南美之旅》，1748 年

1730 年代，西班牙学者胡安和乌略亚访问了卡塔赫纳，他们认为欧洲对祖母绿的需求在 18 世纪可能会有所增长，但价格会远低于钻石。宝石学家辛坎卡斯引用了约翰·瓦勒留斯 1747 年在斯德哥尔摩发表的一篇矿物学论文，该文分析了当时北欧的祖母绿价格。成色好的祖母绿，无论大小都属稀有，每克拉 30 到 80 瑞典 194
元不等。据说一克拉的钻石在汉堡至少可以卖到 64 瑞典元，在阿姆斯特丹可以卖到 70 瑞典元。辛坎卡斯最后说，在北欧，优质钻石的价格平均起来大约是优质祖母绿价格的 2 倍。[13]

与此同时，南部的里斯本恢复了昔日宝石贸易中心的地位。1720 年代，巴西的钻石大发现为布拉干萨宫廷注入了新的活力，

随着新财富的诞生，里斯本兴起了新一轮的宝石匠移民热潮。由于宗教裁判所的迫害，犹太人的生活仍很悲惨。但调查员和神学家们惊讶地发现，在启蒙时代，这座城市的石头切割与珠宝镶嵌行业出现了一种全新的异教。

这个流行于外国商人和工匠中的秘密教派就是共济会。1740年代早期，有一起案件牵涉巴黎一位专门从事钻石买卖的宝石商——法国人雅克·穆顿。他和其他几个法国人，外加一个英国人和一个亚美尼亚人一起受到指控，因为他们参加了共济会仪式。这些人都是石匠、珠宝商或药剂师。

这些外国宝石匠的首领是一位名叫库斯托或库斯托斯的瑞士钻石切割师，据说他是葡萄牙唯一的钻石大师，于英国加入了共济会，“书就存放于英国”。调查发现，第二批共济会成员包括爱尔兰人、德国人、比利时人和英国人，其中既有钟表匠、锁匠，也有珠宝商，他们的领袖是一位被称为戈登先生的人。

有证人说，1743年前后，葡萄牙大约共有50名手艺人参加了共济会，目的是经济互助，或许也为了社会公益。被问起仪式的意义时，证人抗议道，他们一直并将永远是虔诚的天主教徒；“宝石俱乐部”是从军事修会的废墟中诞生的，因此不是异端组织，
195 只是秘密的兄弟会，它基于古老的骑士的荣誉准则，仪式并没有宗教性。但是，审判官没有采纳这种说法。宗教审判之后，库斯托被判处流放4年，如若再犯，逐出教会。1746年，库斯托出版了一本书，讲述自己在伦敦遭受的酷刑和审判。[14]

欧洲各地的工匠们，如里斯本受迫害的宝石匠，日益认为自己代表了一种全新的、开明的世界观。有些人自豪地宣称，自己是一个越来越开放、具有怀疑精神的跨国科学团体的成员，他们非常重视改良与创新。石匠们坚持认为，共济会的神秘仪式，本质上是宗教团体那些为人熟识的仪式的世俗版。但他们为什么要

冒险与宗教裁判所纠缠呢？也许是因为要想在不同背景的工匠之间建立社会和经济联系，秘密的入会仪式很有必要。在宗教裁判所的年代，信任总是非常珍贵。想要参与宝石交易游戏，必须加入宝石俱乐部。

1750 年代，在欧洲的其他地区，人们对祖母绿的兴趣完全属于科学的范畴，矿物学家和化学家进行了各种实验，以确定祖母绿的熔度、折射性、硬度、晶体几何形状和其他固有属性。1757 年，以分类学著作《矿物学体系》（*System of Mineralogy*）著称的布吕克曼（U. F. B. Brückmann）对祖母绿的物理性质作了详细论述。他还提到了价格：成色好的祖母绿依然一石难求，但只能卖到差不多大小的钻石价格的四分之一。[15]

不久，西班牙国王斐迪南六世（1746—1759）对科学产生了兴趣。1752 年 11 月，他发布了一道命令，要求臣民收集各种矿物，以便组建皇家自然历史馆，陈列“在陛下南北美洲领地内发现的矿藏”，其中最重要的是“金属和宝石”。[16]

矿石样品从墨西哥和秘鲁各地已有的银矿区，以及菲律宾、智利、巴拉圭和古巴较新的、知名度不高的银矿区涌来。而在没有矿物的地方，稀奇古怪的鸟类和动植物被包装好或关在笼子里 196
送来。启蒙运动也激发了一种看待人类多样性和未知历史的新方式，因此，自 16 世纪以来，整个西班牙帝国首次纯粹出于科学目的收集人种学和考古学资源，而不是出于变革宗教的目的。

但能够赚钱的是闪亮的岩石，而不是漂亮的鸟儿或奇异的起源故事。因此，比较务实的西班牙启蒙思想家们开始重振和扩大采矿业，希望这个行业能像以前一样赚钱。好奇心和盈利能力之间有时只有一线之隔。到 1750 年，人们已经认识到，西属印度群岛最珍贵的，可能也是独一无二的矿产品是新格拉纳达的铂和祖母绿，二者的基本样品都是特别要求的。人们匆匆从堆积了几十年的废料中回收了成百上千磅的铂，运到王室的新工坊。[17] 相比之下，祖母绿不是唾手可得的。事实上，当样品订单抵达时，木佐的矿场已严重衰退，已经 20 多年没有按订单供货。

1775 年，在木佐的矿场由王室任命的官员经营了十几年后，精力充沛的改革者、西班牙国王查理三世收到了一大块嵌着美丽水晶的母岩。两年后，在卡纳维瑞尔矿区幸运地发现了祖母绿之后，一块 4.5 磅以上的一级祖母绿，以及 10 磅二、三级祖母绿和几块具有科学价值的母岩，都被献给了查理三世。

木佐的复苏

1760 年代中期，西班牙王室复兴矿山的兴趣空前高涨。尽管西班牙加入七年战争的时间较晚，但事实证明西班牙不仅代价惨重，而且很丢脸。西班牙的重大损失使查理三世认为，必须想尽
197 办法增加财政收入。从逻辑上说，首先要促进贵金属生产，但其他任何可能带来利润或能用在新产品、医药或染料中的自然资源都应该重视。

说到如何恢复西属美洲荒废的或“落后”的矿场，一般的看法是北欧人最在行。对于习惯自我鞭笞的伊比利亚人来说，寒冷国度的新教徒尤其是理性和纪律的典范，腐朽的西班牙及其未开发的殖民地极度缺乏这种精神。人们普遍认为，殖民者总是忽视西属美洲的科学，乃至本土的实践知识，也疏于学习。

撒克逊德国人更受青睐，但求之不得时，在北欧的大学受过教育的西班牙人也未尝不可。1770 年代，在西班牙新任印度事务大臣何塞·德·加尔韦斯的指导下，特遣矿业考察团组建了起来，并被派往新西班牙、秘鲁和新格拉纳达。新格拉纳达矿业考察团

团长、巴斯克冶金学家德尔胡亚尔抵达木佐后，根据调查结果写了一份简短但详尽的报告（第一章引用了其中一部分）。

然而，早在德尔胡亚尔的报告完成之前，为了提高木佐的祖母绿产量，王室就已经介入。1764 年 2 月 28 日，查理三世下令由王室立即接管木佐矿场。一年多后，波哥大官员派费利西亚诺·卡萨尔（Feliciano Casal）成立王室专营和监管的公司，在此后近 20 年的时间里，卡萨尔一直是国王的亲信。

精力充沛的卡萨尔的正式头衔是“木佐祖母绿矿场财务总管”，他每年从波哥大的王室财政部领取 4000 银比索的补助，作为自己和两名监工的工资，以及 40 名雇佣工人的日工资，还用于支付工具、运输、建筑材料和其他杂七杂八的费用。补贴在某些年份略有增加，在有些年份则出现拖欠。

根据这个启蒙时代会计业务的要求，每一个里亚尔的收入和支出都记入明晰的分类账簿。在那些幸存的账簿中，最厚的一本记录了祖母绿产量最低的年份。大多数年份似乎都入不敷出，但由于王室矿场出产的祖母绿只按重量和等级计算，不考虑潜在的
市场价值，故而事实上不能反映盈亏状况。任期快结束时，卡萨 198
尔试图根据他听说的马德里的时价进行核算，但遭到了王室财政部高级官员的强烈反对。

卡萨尔本来会有几年的好时光，然而尽管将现代科学引入殖民地值得称道，但对祖母绿的开采并未带来任何改变，新机制下工人的生活甚至可能恶化了。1764 年王室接管后，监工唐·马丁·莫拉莱斯立即雇用 8 名工人到特拉扎格兰德矿场采矿。他们每天的工资是 1.5 里亚尔，通宵的话是 3 里亚尔。夜间工作越来越普遍，主要涉及水闸和水渠的维护。

在木佐，可靠的雇工被任命为“水闸工”，负责引导水流冲刷当天的岩屑。选矿的工人寻找矿脉，在他们清除完地表物质后，

到了晚上就把午后降雨的积水排放出来。工资收据显示，其他工人也经常被叫去在晚上干活，要么处理突发事件，要么帮忙将突如其来的雨水引入水坝。卡萨尔的分类账簿中经常出现用于照明的火把。

卡萨尔这样开明的管理者却往往不重视本土知识。到达木佐的头几个月，卡萨尔在信中抱怨说，由于“地势不平，山峦起伏”，他为修建一座新水坝所做的努力白费了。他和他的下属曾试图寻找天然的“福水”，但没有找到，缺乏稳定的水源使他“完全陷入了绝境”。[18] 卡萨尔如果能虚心征求一下当地矿工的意见，就会知道再等几个月问题就能解决。事实上，到了 10 月，“冬天”的第一场雨就如约而至，卡萨尔欣喜地看到水库轻而易举地注满了水，于是他下令再建一个水库。卡萨尔告诉高地的官员：水资源周期性短缺，但真正的问题是缺乏“适应性强的雇工”。

199 卡萨尔刚开始工作就写信给波哥大的上司，痛斥手下那些“不信神”、不听话的工人。他说，本地雇工一无是处，因为“他们生活在根深蒂固的懒散”中。至少在他看来，其中大多数人只是假惺惺地承诺打工，从这个矿场到那个矿场要些钱而已。有些人连续工作两周后，领了工资就消失了。除了威胁他们扣工资外，没有任何办法能迫使他们留在矿场工作，用最小的努力偷取发现的祖母绿似乎才是他们生活的主要目标。卡萨尔想申请一些囚犯来做雇工，但未获准许。

在波旁王朝统治时期，每周的工作时间是周一到周六，从日出到下午 5 点（在这个纬度大约是日落前一个小时），中间有一个小时的午餐时间。晚饭后雨一停，夜班就开始了。尽管有过多次在矿场边建造营房和“监狱”的计划，但几乎整个王室管理时期，木佐祖母绿矿的工人都没有住在矿场，而是住在附近的村庄或伊托科、奎帕马和阿维皮的住宅区里。直到 1786 年，伊托科矿区附近才建了一个矿工工棚。随之而来的是一种新的日考勤制度，雨天的早晨没有工资，根据“体力、年龄和能力”精确计算工人工资等。简言之，矿场的趋势是朝着更加合理的工作制度发展，并随之加强监管。[19]

在1776年的一份报告中，卡萨尔表示，他在木佐头3年（1764—1767）的工作如竹篮打水，投资1万银比索只获得了36马克（约18磅）的垃圾祖母绿。1771年矿场引进了黑火药爆破法，才使此后3年的状况有所好转，有了一些重要的发现，开办了新的矿场，并出产了一些上好的宝石。但是，劳动力问题仍然困扰着这家企业。卡萨尔以几近恳求的语气向上级申请50个“非洲黑人”和“队长”。他说，观察了一个私营矿场主手下一群奴隶的工作状况后，他确信奴隶矿工在4年里干的活，相当于同等数量的普
通雇工6年的工作量。非洲奴隶不仅足够“强壮”，还能够“稳定 200
地”从事采矿工作。卡萨尔似乎没有意识到，他几乎是一字不差地重复了十六七世纪精英们的诉求。

与之前一样，王室官员拒绝了为木佐祖母绿矿购买非洲奴隶的要求。在此情况下，矿场没有承诺他们会有足够的回报来证明这笔支出的合理性。在新管理者的任期内，皇家矿场最终于1792年10月26日关闭。管理者在最后一份报告中写道，他已从圣约瑟夫、圣安东尼奥、埃尔阿瓜迪丁特和卡斯卡隆的矿场寄了50多磅祖母绿给国王的财务官，并说明了这些祖母绿的品质和可能的市场价值。他推测，一块“幸运绿”的大宝石可以卖到4000银比索。[20] 王室官员下令封锁这些矿场并拍卖，但没有买家竞标。到1797年，总督府仍没有找到买家。[21]

别了，矿工

就像大多数拜物主义故事一样，通常是那些姓名不详、面目模糊的工人促成了另一种结局。1792 年，就在王室放弃其开明的垄断项目时，欺诈指控浮出水面。曾在卡斯卡隆和埃尔阿瓜迪丁特皇家矿场工作的几名雇工，被指控私底下把祖母绿卖给了木佐、波哥大和其他高地城镇的各种商人和珠宝商。据称，这些矿工在周末趁着天黑潜入矿区挖掘高级祖母绿，再拿其中的原石精品换取食物和酒。

工人们的小聪明看似可笑，但这起欺诈案或许揭示了木佐矿工们极其悲惨的贫困。其中最不幸的矿工是罗克·马丁内斯，他因试图逃脱警察的看押而被打死。马丁内斯对其行为供认不讳：他把手指大小的祖母绿藏在中空的蜡烛里偷偷带到木佐镇，想要
201 换取一大块牛肉、几条面包或一杯朗姆酒。显然，矿工们每天 2 里亚尔的工资不足以让他们在这个不幸的矿业小镇生活。[22]

1792 年的欺诈调查打开了一扇引人瞩目的窗口，促使人们了解“真正”的祖母绿行业。在官方眼中，矿场已奄奄一息，但私底下在高地与低地、穷人与富人、克里奥尔人和半岛人之间却有十分兴旺的原石和加工过的祖母绿交易。此外，一个无形的贸易网络也将下层矿工与低级宝石匠相连，后者又为了养家糊口再向上交易。这一行业也具有国际性，但关于其状况的线索却十分稀少。1782 年，王室宝石专家普伊格曾向西班牙印度事务大臣加尔韦斯报告，1766 年他到木佐矿区时就发现，最好的祖母绿似乎总是不翼而飞，留给王室的只有一些二等原石的碎片和许多无用的摩拉拉石。普伊格写道：

> 出于好奇，我开始仔细调查从这些矿场流出的所有石头的去向。我发现库拉索岛的公民、一些荷兰商人，委托不同的人购买所有上等的石头。可以肯定的是，其中一个人每年为此投资 2 万银比索，用［祖母绿］来换取藏匿在沿海许多地方的货物。[23]

如果普伊格所言属实，而他看似也确实没说错，因为他提供了比较详细的证词，那么库拉索已经回到（或者从未真正失去）17 世纪早期哥伦比亚祖母绿非法交易中心的角色。买主很可能是现在已为数众多的威廉斯塔德的塞法迪犹太人，他们与阿姆斯特丹和伦敦的宝石切工、批发商长期保持联系。甚至由王室直接管理也无法阻止这些祖母绿的秘密交易，普伊格认为它们是“世界上独一无二的”。

根据幸存的文献记录，王室经营的木佐矿场在长达大约 30 年 202
的时间里都严重亏损。投入总是超过所产祖母绿的价值，这种状况随着时间的推移不断恶化。最后两年，投资 6500 银比索只能出产价值 1400 里亚尔的祖母绿。管理人员在后来的几年里勘探了过去废弃的矿藏，但原有矿藏已枯竭，也没有发现新的矿藏。启蒙时代的基本观点是，早期的矿工都是笨蛋，处理石头时笨手笨脚，错失了借助科学和理性可以发掘的各种好矿石。现代的劳动管理和簿记制度有望解决这些问题。1770 年代初，炸药的使用多少提高了产量，但除此之外，对祖母绿进行文明开采的承诺从未兑现。

火药帝国的结局

18 世纪，波斯萨法维王朝覆灭，印度莫卧儿帝国衰落，而奥斯曼帝国的势力从东欧一直延伸到北非。火药和帖木儿的领导能力似乎已不足以维系幅员辽阔、互不相同的国家。所有这一切都可能影响全球祖母绿贸易，尽管目前还不知道如何影响。纳迪尔沙通过掠夺攫取祖母绿，他的继任者骄傲地戴着那些祖母绿，直到1979年巴列维家族垮台。无独有偶，莫卧儿帝国穆罕默德沙的继承者也披挂大量的祖母绿饰品，直到1947年殖民时代结束。至于奥斯曼帝国，它的许多祖母绿展品可以追溯到18世纪末甚至19世纪初，远在木佐矿场的鼎盛时期之后。嵌祖母绿剑鞘和其他仪式用品的生产一直持续到1922年现代土耳其的建立。

这些事例显示，全球祖母绿贸易的后期阶段和其他一些方面仍有待研究。学者们肯定会探究十八九世纪杰出的锡克教徒和印度教徒佩戴的祖母绿的意义，许多油画和照片都呈现了这些祖母
203 绿。也有些人可能会阐释祖母绿在某些锡克教和婆罗门教寺庙珠宝中的突出地位。正如在一定的基督教和佛教背景下，这些情况下祖母绿的含义必然与它们在伊斯兰世界中的含义不同（假设它们被赋予了意义）。有时，祖母绿似乎只是被用来以一种东方的、浪漫的方式复制莫卧儿帝国的时尚，比如在1790年代，东印度公司的总督约翰·肖尔就有一枚祖母绿图章戒指，上面刻着他的名字和阿拉伯的诗句。

该公司最著名的雇员罗伯特·克莱夫爵士和他的海军上将查尔斯·沃森，收到了孟加拉纳瓦布米尔·贾法尔赠送的一套莫卧儿风格的嵌祖母绿头巾饰品。其中一件头饰现藏于伦敦的维多利亚和阿尔伯特博物馆，饰品的中心有一颗深绿色祖母绿，周围镶着细小的钻石，两侧是红宝石，还悬着一颗珍珠。另一件镶嵌祖母绿的饰品更像羽毛，顶部有一颗极为夺目的祖母绿，中心是一块大而明亮的蓝宝石。对孟加拉的纳瓦布们来说，似乎天堂除了绿色还可以有其他颜色。这份珍贵的礼物获赠于1757年普拉西战

役后。在此次战役中，某种程度上是游历全球的欧洲人引进的一种新型火器打败了贾法尔的前上司纳瓦布西拉杰·乌德-道拉。纳瓦布的祖母绿与阿塔瓦尔帕或波哥大酋长的祖母绿相去甚远，但昭示着英国对印度的统治的开始。

结 语

204 哥伦比亚祖母绿的发现和传播始于 1540 年左右，结束于 1790 年代，但并没有在全球范围内产生变革。和香料、纺织品、贵金属的持续、大量的贸易相比，祖母绿的开采和贸易是微不足道、不正规的。即便在哥伦比亚，祖母绿与黄金相比也是小巫见大巫。但是，正如本书力图证明的那样，在早期近代，祖母绿的开采、跨洋流通、仪式化的消费与“馈赠”依然不只是一个由生产、流通和消费三部分构成的奇妙故事。祖母绿的故事可能比其他几乎任何商品都更能说明，在两个半世纪里，一种珍贵、独一无二却没有明显用途的矿物，其价值和意义在转手和跨越海洋的过程中如何变化。祖母绿在全球背景下吸收了投射到其身上的属性，成了一条永远不需要改变颜色的变色龙。

我认为，祖母绿真正的稀有性、被人为赋予而又有变化的文化属性以及最终的无用性，造就了一种特殊的或许也是重要的商品链。由于祖母绿只见于少数几个偏僻的地方，并且交易量很小，不同的因素，如哥伦比亚最富矿的地理位置，以及像纳迪尔沙这
205 样的中亚独裁者的一时兴起，或者像弗洛伊德和凡勃伦所说的慷慨，让这种“炫耀性浪费”的独特象征更加特别。在遥远而难以想象的土地上，祖母绿的生产需要历经千辛万苦，买卖祖母绿通常也要冒很大的个人风险（因此是秘密进行），这些事实最后可能只是增加了它们的神秘感。

在比较世俗的层面上，航海和火药时代祖母绿的历史以不

可预测的生产和消费周期，以及全球贸易流动中的起伏不定为标志。如果说有什么讽刺性的话，那就是许多人认为这种宝石只能来自“古老的”东方，但它们实际却来自“不成熟的”西方。在以前对印度群岛的理解中，人们认为东方和西方不是互补的，或者是互为镜像的，而是简单地向欧洲人提供他们新获得的权力和财富所要求的奢侈品。祖母绿（还有西属美洲的白银）主要流向亚洲的伊斯兰火药帝国，而不是基督教欧洲分散的宫廷与城市，这一点支持了近来的一种观点：至少从商业和人口角度看，早期近代存在不同的权力中心。穆斯林占统治地位的南亚和西南亚或许缺少中国的经济引力，关于白银—纺织品贸易的研究已证实这一点，但差距并不大。

如果说莫卧儿印度不是一个传统的中心，那么殖民时期的哥伦比亚则完全是一个传统的边缘地区：人口稀少，依靠强迫劳动生产原始的商品，服务于遥远的城市。然而即使在这里，也有其他故事可以讲述，如走私、反抗、合作、背叛。经常性的山体滑坡、飓风和其他环境因素增加了恐怖、韧劲和幸运的成分。即便是征服者也忍不住讲述并美化那些注定失败的突围、狡黠的游击队，被蛇咬、掉落陷阱和可怕的“24 小时夺命草药 ”的故事。哥伦比亚似乎有自己的《丛林故事》。尽管传说中的木佐人曾经那么奋力抵抗西班牙侵略者，但他们最终也被现代社会所遗忘。他们
曾经令人生畏的名字“木佐”，如今已成为全球公认的完美祖母绿 206
的颜色标准。

对于跟在木佐人和穆伊斯卡人后面进入乌黑矿井的非洲奴隶矿工，还有依托科河、科斯凯兹和索蒙德科，我们知道的都很少。对他们的混血后代，同样了解不多。偶尔有人从地狱中走出，简短地说起自己和伙伴如何循着一条看起来很有希望的细脉找到了闪闪发光的富矿带。有时，有人会断断续续地提到在矿场干活的

非洲女奴，或一个为营养不良的孩子而悲伤的母亲。其他一些文献提起了逃跑的人们，自由的黑人和黑白混血走私商，地位较高的雇佣工和奴隶。他们的世界是复杂的，有时甚至是矛盾的，正如迈克尔·陶西格对当今哥伦比亚成千上万非洲裔金矿主的看法：和他们的美洲原住民祖先相比，他们的世界清除得更干净。[1] 如果本书再现、充实了一段沉默的历史，那就是“黑人”和“底层”木佐人的历史。

关于矿主，我们知道得更多，或者至少文字记录更多。他们的所作所为，今天看来似乎没有什么值得一夸。但是，即便对白人来说，木佐也不是一个容易到达的地方，只有少数人逃到了更健康的地方。一代代西班牙人、葡萄牙人以及其他欧洲征服者、民兵、自由勘探者和他们的妻子、寡妇想方设法做的，无论其好坏，是让木佐保持生产，尽管他们遇到了所谓《圣经》中的挑战（只有吃蝗虫和长疖子没有提到）。矿主们持久的希望和绝望的恐惧可以说是让祖母绿在世界市场上生存了好几个世纪的动力。

当地的精英在没有王室、教会或地方当局帮助的情况下，继续把钱投到祖母绿矿山，并且经常承担现代企业很少会考虑的风险。随着时间的推移，矿主们和下属做交易，目的是分散风险，将资本支出最小化，但至少在一定程度上减轻了最严重的虐待行
207 为。实用主义，而不是基督教的慈善，决定了这些妥协。无懈可击的监视对富人来说是不可能的，就像穷人不可能将宝贵的祖母绿完全保密一样。王室调查员的报告暗示，新来者很难理解由此导致的骗局的界限和规则，而这又助长了关于猖獗的税务欺诈和走私贸易的谣言。

对于那些注册过和冒着极大的个人风险越洋走私哥伦比亚祖母绿的商人，我们也知之甚少，但还是有一些好故事。从那些碎片中浮现出的是一些商人个体或半秘密的商人团体，他们往返于

卡塔赫纳、里斯本、伦敦和果阿等遥远的城市。我们最了解的是处于全球珠宝贸易核心的几十个塞法迪犹太人家族，因为他们不走运，生活在一个宗教偏执的世界。他们的情况和某些亚美尼亚人、巴尼亚人和古吉拉特人一样，在没有国家一直保护的情况下，家族关系使珠宝行业有利可图，值得冒生命危险。难得有像库特这样的人，在个人的叙述中提供了更多细节，如珠宝贸易的具体风险和回报。档案中的犯罪调查记录则往往添油加醋，而不是解开早期近代珠宝买卖的神秘性，虽然像“阿托查夫人”号那样的大沉船偶尔也会证实我们最疯狂的怀疑。

对于欧洲、美洲和亚洲的祖母绿消费者，我们至少在品位和功能方面知道得较多。在早期近代的西方，祖母绿基本上是女性的配饰，虽然不像凡勃伦可能说的那样只是一种“浪费的”东西。没有祖母绿，半岛或殖民地上一个西班牙女子的嫁妆就是不完整的，而嫁妆不仅是具有象征性的资本。大量祖母绿也作为献给仲裁者和保护神的祭品拿到天主教圣徒面前，它们经常“安放”在当地或家乡的神殿里。在哥伦比亚，过去和现在的保护神都是奇金基拉圣母，离木佐矿区非常近。恣意的虔诚无疑是炫耀性消费的一种形式，但从另一个角度看，是圣徒或当地的狂热信徒争相把他们的神要求的宝石聚敛在一起。这样说来，祖母绿和 208
黄金或钻石一样，是一种神圣的东西，它们祈求被开采、被打磨，然后堆回到神圣的地方。

而在亚洲的大部分穆斯林地区，祖母绿找到了一个明确的男性市场，被作为护身符佩戴或在头巾饰品中着重展示。也有一些镶嵌在沙、苏丹或王储用的圣水瓶、剑鞘和箭筒上，最大最好的哥伦比亚祖母绿用来映照神灵神圣的生殖能力。萨法维人、奥斯曼人，尤其是莫卧儿人，把先知的愿景和旅程浓缩成了天堂里的绿色牧场和棕榈树，而不是尘世中的其他物质。镌刻一句感谢万能者的诗句，或穿在一串念珠项链上，还有什么能比祖母绿更好地象征保护？又有什么更好的礼物能让一个君主希望得到或赠予？或者如纳迪尔沙那样从竞争对手那里窃取？

从 18 世纪西方科学发展的角度来看，祖母绿不再和太阳的神性、治疗蛇咬和预卜未来有关，它甚至丧失了女性贞操的监护权。如果说祖母绿是特殊的，这是因为它有独特的化学成分、奇特的晶体形状、一定的硬度、特定的比重和折光率。祖母绿只是自然界众多矿物组合中的一种，“神秘”只是因为它是一个有待解决的数学难题。只要有毅力与合适的仪器，它可以被正确地归类，或许将来某一天还可以在实验室里合成。对商人和王室管理者而言，祖母绿最终沦为现代新古典意义上的一种商品（因此在马克思主义意义上是一种“纯粹的”拜物）：祖母绿的价值只是由供求关系决定的市场价格的函数。

从科学和“原始”经济价值的角度评价祖母绿带来了一种新的叙事，某个版本的历史，其中那些开采祖母绿并为此而死的人就个人而言无关紧要。劳动力不过是一种麻烦的生产因素或生产
209 实际，就像过多的降雨或山体滑坡。他们被认为没有技能、无知而且无名无姓。他们只有被“管理”，因此只有管理者，外加地质学家和工程师，才能指导人们如何与大自然作斗争，用理性、有效（盈利）的方式挖掘宝石。当浪漫主义者塑造神秘的勘探者时，他们会认为他是一个头发花白的白人，而不是一个印第安人或以前的奴隶。

实际上，阿兹特克人和印加人在股东报告或香料拍卖目录中可能随处可见，还有一两个征服者，但是木佐人和奴隶，还有祖母绿本身的神秘性都消失了。伊比利亚全球贸易鼎盛时期那些爱冒险的犹太商人也不见了，掠夺成性的帝国主义者披着神圣的外衣，不时剥夺他们的财产，折磨甚至杀害他们。随风而逝的还有

威武的亚洲国王和苏丹，他们聚敛也赠送了大量这种天堂里的绿色石头。他们那些靠火药支撑的帝国如今已成为遥远的记忆，他们虚弱的后代悲伤地提醒我们有一双变幻无常、看不见的历史之手。到 19 世纪早期，只有民间传说、化学和像寻找圣杯那样的愿望在操纵或控制着国际价格。只有在近代世界体系的边缘，那里蛇还在咬人，女性的贞洁没有保障，人们才能找到那个更神奇、更危险的时代的蛛丝马迹，那时祖母绿不仅是闪闪发光的绿色岩石。

后记　从英国的冒险家到今日的祖母绿老板

210 哥伦比亚祖母绿的故事没有随着火药帝国的衰落和覆亡而结束。1820 年代哥伦比亚独立后不久，由于英国的利益和当地的主动，木佐矿山重新开发，尽管它们仍在挣扎中。19、20 世纪之交，哥伦比亚和欧洲建立或解除了各种各样的伙伴关系，大多数祖母绿通过阿姆斯特丹、安特卫普、伦敦和纽约销往欧洲和美国市场，一些祖母绿被送到加尔各答切割、抛光。1910 年左右，政府试图接管木佐，但没有成功，矿山回到了私人手中。这时，美国的投资者和工程师开始取代英、法、德人士。

1890 年前后，在契沃尔村附近重新发现了征服时期的索蒙德科矿山，推动了主要发生在 20 世纪二三十年代的又一轮外国投资和一些大发现。在大萧条和第二次世界大战之后的新一波国有化浪潮中，哥伦比亚的国有银行接管了木佐矿区（契沃尔依然归私人所有）。1950 年代，推土机和炸药提高了木佐的祖母绿产量，但是这个国家封闭的新体制滋生了腐败和日益猖狂的走私活动。到 1973 年国家放弃经营时，祖母绿老板，或称“埃斯梅拉达拉斯”
211 （*esmeralderos*），已成为事实上的封建领主，拥有相互交战的私人军队。尽管现在他们的形象是富有的商人，而不是挥动着手枪的探矿者，但是撰写本书时，名叫“大耳朵佩德罗”之类的祖母绿老板仍然控制着木佐。

资本主义时代的祖母绿开采

在 1792 年王室试图垄断而失败之后，木佐的祖母绿开采可能仍在小规模地进行。1824 年哥伦比亚独立后，西蒙·玻利瓦尔的一位友人何塞·帕里斯·里考尔特（José Ignacio ‘Pepe’ Paris y Ricaurte），还有苏格兰海军上将、拉丁美洲独立事业的功臣托马斯·柯克伦爵士的兄弟查尔斯·柯克伦，试图大规模重新开发木佐矿山。[1] 秘鲁博物学家马里亚诺·里韦罗（Mariano Rivero）加入了他们的行列，他还协助一个法国团队成立矿业学院，在波哥大建立一个全国性的矿物陈列室。这 3 名企业家和大哥伦比亚羽翼未丰的政府签订了合同，取得了祖母绿开采的 10 年垄断权，条件是上交销售收入的十分之一。

尽管抱着很大的希望，这家公司还是失败了。显然，该责备的不是矿山，而是负责人的漠不关心，因为柯克伦和里韦罗很快就转向了其他事务，把帕里斯一个人留在哥伦比亚。1828 年，帕里斯修订了合同。在几乎没有资金和重大发现的情况下，1830 年帕里斯再次和国家政府就合同条款重新谈判，把交给国家的份额降到了销售收入的 5%，对木佐原矿开采的专有权则延长到了 20 年。[2]

那些矿山依然没有产出，帕里斯被到处找收入的波哥大财政部官员纠缠。大哥伦比亚在分崩离析：1830 年，委内瑞拉和厄瓜多尔宣布自己为主权共和国，解放者玻利瓦尔逝世了。最后，帕
里斯的一个兄弟邀请英国的一名采矿工程师乔治·切恩来检查情 212
况。出乎意料的是，切恩建议重新回到露天开采，即基本回到前哥伦布时代的方法。[3] 1835 年的政府人口普查显示，整个木佐地

区只有 7800 名居民，是哥伦比亚人口最少的地区之一。[4]

一旦打开水闸，就像从前一样，木佐传说中的矿床开始出产宝石。1839 年，帕里斯从哥伦比亚来到欧洲，他卖掉了一些祖母绿，也展示了他在木佐发现的其他一些独特的晶体。其中有一种奇怪的琥珀色矿物，作为宝石太软了，却引起了科学家和收藏家的兴趣，为了纪念他就将其命名为“帕里斯特”（Parisite）。帕里斯把出售祖母绿的部分收入用来和意大利雕塑家彼得罗·特内拉尼签订合同，让他为玻利瓦尔建造一座青铜雕像，就是现在矗立在波哥大主广场中心的那座。这座雕像在慕尼黑铸造，然后用船运送，艰难地沿马格达莱纳河逆流而上，翻越群山，最后在 1845 年举行的盛大仪式中抵达首都。帕里斯回到哥伦比亚继续经营木佐矿山，直到 1848 年合同到期。[5]

1847 年 6 月 9 日，托马斯·莫斯克拉将军正式宣布哥伦比亚的祖母绿矿藏为国家遗产，要接受拿薪水的爱尔兰采矿工程师托马斯·法伦的指导。在法伦的努力之下，一年内出产了 6 万多克拉的祖母绿，但是出于成本的原因，政府很快选择恢复合同制。这次合同到了胡安·马丁及其英国合伙人帕特里克·威尔森的手中，他们同意 8 年内上交 5%的销售税，外加年租金 14.2 万银里亚尔。虽然所费不赀，但该协议为投资者带来了回报。据说至少有 120 个人在工程师法伦手下干活，而法伦直到 1850 年才离任。[6] 1850 年参观过木佐的曼纽尔·安茨扎这样描述矿区的情形：

> 为了寻找祖母绿矿脉，工人们以令人钦佩的灵巧滑下一堵近
> 213 乎垂直的墙，用铁棒凿出立足处，直到到达指定位置，开凿出一个工作台，或者在墙上垂直凿切出楼梯。第一次目睹这项工作的人害怕看到工人随时从岩石上掉下来，在坑底被压碎。事实上出现过这样的情况，由于脚底不稳或岩石从上面掉下来砸到腿上，

> 他们一直掉到下面的天井里，摔得粉碎。可以肯定的是，只有习惯和竞争的力量才能激励矿工们如此大胆、漠然，从一个摇摇欲坠的立足点走到另一个，仿佛他们是一堵直墙上的蚂蚁。他们在工作台指定位置排成一排，然后开始挖土、铲土，挖出一大堆土，一路滑下去堆成一堆……等到堆得足够多时，监工就会摇响一个铃，早已在观察的水闸工便打开水闸，让湍急的水流从山顶一路冲向天井。在正确引导下，水流带走了废土堆中所有积累起来的岩石和泥土，然后通过排水隧道排出天井。这个过程要重复好多次，最终露出许多水平或对角的方解石脉和石英脉，在这些脉体的内部，人们找到了渴望的祖母绿。它们存在于绿色的石英晶体、一些被称为“绿泥”的小晶体，还有明黄色及彩虹色的黄铁矿细脉中。最后出现的则是大块的晶体，它们的中心有宝贵的祖母绿在闪烁着光芒。[7]

安茨扎对于木佐这个有近 300 年历史的古老殖民“城市”的
印象远没有那么深刻，认为现在它不过是“阴郁、悲惨的木佐
镇”。就像在进行一场浪漫的旅行，安茨扎充满爱意地描述了砖石
废墟，当地居民都知道那是殖民时期 5 个教堂和至少 2 个修道院
（曾有 3 个）的遗址。现在所有这些建筑都已被遗弃，长满了树木
和藤蔓，“和谐地守护着荒凉、古老的别墅”。[8] 安茨扎发现，甚
至连教区教堂也被废弃，牧师也没有，200 多名居民（大一点的教
区有 900 人）中，大多数人贫病交加，文化水平低下。有鉴于此， 214
他下结论道，木佐毁于它自己的贪婪。他说，木佐梅毒肆虐，60%
的婴儿是私生子。他这样描述 19 世纪的大多数矿业小镇。

不管是否病态，在安茨扎离开之后，木佐及其矿山都运转良好。据奥特罗·穆尼奥斯介绍，在 1858 年的 3 个月里，工人们发现了 19 磅高品质的祖母绿。马丁和威尔森想办法把合同延期到

1861 年。在哥伦比亚旷日持久的内战期间，木佐矿未能吸引到新的投资者，但他们继续代表国家经营，由爱尔兰人法伦管理，直到他 1863 年去世。

下一个祖母绿承包商是法国人古斯塔夫·莱曼，1864 年他答应用 1.47 万银比索的租金换取 10 年的垄断权。工人们被鼓励和他签合同，这样可以免服兵役。1865 年 2 月初，莱曼至少享受了 3 天的幸运时光，当时他们找到并登记了 6.694 万克拉的祖母绿。但 1870 年，国家政府宣布该协议无效，并向公众开放了木佐和科斯凯兹地区的许多矿山。

欧洲和哥伦比亚的公司纷纷对个别矿山进行投标，包括科佩尔和施拉德尔公司、皮塔·列文森公司、胡安·索尔多公司、古斯塔夫·莱曼自己以及博亚卡政府。在波哥大出现了一些针对欺诈的尖锐谴责之后，哥伦比亚政府设立了“木佐矿区巡视员”的岗位。[9] 被任命为巡视员的费列佩·帕乌尔是早期殖民时代以来最早呼吁改善工作条件的官员之一。从法伦执掌矿山以来，帕乌尔就断断续续地当着国家的雇员。

1875—1885 年，国有矿山，包括自从殖民时代以来就为人所知的木佐几乎所有矿区，都由一群哥伦比亚的投资者经营，其中大多数人有显赫的姓氏，如桑佩尔、乌里韦、雷斯特雷波。胡安·索尔多是主要的承包商，他答应每年支付 2.0606 万银比索，工人们也按照当时的标准豁免了兵役，但很难说这更有利于他们
215 还是公司。[10] 在索尔多承包矿山期间，昆迪纳马卡省和博亚卡省（当时称“主权国”）之间因为管辖权问题而争吵，解决方法是大家分享祖母绿年金。

1886 年，国家收回了对矿山及其收入的合法的独家控制权，此时的新承包商是英国人洛伦佐·梅里诺。1894 年，矿山又到了法国人亚历山大·曼奇尼之手，这时国家每年收取 3 万银比索租

金，外加40万银比索以示诚意。公开投标造成了高昂的准入成本，而曼奇尼的王牌是他所代表的公司：英国矿业有限公司辛迪加。[11]

1896年，采矿业务移交给了辛迪加的地面人员克里斯多夫·狄克森。尽管从1899年开始，保守党记者就断言该辛迪加牺牲国家利益赚取了几百万银比索，曼奇尼还是提出终止合同，用50万银比索的价格把矿区还给政府。但该提议被忽视了，在随后的千日战争中，该辛迪加面临更大的问题。工程师恩里克·冈萨雷斯被指控为他的叛军营招募矿工，这是征服时期的准军事主义的死灰复燃。即便在1901年合同给了哥伦比亚人洛伦佐·库埃利亚尔之后，四处流动的准军事组织带来的麻烦仍阻碍着采矿业务。留在木佐的工程师狄克森被当作嫌疑人，带到高地接受审讯。[12]

哥伦比亚祖母绿有限公司

千日战争于1902年结束后，哥伦比亚政府开始重新谈判并整合债务，他们的一个策略是用祖母绿矿的租金来支撑新的金比索。尽管面对重重困难，1902年11月到1903年5月，登记在案的还是有大约26.8211万克拉祖母绿，这时的矿山由领薪水的监工负责管理。尽管有外国专家在场和资本的大量投入，但或许除了进一步 216
使用炸药之外，祖母绿开采自殖民地时代以来似乎没有什么变化。交通运输也一样落后，1903年从木佐矿区发往波哥大的一封急件说明了这一点：

财政部：

今日晨7时，20名士兵和老莱奥维希尔多·尼托（Leovigildo Nieto）护送祖母绿离开此地去波哥大。米内罗河水涨得很高，渡河时一头骡子不幸淹死。过河后继续前行时，另一头驮着祖母绿的骡子想从另一条路折回。赶骡子的雇工想拦住它，结果它掉到了河里，至今没有找到。我会继续尽我所能寻找运输工具。我从木佐郊区回来找时，接到通知说矿长马尔多纳多摔断了腿，所以我决定返回矿山。刚才我已派一名雇工去乌瓦特找泽农·索拉诺医生。

您的仆人

埃斯塔尼斯劳·弗兰考[13]

此外，由士兵护送表明当时还有安全问题，弗兰考和马尔多纳多都曾把他们在矿区附近发现的“可疑人”送到波哥大。丢失的骡子的骨架后来找到了，但是没有祖母绿的踪迹。

从 1904 年到 1909 年，这些矿山由哥伦比亚的一家私人公司经营，即“出口商银行”或“木佐工会”。它运营得很成功，并给了政府它那一份收入。1904 年 3 月 29 日至 1909 年 6 月 11 日，该公司登记了 73.7047 万克拉的一级祖母绿，二级 70.4812 万克拉，三级 126.8017 万克拉，四级 173.8559 万克拉。这些宝石以 217.7008 万银比索的价格售出，而其成本为 60.6866 万银比索。虽然我们很难知道这个时候采用的评级术语的确切含义，但它们和殖民时期木佐矿山生产的祖母绿一样好。1907 年 5 月发现的一颗大祖母绿重达 2462 克拉，被称为“伟大的自由意志”。[14]

1909 年年初，合同签给了一个在伦敦注册为“哥伦比亚祖母
217 绿有限公司”的英国—哥伦比亚辛迪加后，一场国际争端立刻爆发。有一种说法是，该公司与南非钻石在德兰士瓦的利益有关，它把祖母绿原石送到阿姆斯特丹、纽约和加尔各答切割。这笔交易花了该公司 10 万英镑，主要是由 1904 年至 1909 年的辛迪加领导人之一 ——劳雷亚诺·奥尔蒂斯安排。另一个说法是，这笔钱

是25万英镑，另外还给了前辛迪加7万英镑赔偿金。1910年5月，由于哥伦比亚政府的强烈谴责，该合同被取消。[15]

和该公司解除合同引起的激烈争论持续了数年，争论的内容常常也很具体。保守党政治家劳雷亚诺·戈麦斯还是一名年轻记者时就崭露头角，在报纸上辩论此事。[16] 政府律师弗朗西斯科·蒙大拿在其1915年的小册子《祖母绿租金》（*Renta de esmeraldas*）中说，某种程度上因为欧洲糟糕的切割技术，哥伦比亚上当受骗了。他认为，这家公司和安特卫普钻石抛光师的交易是一场经济灾难，因为“这些钻石专家对祖母绿的切割和销售一无所知”。他质疑，为什么祖母绿不在哥伦比亚切割？这里从来不缺训练有素的宝石匠。[17] 无论真相如何，1910年代的辩论没有把外国的投资者、勘探者和工程师赶跑，其中一些人只是因为科斯凯兹和契沃尔放弃了木佐。

1889年，弗朗西斯科·雷斯特雷波发现了契沃尔或索蒙德科矿山，然而直到1912年，雷斯特雷波的合伙人弗里茨·克莱因才开始运营矿山。随着第一次世界大战的爆发，这个项目很快就流产了，克莱因直到1919年才回到哥伦比亚。这时，他的特许权已被卖给了纽约的哥伦比亚祖母绿发展公司。该公司雇用克莱因当经理，他拥有许多重大发现，包括632克拉的帕特里西祖母绿（Patricia Emerald），目前收藏于纽约的美国自然历史博物馆。

1933年，克莱因离开了哥伦比亚，当时政治暴力席卷了该地
区，致使许多矿山关闭。1941年，克莱因出版了一本附有插图的 218
回忆录。[18] 英国工程师彼得·雷尼尔也是如此，1942年，他发表了一篇自我吹嘘的文章《绿色的火》，描述他在契沃尔的工作。[19] 直到“二战”之后，这些矿山才由特拉华州的契沃尔祖母绿矿山公司重新开发经营。就是在这些年里，附近瓜特克村里一个名叫维克多·卡兰萨·尼诺的小男孩学会了欣赏祖母绿。

1920 年到 1927 年，哥伦比亚政府再度经营木佐矿山，但据说仍以失败告终。然而也有成功，据加西亚·曼哈雷斯和瓦加斯·阿亚拉说，1924—1927 年矿区关闭之前他们开采或登记了 26.5 万克拉祖母绿，但大概大多数祖母绿品质不好。1931 年，纽约的奥斯卡·海曼兄弟和哥伦比亚政府签订了垄断合同，切割木佐的祖母绿并销往全球，但是和哥伦比亚祖母绿辛迪加之前 20 多年的合同一样，这笔交易也受到了尖锐的批评。在大萧条期间，海曼兄弟自然也想赚钱。在保守党的领导下，1930 年到 1932 年博亚卡也发生了大规模的暴力事件，使矿区停产并恐吓了自由党矿工。

从 1933 年开始，政府试图复兴这些矿山，但也未能产生利润。1933—1938 年只生产了 9.3287 万克拉的祖母绿，2.5645 万克拉的摩拉拉石或垃圾石，且没有一颗属于一级。最后在 1945 年，部分是因为大萧条时期的立法，木佐祖母绿矿被移交给了国家银行。为了顺应泛拉丁美洲经济民族主义的趋势，哥伦比亚政府于 1940 年成立了矿山和石油部，开始接收国家众多的矿藏。此外，国家还干预了宝石切割行业的发展，使它几乎完全集中在波哥大。

垄断与谋杀

直到 1947 年，国家银行才开放木佐的采矿业务。正如在殖民
219 时期，在此期间据说有一些矿工偷偷摸摸地潜入了老矿区。在混乱不堪的边境地区，“自由开采”一直是主要的生存手段，因此矿山开放后一定程度上加强了警戒。1947—1968 年，登记的产量总计为 46.375 万克拉宝石级的祖母绿和 225.0495 万克拉的摩拉拉石。然而，在整顿的过程中出现了更多的党派暴力和政治化的土匪，如何塞·马里亚索萨。1960 年代末，在当地招募的保守派警

察和被称作“*chulavitas*”的杀手崛起，他们的所作所为很快就扩散了木佐一带的祖母绿地区。[20]

国家银行的生产数据听起来可能不错，但是就和王室统治时期一样，木佐的收益从未接近于足以和成本相抵。事实证明，采矿工程师、银行任命的主管米格尔·阿尔瓦雷斯·乌里韦尽管做出了最大的努力，但和他殖民时期的前任一样还是不够。乌里韦曾公开对媒体上木佐是“受诅咒的宝藏”的言论一笑而过。1948年4月9日，自由党领袖豪尔赫·埃利塞尔·盖坦被暗杀。在随后的暴力行动中，哥伦比亚陷入混乱，而这时木佐开始运营。[21] 木佐的暴力不断升级，以至于1949年9月至1951年1月，许多矿山不得不关闭。形势一直紧张，但是就在1951年5月9日木佐矿重新开放后不久，有了重大发现：矿山开采了两块晶体，一块重1796克拉，另一块重1483克拉，它们一直是国家银行藏品的骄傲。

20世纪五六十年代，银行和联邦政府尝试各种方案来拯救矿区。1968年6月，立法者试图成立国家祖母绿公司，结构类似于哥伦比亚国家航空公司。但是，该计划在当年晚些时候被放弃，矿山交给了哥伦比亚矿业公司管理。这家国有公司于1969年登记的祖母绿总销售额接近440万美元，然而麻烦又在酝酿中。[22] 甚至在此之前的1960年，科斯凯兹附近的佩尼亚斯布兰卡斯秘密的新发现就导致了一系列仇杀。

在1965年去世之前，被媒体称为“祖母绿之战”的策动者埃 220
弗拉因·冈萨雷斯，已在两个在国有矿区工作的兄弟的帮助下结束了非法的祖母绿贸易。在更多的杀戮之后，一个新的祖母绿老板出现了，他就是温贝托·阿里扎，绰号“天鹅”。但是，一个更微妙的人物，长大成人的维克多·卡兰萨·尼诺，在投资者和卡塔赫纳的长期法律合伙人胡安·比塔尔的帮助下，已在静候时机。这些人来自契沃尔，不久将主宰木佐。他们成立了一家叫“TecMinas”的公司，卡兰萨开始从那些愿意出售的人手中收购单颗的祖母绿原石。[23]

人类学家玛莎·罗哈斯可以直接接触哥伦比亚矿业公司的官员和数据，她也利用了《时代报》记者艾贝尔·罗德里格斯收集的信息，在此基础上最全面地描述了1969—1973年动荡时期的木佐，当时矿山因为社会和经济原因关闭了。那时罗哈斯亲自去木佐显然太危险了，警察设置了路障，官方只允许矿工和其他当地人出入。

哥伦比亚矿业公司将不产祖母绿的土地出租给当地农民养牲畜、种庄稼，以便为合法雇用的矿工提供食品。然而，成千上万名“掘宝人”，或者说是漂泊不定的采矿者的到来，让农民生活十分悲惨。据说掘宝人在夜里偷庄稼、牲畜，并随心所欲地在围着栅栏的公司矿区里寻找祖母绿。这些入侵者是农民的敌人，但他们也找到了朋友。数百名公司官员、警卫和警察很快就被发现与掘宝人串通一气，允许其偷偷地开采祖母绿，而他们能从中分得一杯羹。

在1970年代早期，大约有3万名掘宝人的家庭生活在易受洪水侵袭的峡谷里，油布棚子就是他们的家。一条面包的价格是波哥大的4倍，因此这些寻宝人千方百计养家糊口。即便他们运气够好，能从公司顺着水流排出的废弃物或非法的隧道中找到祖母绿，
221 他们也不得不面对背信弃义的伙伴、普通的小偷或罗哈斯所说的“绿色黑手党”。虽然哥伦比亚矿业公司实际上保留了购买甚至是切割木佐和周边地区发现的祖母绿的权力，1969年矿区重新启动后，一个买家和宝石匠构成的地下网络很快出现了，让人想起两个世纪前王室垄断的时代。

至于这片无法无天的土地上的法律，掘宝人早已习惯接到通

知，建议他们6小时之内离开，不听警告就会被杀。据罗哈斯说，最好的保护是组成有6名或8名会员的单位，他们通常是亲戚，然后在购买者中寻找赞助人，为他们提供工具、食物和其他东西。只要能得到他们的那一份，警察也是必不可少的保护者。这时的大多数掘宝人据说都聚集在“万灵溪”，清洗夜间非法开采的矿石，早上7点前买家们就排好队迎接他们。和现在一样，许多掘宝人在地下开采时要用到矿用电石灯或手电筒、镐和短柄大锤，那些买得起的人还会使用炸药和电动工具。

哥伦比亚矿业公司开发利用了木佐、科斯凯兹和佩尼亚斯布兰卡斯的大量资产。虽然推土机现在是标准设备，但旧的采矿技术仍然存在。推土机把陡坡的顶部刨掉，尽可能形成平缓的斜面，使老式的平台可以扩大范围或打开。和殖民时代一样，这些都是由人用撬棍从上到下来做，然后用位置较高的水库里蓄积的水定期冲洗，再用推土机将随后堆积在矿区底部的碎石堆清除掉。风钻被用来粉碎特别坚硬的物质，但一旦岩石开始“有颜色”，开采宝石的工作就要用手来完成。哥伦比亚政府收到报告说，祖母绿老板或绿色黑手党家族之家的暴力事件增多，又得知尽管秘密的祖母绿交易很兴旺，但这些矿山仍出现巨大的赤字，于是于1973年7月决定关闭矿山并驱逐掘宝人。

木佐矿区关闭后的几十年里，和祖母绿有关的斗争有增无减。 222
从祖母绿中赚来的钱被投资于新兴的毒品贸易或者相反，吸引了新人参与，提高了赌注。尘埃落定后，一个祖母绿老板取得了统治地位，他就是卡兰萨。卡兰萨还是个孩子时，是博亚卡北部高地的掘宝人，现在已人到中年，成了所谓绿色黑手党中的老板的老板。1990年，他在奇金基拉主教的帮助下促成了祖母绿地区的和平协议，证明了自己的实力。即便在和平之后，也有丰富的记录说明他在祖母绿地区和他拥有牧场的东部大草原赞助准军事组织和自由职业杀手。

尽管卷入了血腥的暴力和毒品走私，21 世纪初还被联邦政府羁押，在我写作本书时，卡兰萨在商界已有许多仰慕者。近些年，珍妮特·埃拉索·霍伊费达撰写的卡兰萨传记，一方面承认他通向权力的道路是残酷无情的，另一方面也称他为“祖母绿之王”，认为他是霍雷肖·阿尔杰所著《衣衫褴褛的迪克》的哥伦比亚农民版。卡兰萨也有可能成为塞西尔·罗兹，许多国际珠宝商视他为能控制哥伦比亚祖母绿在世界范围内的流通以保持高价的关键人物。[24] 普通人也同意这个观点吗？我曾多次去木佐、科斯凯兹和契沃尔，我一直不敢问太多问题，因为担心会进一步危及早已处于极大危险中的人们的生命，但是当霍伊费达采访木佐的人们，尤其是女性时，她发现他们对卡兰萨没有什么好感。他们说，在带来和平的过程中，他只帮助了他自己和波哥大以及外国的大股
223 东，并没有做任何事情来减轻矿工家庭的贫困。同时，哥伦比亚祖母绿在印度重新流行，一个庞大的印度中产阶级的崛起推动了莫卧儿王朝珠宝时尚的复兴。

关于度量衡的说明

和大多数宝石一样，祖母绿的重量以克拉（carat）为单位，224
现在 1 克拉等于 0.2 克。原来的单位 karat 或 *qirat* 指重量几乎一致的角豆树种子。在早期近代，大多数欧洲和地中海珠宝商都用“克拉”（葡萄牙语和西班牙语为 *quilate*）这个单位。在本书所涵盖的时期，南亚和中东采取了几种不同但相似的宝石计量制。或许是因为对这些计量制一无所知，在新格拉纳达和西属印度群岛，通常将金粉的重量单位用于祖母绿。一般认为，1 卡斯特拉诺（*castellano*）重 4.6 克（100 卡斯特拉诺等于 1 卡斯蒂利亚磅，即 460 克）。1 卡斯特亚诺相当于 8 特麦（*tomine*），有时是 24 克拉（那时的 1 克拉接近于现在的 0.192 克）。如果折算成格令（grain 或 *grano*），事情就没有那么清楚了，因为这取决于用哪种谷物。自殖民地时代以来，哥伦比亚的矿工、商人和宝石匠就用完整或部分的小麦、稻谷、玉米粒来计重。在本书所涉时期的大多数地区，官方的 1 特麦相当于 12 颗谷物。阿达尔梅，或药用衡制单位
打兰（dram），它相当于 1/16 盎司，也出现在 18 世纪以来的祖母 225
绿产量记录中。

采矿地用西班牙的长度单位“巴拉”（*vara*）来测量，1 巴拉约等于 0.835 米或 35 英寸。木佐的大多数采矿地为 30×20 巴拉（约 25×17 米）的长方形地块。

1 公担（quintal）= 4 阿罗瓦（arroba）/100 磅/46 千克

1 阿罗瓦=25 磅/50 马克（marco）/11.5 千克

1 磅=2 马克/460 克

1 马克=8 盎司/230 克

1 盎司=8 欧恰瓦（ochava）/16 阿达尔梅/28.75 克

1 比索=8 特麦/24 克拉/4.8 克

1 欧恰瓦=2 阿达尔梅/6 特麦/3.6 克

1 阿达尔梅=3 特麦/9 克拉/1.8 克

1 特麦=3 克拉/12 格令/0.6 克

1 克拉=4 格令/0.2 克

1 格令=0.05 克

1 杜卡多（ducado）= 375 马拉维地（maravedí，它是基于威尼斯金币的计价货币）

1 金盾（escudo de oro）= 340 马拉维地（重约 3.3 克的 22.5k 金币）

1 八里亚尔（paracón，在不同时期不同地区又叫作帕塔孔、杜洛等）= 约 28 克银币，价值 272 马拉维地

1 卡斯特拉诺=450 马拉维地（用作重量单位和计价货币）

1 里亚尔=34 马拉维地（计价货币）

1 西里（legua）= 5.57 千米

1 西班牙寻（braza）= 1.67 米

1 巴拉=0.835 米

附录　产量、评估和传说中的巴西祖母绿山

不同于黄金和白银，祖母绿没有简单的标准纯度单位，所以 226
难以用税收分类账和其他记录来统计产量。此外，还有一个问题
是许多祖母绿未纳税，关于这些祖母绿，只有偶尔的遗闻逸事留
存至今。尽管有这些不足，西班牙财政部官员仍想方设法对祖母
绿征税，留下了大量证据。下文即尝试总结幸存的1539—1792年
的产量数据，并解释殖民地和王室估价师在这一漫长时期内采用
的估价标准。最后则简要地考察1960年代才发现的传说中的巴西
“祖母绿山”。

1. 产量记录

1.1 索蒙德科/契沃尔

现存最早的征服后的税收记录，目前藏于塞维利亚的印度群
岛综合档案馆。从这些记录可知，在1538年西班牙占领了穆伊斯
卡之后，流入波哥大金库的祖母绿越来越少，据说1538年有1800 227
颗掠夺来的祖母绿。后来，被征服的穆伊斯卡酋长们将祖母绿作
为贡品送到这里，这些祖母绿不是开采的，而是从墓穴或圣殿中
搜刮的。“深绿玉髓”（*plasma*）指的是未到宝石级别的不清澈的
祖母绿，其中一些可能是珠子的形式，但没有明确说有哪颗祖母
绿是来自索蒙德科矿区。缴纳五一税的情况如下：

表 1（单位：颗）

年　份	“精美”的祖母绿	“深绿玉髓”
1539—1543	536	47
1543—1547	84	29
1562	49	
1563	9	

资料来源：AGI Contaduría 1293。

1550 年代，在遥远的南方，波帕扬地区的财政官员也对祖母绿征税，该地区与基多的联系比波哥大更紧密。1553 年，清单上有 116 颗“各种等级的小祖母绿”，然后是在 1554 年 1 月至 1555 年 6 月期间，清单上有 160 颗“颜色一般的中小祖母绿和一些深绿玉髓”。虽然波帕扬的分类账未做解释，但这些祖母绿很可能是税收，征收对象是当地发掘的墓葬品，或者最近征服了穆伊斯卡的士兵们聚敛的祖母绿。基多的矿业税账册上则没有列出祖母绿。

1.2 木佐

下面，我首先尝试用木佐的祖母绿五一税（20% 的王室开采税）记录，将祖母绿的生产情况绘制成表。最完整的系列记录现藏于印度群岛综合档案馆，但也有许多年的记录保存在波哥大的哥伦比亚国家档案馆。我查阅的记录包括波哥大和木佐的财政部记录，过去它们被定期送往西班牙。根据塞维利亚的记录，送往西班牙的还有属于王室宝库的祖母绿的一些收据。在某些情况下，通过比较这些不同的账册，可以证实或调整数据。不幸的是，虽
228 然对于大颗的祖母绿都有精确的长段描述，但左边那一栏里的大多数一级祖母绿不是按重量罗列。它们很有可能就是中心饰品或被镶嵌在沙们的剑柄上，因为它们的颜色最美、尺寸最大。

表2　1564—1634年木佐祖母绿的五一税（单位：4.6克的金比索）

年份	一级	二级	三级	现金五一税
1564	782(颗)			80(金比索)
1567	792			
1569	5	17		764
1570	49	223		183
1571	111	675		106
1572	16	467		
1573	7	288		64
1574	19	344	452	35
1575	61	183		35
1576	113	680	852	72
1577		153	230	70
1578		46	500	38
1579	1	135	187	65
1580		164	360	27
1581	1	711	1,782	111
1582	3	1,351	1,785	93
1583	2	911	488	79
1584		516	403	10
1585		632	737	54
1586		645	1,475	50
1587	1	784	675	133
1588		956	939	194
1589		333	452	56
1590		597	1,720	109
1591		193	1,327	156
1592	11	1,068	2,567	438

续表

	年份	一级	二级	三级	现金五一税
	1593		791	1,999	4
	1594	1	296	1,610	80.3
229	1595		255	635	11
	1596	6	701	4,400	66
	1597		526	1,353	29
	1598		782	2,435	82
	1599		660	2,401	28
	1600		939	2,277	44
	1601		1,764	2,202	63
	1602		751	1,527	33
	1603		516	1,249	33
	1604		172	418	12
	1605		198	1,474	6
	1606-7	1	650	3,086	39
	1608	1	2,486	2,431	29
	1609		71	661	30
	1610		180	182	4
	1611		309	902	12
	1612	84(墓穴)[+]	504	1,627	57
	1613		87	520	29
	1614	1	92	790	8
	1615		194	434	30
	1616-17	1	98	957	33
	1618		134	625	15
	1619		167	933	8
	1620		270	831	29
	1621		212	647	8

续表

年份	一级	二级	三级	现金五一税
1622		650	1,262	
1623		427	983	20
1624		548	1,377	19
1625-6		224	1,159	22
1627		170	613	11
1628		35	155	5.5
1629		226	468	2.5
1630-3		351	1,048	
1634		42	255	13
总计	2,069	28,550	62,857	3,937.3

资料来源：AGI Contaduría 1587，1295。
+从原住民的一座墓穴中发掘。

这些数字看起来并不起眼，当然也不代表总产量，但是如果 230
我们把五一税的数目从比索换算成克，然后又换算成克拉（0.2克），最后乘以5得出总产出，这些数目的意义就变得重要了。下面我剔除了上表列出的一级单颗祖母绿和五一税，因为它们不可能换算成克拉。必须记住，一些一级大祖母绿在海外市场的价值可能会超过所有二、三级祖母绿。

表3　1569—1634年木佐的祖母绿产量（单位：克拉）

年份	二级	三级
1569	1,955	
1570	25,645	
1571	77,625	
1572	53,705	
1573	33,120	
1574	39,560	51,980

续表

	年份	二级	三级
	1575	21,045	
	1576	78,200	97,980
	1577	17,595	26,450
	1578	5,290	57,500
	1579	15,525	21,505
	1580	18,860	41,400
	1581	81,765	204,930
	1582	155,365	205,275
	1583	104,765	56,120
	1584	59,340	46,345
	1585	72,680	84,755
	1586	74,175	169,625
	1587	90,160	77,625
	1588	109,940	107,985
	1589	38,295	51,980
	1590	68,655	197,800
	1591	22,195	152,605
	1592	122,820	295,205
	1593	90,965	229,885
231	1594	34,040	185,150
	1595	29,325	73,025
	1596	80,615	506,000
	1597	60,490	155,595
	1598	89,930	280,025
	1599	75,900	276,115
	1600	107,985	261,855
	1601	202,860	253,230
	1602	86,365	175,605

续表

年份	二级	三级
1603	59,340	143,635
1604	19,780	48,070
1605	22,770	169,510
1606—1607	74,750	354,890
1608	285,890	279,565
1609	8,165	76,015
1610	20,700	20,930
1611	35,535	103,730
1612	57,960	187,105
1613	10,005	59,800
1614	10,580	90,850
1615	22,310	49,910
1616—1617	11,270	110,055
1618	15,410	71,875
1619	19,205	107,295
1620	31,050	95,565
1621	24,380	74,405
1622	74,750	145,130
1623	49,105	113,045
1624	63,020	158,355
1625—1626	25,760	133,285
1627	19,550	70,495
1628	4,025	17,825
1629	25,990	53,820
1630—1633	40,365	120,520
1634	4,830	29,325
总计	3,283,250	7,228,585

资料来源：AGI Contaduría 1587，1295。

232 虽然这些数字看起来像模像样，但是它们所依据的五一税记录并不可靠。除了主观评估问题，祖母绿矿工、经销商，偶尔还有宝石切工，把最差的祖母绿作为不可动摇的五一税上交给国王。财政部官员下令拍卖特别精美的大祖母绿，以避免被估错价（或切碎）而缴纳五一税，使得问题进一步复杂化。无论乐意与否，卖家要因为由此产生的现金结算而交税。

1568 年，王室官员们走访了木佐之后，开创了这个拍卖大祖母绿的传统。因为当时矿山还很新，祖母绿也非常稀罕，官员们以国王的名义提出购买镇上最好的祖母绿，并答应为一块重达 102 比索（2346 克拉）的巨大晶体出 1. 6 万至 1. 8 万金币，一颗重 40 比索（920 克拉）的祖母绿出 3000 金币，一颗更好的重 15 比索（345 克拉）的祖母绿出 3000 金币。因为无法确定价值，拥有这些石头的 3 名矿工犹豫了，要求在西班牙对它们进行估价后再付款。

因为向大西洋彼岸运宝石而不交税会减少波哥大财政部的收入，所以殖民地官员决定要求有关人等根据当地的拍卖价格用现金交税。葡萄牙宝石匠、金匠迭戈·赫尔南德斯当时居住在木佐，他说因为祖母绿估价的不确定性，矿工们对五一税早已避之唯恐不及。赫尔南德斯注意到，葡萄牙国王聪明地聘请了一位特殊的估价师来处理从印度运来的钻石，但他没有建议菲利普二世对祖母绿也这样做。

显然是因为担心木佐当地人会参与欺诈，直到 1590 年代中期，地区首府波哥大才开始征收祖母绿税。缴纳五一税的通常是行商，有时是仆人，甚至是参与征服的士兵。只有当数额与矿山的盛衰几乎没有关系时，王室官员才认为比较明智的做法是在木佐矿区附近一带征税，范围正好涉及伊托科河流域。他们甚至下令，一
233 旦挖出值点钱的祖母绿，就要把地方官员唤过来并停止挖掘——一定程度上是为了有多名证人在场为挖到的祖母绿的价值做证。

官员们希望在祖母绿的源头征税可以防止它“泄漏”到下游，然后很快消失到相互竞争的贸易旋涡中。

在 1564 年的重大发现之后，对走私贸易和五一税欺诈的指控甚嚣尘上。1574 年，矿藏发现者阿隆索·拉米雷斯·加斯科控告波哥大检审法院主席维内罗·莱瓦博士及其妻子拿走了珍贵的祖母绿，价值为大约 1500 金比索。这桩罪行可追溯至 1565 年，但是拉米雷斯不得不等新主席上任才开始调查莱瓦。在他的申诉书中，拉米雷斯说莱瓦要求他把所有的祖母绿拿出来看一看，以便缴纳五一税。拉米雷斯把祖母绿拿到莱瓦的家里，莱瓦“为国王和印度等地事务委员会”挑选了 3 颗最好的祖母绿后，他的妻子玛利亚·昂德刚多女士从剩下的里面挑选了总计大约 50 颗祖母绿。莱瓦坚称这些石头实际上是“透明的”，不值几个钱，但是目击者的回忆与此相反。这个因素阻碍了告发。

1595 年后，月度五一税记录保存在木佐镇议会大楼里。这些记录的副本，连同作为五一税的祖母绿原石，每年都送到首都，然后送到西班牙的王室财政部官员那里。虽然木佐当地的记录已经遗失，但是波哥大和塞维利亚保存了足够多的年度登记册，可供我们初步估计产量。

除了最好的祖母绿，它们又被称为“计数石”，总是十分罕见，矿工们更喜欢用实物而不是现金来缴纳五一税。事实上，国王也这样要求，虽然原因从未明说，但似乎和伊斯兰以及收复失地运动中掠夺和瓜分的传统有关。王室官员很快就识破了“毫无价值的五一税”的诡计，命令矿工把他们所有的祖母绿放在一个袋子里，然后由他们随意抽取作为五一税。这种做法的变体，包括随机选择五分之二，它允许矿工拿走比较好的祖母绿（该措施鼓励人们诚实，但仍要把所有祖母绿带来），似乎也没有提高被征
税的祖母绿的品质。不满的王室官员指出，在整个殖民时期，奇 234

怪的是，国王的祖母绿似乎并不能代表商人之间流传的东西。

更多的是被定为三级的祖母绿，其次是二级祖母绿。像样的宝石能从二、三级祖母绿上切割出来，但是二级远在三级之上。“二级”通常指有包体或瑕疵的祖母绿，但颜色是最好的深绿色，正是这种颜色将哥伦比亚的祖母绿和埃及或奥地利的祖母绿区分开来。三级祖母绿包括那些颜色较浅、裂隙或包体较多的石头。如上所述，深绿玉髓是不清澈的祖母绿，但最差的是摩拉拉石，它们是破碎的小块或大块晶体，几乎称不上是宝石。矿工们喜欢用这些交税。

表 4　1657—1679 年木佐祖母绿五一税和总计（单位：金比索/克拉）

年份	二级	三级	二级总计	三级总计
1657			2,465	5,348
1659	85	292	1,955	6,716
1662	89	420	2,047	9,660
1664	5	3	115	69
1665		15		345
1666	12	20	276	460
1667	116	273	2,668	6,279
1668	149	499	3,427	11,477
1669		11		253
1670	125	348	2,875	8,004
1671	173	584	3,979	13,432
1672	50	107	1,150	2,461
1673	84	298	1,932	6,854
1674	13	150	299	3,450
1675	102	696	2,346	16,008
1676	186	590	4,278	13,570

续表

年份	二级	三级	二级总计	三级总计	
1677	58	279	1,334	6,417	
1678	39	910	897	20,930	235
1679+	15	308	585	18,430	
总计	1,301	5,803	32,628	150,163	

资料来源：AGI Contaduria 1587, 1588（五一税四舍五入，取最近的比索整数）。

+ 该年的月度五一税记录残缺不全，但是年度总计尚存，详见右边两栏。

表 5　1686—1760 年木佐祖母绿五一税和总计（单位：金比索/克拉）

年份	二级	三级	二级总计	三级总计
1686	77	467	1,771	10,741
1687	81	601	1,863	13,823
1688	22	237	506	5,451
1689	68	936	1,564	21,528
1690	15	271	345	6,233
1696	88	521	2,024	11,983
1699+	30	117	1,725	10,410
1700	77	174	467	4,002
1701	36	92	828	2,116
1702	97	265	2,231	6,095
1703	96	357	2,208	8,211
1704	55	120	1,265	2,760
1705	76	246	1,748	5,658
1706	130	529	2,990	12,167
1711	200	2,005	4,600	46,115
1719	41	116	943	2,668
1720	56	31	1,288	713
1721		2,338		53,774

续表

年份	二级	三级	二级总计	三级总计
1749	24(盎司)	6,342	3,450	145,866
1750	199	213	4,577	4,899
1751—1760[‡]				
总计	1,594	15,978	36,393	375,213

资料来源：AGI Contaduría 1587，1588；AGNC Real Hacienda。

+ 该年的月度五一税记录残缺不全，但是年度总计尚存，详见右边两栏。

‡ 这10年，国王要求木佐的矿工每年缴纳总计75金比索现金的税，故而没有记录祖母绿的产量。

236 **表6　1766—1784年木佐祖母绿总产量（单位：马克-盎司-阿达尔梅）**

年份	一级	二级	三级	现金五一税
1766	-0-	2.3.0	9.7.8	4（银比索）
1767	-0-	1.3.8	5.0.6	4
1768	2.0.5	3.4.2	11.5.11	
1769	8.1.2	8.6.4	36.3.9	
1770	9.3.9	5.2.8	17.7.0	
1771	3.2.7	1.5.13	3.5.16	5
1772	1.1.2	3.1.1	3.5.10	
1773	0.4.4	0.9.15	13.4.0	22
1774	0.7.2	1.2.14	4.1.7	
1775	16.0.6	18.1.15	30.0.5	
1776	18.6.2	9.7.12	20.7.10	
1777	8.0.8	6.4.16	8.2.0	
1778	7.3.15	4.6.0	15.4.4	
1779	未登记	（“因为它是……新矿”）		
1780	0.7.1	0.5.2	10.2.12	
1781	9.1.10	3.1.3	23.7.2	
1782	10.4.8	14.1.0	51.2.12	

续表

年份	一级	二级	三级	现金五一税
1783	1.1.9	1.6.8	15.6.0	
1784	0.1.2	0.4.12	3.7.10	

资料来源：AGI Santa Fé 877；AGNC Minas de Boyacá 2。

表7　1766—1784年木佐祖母绿总产量（单位：克拉）

年份	一级	二级	三级	
1766	-0-	2,731	11,428	
1767	-0-	1,653	5,840	
1768	2,345	4,043	13,468	
1769	9,362	10,099	41,912	
1770	10,862	6,110	20,556	
1771	3,801	1,986	4,313	
1772	1,312	3,603	4,259	
1773	611	1,429	15,525	
1774	1,024	1,564	4,807	
1775	18,454	20,979	34,545	
1776	21,581	11,464	24,096	237
1777	9,272	7,619	9,488	
1778	8,616	5,463	17,861	
1779	未登记	（“因为它是……新矿”）		
1780	1,015	737	11,896	
1781	10,584	3,675	27,474	
1782	12,147	16,244	59,046	
1783	1,375	2,085	18,113	
1784	162	683	4,546	
总计	112,523	102,167	329,173	

资料来源：AGI Santa Fé；AGNC Minas de Boyacá 2.

2. 宝石匠与估价师

和开采祖母绿一样，评估和切割祖母绿也是一门艺术。本节意在凸显从发现矿藏到殖民时代晚期宝石切割师的存在，然后简单地看一看相较于西班牙或葡萄牙，殖民地如何评估、切割、镶嵌祖母绿。

2.1 殖民地的宝石匠

发现木佐矿山的几年之内，新格拉纳达的金匠小社区出现了一批宝石切割师。他们似乎没有脱离金匠这个行业成立自己的行会，但是在跨越两个多世纪的文献中，宝石匠被认为是专业的工匠。早在1569年，王室检审法院就明令禁止宝石切割师在木佐开业，有些人被指控到矿场与美洲印第安农奴和非洲奴隶交换祖母绿。

1614年，法令重申并增补内容，禁止宝石匠在没有纳税证明的情况下加工原石，补充规定只有认证过的工匠才能切割任何一种宝石。1643年的巡视之后，政策进一步紧缩，要求定期检查
238 “宝石作坊”，严惩那些加工未纳税的祖母绿者。这样的违法者是“王室宝库的叛徒”，要判处200下鞭刑，永久流放离家20里格。王室官员自然担心被发掘后不久，未纳税的祖母绿就被切割、镶嵌到珠宝里，然后“遗失”在当地或出口市场。

虽然在当局失去兴趣而转向其他事务时，殖民地的一些宝石匠被吸引回到木佐，但大多数人定居在首都。结果，大概是在17世纪初，波哥大出现了一个小型抛光宝石市场。另有一些宝石切工在莱瓦和通哈的小镇开店，那里离矿区更近，有钱的主顾很多。还有一些人无疑是在卡塔赫纳、圣玛尔塔，以及西南城市卡利和

波帕扬工作。

新格拉纳达早期的若干位宝石切割大师毫无疑问来自葡萄牙、意大利和低地国家，但是记录几乎没有透露他们的名字，仅有16世纪的一个宝石匠被明确说是葡萄牙人。1610年代为王室鉴定宝石的两名宝石大师是米卡埃尔·德维加和赫尔南多·奥尔蒂斯，前者来历不详，而后者是毕尔巴鄂的巴斯克人。1677年，因为怀疑波哥大的几名珠宝商和宝石匠从事走私贸易，王室官员突击检查他们的商店，我们才得以了解他们的个人信息：他们不是贫穷的克里奥尔人，就是自由的有色人种。

在这经年累月的欺诈调查过程中，木佐的一名宝石匠费利佩·托雷斯受到盘问，他说他曾在波哥大给已故的“初到美洲的欧洲人马特奥·维文齐奥”当学徒，这个人差不多可以肯定是意大利裔“半岛人”工匠。托雷斯在离开师父自己开店之前切割了2500多颗宝石。另一名17世纪晚期的意大利裔木佐宝石匠名叫维多利诺·桑德。托雷斯和他的大多数同行对于禁止在木佐干活的命令和切割未纳税祖母绿的指控不屑一顾，他们提到了当时流行的“不问，不说”的风俗。

17、18世纪的文件里提到的一些祖母绿切工是非洲奴隶，如波哥大的胡安·阿奎勒斯，他曾当过多年学徒。1677年，黑白混
血儿自由民何塞·阿里亚斯做证说，他去阿奎勒斯的主人家里找 239
过阿奎勒斯，“那里有他的工作台”。阿奎勒斯的主人也是一名宝石匠，是他培养了阿奎勒斯。在17世纪的哥伦比亚，有色人种是活跃的甚至是独立的宝石切工，这一点并不令人惊讶。在整个西班牙和葡萄牙殖民地时期的美洲，从征服之后的第一代开始，所有的手工行业就被蔑视，由此产生了一大批本土的、非洲的和混血的工匠。

切割和镶嵌的风格

从幸存于世的16世纪和17世纪早期的个人珠宝和宗教艺术品来判断，哈布斯堡王朝时期祖母绿的雕琢相当粗糙，或者打磨成圆形，然后深嵌在柔软的高开黄金里。它不像曼纽尔·基恩描述的莫卧儿人的昆丹工艺那么发达，但视觉效果与之相似。

大多数祖母绿切割成方形或长方形，而且通常切得非常浅。当代的描述很少提供细节，甚至没有涉及有时清单里会提到的切割轮。1629年，王室官员从两名离开木佐的商人手中没收了215颗切割过的祖母绿。根据描述，它们大多是“加工过的小祖母绿，颜色不错”，外加“两颗切割得当的八边形祖母绿”“3小颗清澈、顶面切平的祖母绿”和“一个吊坠”。此外还有62粒“小眼睛”，大概是指弧面形祖母绿。虽然因为意大利的革新，17世纪晚期的镶嵌风格和切割技术发生了巨大变化，但早期近代任何类型的宝石都几乎从不采用现在流行的爪镶工艺。

在早期近代，宝石的展示方式也不同，16—18世纪它们的变化很大。尽管如此，除了少数例外，在伊比利亚半岛和殖民地，木佐祖母绿很少单独展示，除非是镶嵌在小戒指里或者作为奇珍异品。相反，它们通常被切割成方形，大面积地镶嵌在珐琅制品
240 中，或用来点缀其他宝石和珍珠挂饰。

用得最多的动词是“镶嵌”。在矿山里，许多祖母绿被叫作*engastes*，大意为“镶嵌物”。虽然当时的趋势是把祖母绿当作拜占庭时期的马赛克来用，但是传世品中也有大量凸圆形、菱形和悬垂的泪滴状祖母绿，西班牙殖民地的文件通常把最后这些东西叫作“鳄梨”。16世纪和17世纪初，独特的珠宝，如巴洛克珍珠，有时会镶嵌在黄金动物或神兽的胸部。在胡安·维拉费恩1572年的著作《金银珠宝估价师手册》（下文进一步讨论）中，有一张关于16世纪西方宝石切割的插图。

2.2 如何评估欧洲的哥伦比亚祖母绿

> 他们讲述了一个西班牙人在意大利的故事。印度群岛发现了这些宝石后不久，这个人把一块祖母绿拿给宝石匠看，并问他价格。宝石匠一看这块祖母绿的大小和品质都很好，就告诉他值 100 埃斯库多。西班牙人又拿出一块更大的，宝石匠说值 300。西班牙人很高兴，把宝石匠带到自己的家里，拿出满满一大盒祖母绿给他看。看到如此多祖母绿，意大利宝石匠说："先生，这些只值 1 埃斯库多。"这就是发生在印度群岛和西班牙的事情，由于发现了如此丰富的宝石，它们的价值已经下降……1587 年，我从印度群岛搭乘的船只带了两盒祖母绿，每盒至少重 100 磅，这说明了祖母绿何其之多。

在 1590 年的《印度群岛自然与道德史》（*Natural and Moral History of the Indies*）一书中，西班牙耶稣会士阿科斯塔记述的就是这样一个关于哥伦比亚祖母绿的故事。该书被翻译成许多文字并引用了几个世纪。但是，阿科斯塔不是宝石经销商，西班牙人和意大利人的故事使他夸大了新世界祖母绿的丰富及其价值的跌落。 241
显然，他不知道祖母绿在亚洲找到了新市场。那么，是谁在欧洲给哥伦比亚的祖母绿估价？价格变化了多少？幸运的是，16 世纪晚期的一份权威资料流传了下来，它就是菲利普二世宫廷珠宝商维拉费恩的著作。

维拉费恩的母亲是西班牙人，父亲是德国宫廷金匠，受雇于查理五世。1572 年，维拉费恩制订了一系列表格，帮助珠宝商和其他商人评估各种各样的宝石和金属。同样重要的是，他在 1598 年的版本中更新了价格信息，指出祖母绿的价格大幅下降，这和阿科斯塔描述的祖母绿从木佐涌入的情况相符。正如许多年前厄尔·汉密尔顿所揭示的，因为16世纪下半叶白银的大量流入，西班牙的价格总体上失去了平衡。像食物这样变得相对稀缺的东西，价格上涨了很多。

维拉费恩比较详细地探讨了祖母绿。与钻石、红宝石甚至珍珠不同，他把祖母绿分成两大类：东方的和西方的。该书两个版本的措辞几乎完全相同，都首先提及东方的祖母绿：

> 祖母绿在宝石中位居第三，其珍贵性仅次于钻石和红宝石。这是因为它是绿色的，而且如此明亮，没有其他物品像它这样赏心悦目。以前它们比同样大小的钻石更受追捧，直到他们在西印度群岛发现了另一种祖母绿。一些大的祖母绿，由于运达的数量如此之多，价值已不如从前。

到目前为止，这段话与阿科斯塔（还有普林尼）的说法遥相呼应，但随后内容变得更有趣：

> 尽管如此，人称“老祖母绿”的来自埃及省的东方宝石，因
> 为数量稀少，依然备受珍视。据说它们能医治痛风，招财进宝，
> 242 而且它们散发着平和的气息。祖母绿像钻石一样顶部刻面，但边
> 角琢成圆形，因为这样能更好地保存其色彩、大小和形状，根据
> 每一颗祖母绿的颜色磨薄，以便将颜色呈现出来。它们的色彩应
> 该像点燃的火，有巨大的力量与光芒。绿色必须有一点偏黄，而
> 不是黑。假如是完美的祖母绿，它们应该按照钻石的等级来评估。

然后，维拉费恩提供了一个表格或者标准，建议评估师视瑕疵、颜色变化和重量等情况减价。价格以西班牙金币为单位，1金币相当于1盎司多一点的纯银，重量则以旧式的克拉（约0.192

克）来计算。

虽然因为通货膨胀，西班牙金币的购买力大幅下降，但是在1572年和1598年，一个西班牙金币仍值10银里亚尔。因此，1572年1克拉“老的”或“东方的”上佳祖母绿在批发商中能卖到大约50个西班牙古银币（即比较常见的八里亚尔比索币），但1598年就只有7.5银比索。到1598年，祖母绿的价值按重量的平方数乘6计算，即便它有埃及的神秘感，根据维拉费恩的估算，一颗祖 243
母绿只有达到12克拉（约2.4克），才能突破1000银比索大关。同一颗祖母绿在1572年可能值7200银比索，大约相当于塞维利亚一栋豪宅或一艘远洋轮船的价格。但是到了1598年，1000银比索只是一个官员还算体面的薪水——不是小数目，但也不是一大笔钱。

表8　老祖母绿估价表（1572年版对1598年版）

克拉（1572）	西班牙金币（1572）	克拉（1598）	西班牙金币（1598）
1	40	1	6
2	160	2	24
3	360	3	54
4	640	4	96
5	1,000	5	150
6	1,440	6	216
7	1,960	7	294
8	2,560	8	384
9	3,240	9	486
10	4,000	10	600
11	4,840*	11	726

*原文中未列出，但算法一致。

下面是维拉费恩对“西方的”或“新”祖母绿的看法：

对于秘鲁和新（格拉纳达）王国的其他祖母绿，他们用比较低的价格，它只有老祖母绿的一半。事情是这样的，如果一颗他们所谓的新祖母绿和1克拉的钻石一样大，他们就定为值三四个金币，然后他们就像对待老祖母绿一样，把其余的乘以4。

表9　新祖母绿估价表（1572年版与1598年版）

克拉（1572）	西班牙金币（1572）	克拉（1598）	西班牙金币（1598）
1	20	1	4
2	80	2	16
3	180	3	36
4	320	4	64
5	500	5	100
6	720	6	144
7	980	7	196
8	1,280	8	256
9	1,620	9	324
10	2,000	10	400
11	2,420*	11	484
12	2,880*	12	576

*原文中未列出，但算法一致。

鉴于现在我们不仅了解16世纪世界上流传的祖母绿出自何方，也知道了木佐祖母绿具有独特的黄绿色，那么可知像维拉费恩这样受过教育的欧洲鉴赏家所谓的“埃及的”“东方的”或“老的”
244 祖母绿，其实只是来自殖民地哥伦比亚木佐的上等祖母绿。就像对当时许多来到欧洲的美洲事物一样（或许金银除外），人们对新世界的宝石也有根深蒂固的偏见。

正如帕德雷·阿科斯塔和其他人通常带着轻蔑的口吻所指出的那样，不仅当地居民，就连那片土地自身也不太成熟。那里没有老虎，只有豹猫；没有真正的骆驼，只有美洲驼和羊驼。古人所不知道的是，美洲，无论是北美洲、南美洲或中美洲，都不被允许和新经院学派最喜欢的具有异国情调的地方竞争——甚至美洲的祖母绿也是天然的赝品。毕竟，和埃及人相比，那些开采祖母绿的穆伊斯卡人是谁？马可·波罗早已提醒大家，真正的财富只来自东方。

3. 传说中的巴西祖母绿山

费尔南·迪亚斯·派斯是17世纪巴西最著名的冒险家之一，是热带边远地区乡野村夫的缩影。正如西属美洲的西班牙征服者，巴西的冒险家是四处寻找发财机会的美洲印第安人斗士，他们依靠游击战术和近代火器实现他们的目标。他们在“发现”或征服之后会寻求王室的支持，只为了获取垄断特许证。像迪亚斯这样的人自封为美洲贵族或骑士，他们希望找到本土的王国和矿藏，和科尔特斯、皮萨罗一较高下，但大多数人不过沦为奴隶猎人，为祸于干旱灌木区或崎岖不平的腹地。迪亚斯是圣保罗人，为了寻找“失落”的埃斯梅拉达斯山或者祖母绿山，而不是土著奴隶或金矿，他几乎花光了他的巨额遗产。据说，16世纪下半叶，在殖民地首府塞尔瓦多以南的滨海山区发现了这条山脉。

早在1550年，就有人在写给国王若昂三世的信中提到，有传闻称“祖母绿山”位于塞古鲁港和圣灵岛地区之间的某个地方。费利佩·吉尔海姆用比较典型的中世纪旅行者的华丽辞藻，描述

245 了他如何无意中来到一条无名之河旁的“黑人”聚居地，那里离50年前葡萄牙人第一次踏上巴西海岸的地方不远。他们给他看各种颜色的宝石，大多为黄色，当地人称之为“地球的太阳”。他说，有人曾经向他保证，在地平线上光芒闪烁的群山中蕴藏着难以置信的祖母绿矿藏，他只需要一个王室许可证和能绘制该地区地图的专家，就能实现开采出宝石的梦想。吉尔海姆坚称，只因自己年事已高，才无法进一步勘探。在他之后，1560年代早期，布拉斯·库巴斯和路易斯·马丁斯也率队探险，据说后一次探险找到了真正的祖母绿。

1572年，西班牙宫廷金匠维拉费恩考察了被说成是巴西祖母绿的绿色石头，但他认为它们的颜色太差，最多只能卖到普通紫水晶的一半。他这样描述这些石头：“巴西祖母绿是悲伤的石头，颜色暗淡，过去它们［的价格］和蓝宝石差不多，但是随着秘鲁祖母绿［即木佐祖母绿］的到来，情况不再如此。它们如此不受人待见，以致人们仅仅评价它们的硬度……”因为在维拉费恩的时代祖母绿只是大致被认定为绿柱石，因此几乎任何绿色晶体都可算是祖母绿，这样的硬度像是绿色的橄榄石。

已故的查尔斯·伯克赛注意到，巴西祖母绿山的传奇故事通过安东尼·柯尼维特的旅行志传到了英国。1591年，伊丽莎白时期的海盗托马斯·卡文迪许带人前往南海探险，柯尼维特就是这次失败的探险活动的幸存者。他在巴西10年，期间曾沦为说图皮语的土著部落的俘虏。他说，1597年，他参加了一次到“绿石山”的探险，在一个印第安人村庄他看见了“像青草一样绿的石头，还有大量像水晶一样闪闪发亮的白色石头，但也有许多是蓝绿或红白相间，令人叹为观止”。他说他还看到了榛子大小的金块。然后，“……我们来到一个仙境，看到前面有一座闪闪发光的大山，我们花了10天时间才到这里”。

柯尼维特的旅行记真假难辨。他还说过，他吃到了有毒的水 246
果，一个葡萄牙伙伴碰巧手头有独角兽粉，于是拿它当解药救了他。他也像16世纪的许多葡萄牙探险者一样，相信“天气好的时候”能从“闪光的大山”山顶看见波托西的大银山。伯克赛和其他人均已注意到，关于发光的大山的故事和图皮人的传说相吻合，反映了人们对“无恶之地”的向往。

甘蔗种植者安布罗休·费尔南德斯·布兰当在其1618年的《巴西大事对话录》中提供了更多有用的细节。他不仅了解巴西具有传奇色彩的圣埃斯皮里图矿，还通过虚构的对话者，谈到当新格拉纳达的祖母绿涌入市场时，祖母绿在欧洲失去了价值。布兰当也指出，1614年，马科斯·阿扎雷多的祖母绿山探险活动发现了绿色的石头，这些石头被认为“被太阳烤焦了”，最终里斯本的宫廷珠宝师断定它们是假祖母绿。

然而，人们从未怀疑过巴西祖母绿矿的存在，它也是精力充沛的里约热内卢总督萨尔瓦多·贝纳维德斯在17世纪下半叶里关注的中心问题。1659年，贝纳维德斯组织人去祖母绿山脉和传说中的塞布拉布苏银矿探险。一如伯克赛所发现的那样，“祖母绿探险”一无所获，实际上贝纳维德斯和他的人几乎没有进入内地。但是，希望并未破灭，1660年5月，国王阿方索六世将传说中的圣埃斯皮里图山脉的垄断权授予总督的儿子约翰。

小贝纳维德斯不太可能用垄断权做任何事，因为伯克赛提到，1661年他陷入了法律纠纷。其他人没有被劝阻。诚如研究巴西的著名学者斯图尔特·施瓦茨所说，在总督阿方索·富尔塔多·卡斯特罗统治时期（1671—1675），人们对这个和其他采矿项目的兴趣越来越浓厚。富尔塔多甚至比他的前任们更痴迷于巴西未开发的矿藏。加勒比地区制糖业的竞争日益激烈，非洲奴隶贸易的垄
断地位也随之丧失，这些因素刺激了人们去寻找财富。把费尔 247

南·迪亚斯·派斯称作“祖母绿矿总督”的正是阿方索·富尔塔多。

1690年，费尔南·迪亚斯去世，他到死都没有找到祖母绿山。祖母绿在巴西很快就被遗忘，迪亚斯的儿子和其他几个保利斯塔人却在非洲人、土著和混血儿的帮助下，在中部高地找到了大金矿，该地区不久被命名为古怪而低调的“一般矿山”（General Mines），或者米纳斯吉拉斯（*Minas Gerais*）。1725年左右，洗金子的非洲人奴工在米纳斯地区北部发现了钻石，进一步为在沿海山脉找到祖母绿的梦想蒙上一层阴影。在殖民地时期，绿色电气石不时出现，世界最好的托帕石就在欧鲁普雷图镇外找到。而直到1960年代，巴西才发现真正的祖母绿。

为什么这些巴西人如此热衷于寻找祖母绿，而不是黄金或钻石？后两者很快就将巴西从一个沿海的糖业飞地，变成了一个令母国其他企业相形见绌的大陆殖民地。对祖母绿的追逐可能是葡萄牙特有的巴洛克式的痴迷，与塞巴斯蒂安主义相类似，但也有可能和不那么空想的对东印度的商业兴趣有关，葡萄牙人也以此著称。到17世纪七八十年代迪亚斯进行探险时，葡萄牙商人，其中一些是和巴西有往来的新基督徒，已通过总督区首府果阿向印度销售新世界的祖母绿达一个多世纪。因此，如上所见，16世纪中叶那里就出现了繁荣的祖母绿贸易。

注　释

导　论 248

[1]此处的叙述依据洛克哈特的经典作品 *Nadir Shah*；Tucker，*Nadir Shah's Quest for Legitimacy*；Axworthy，*Sword of Persia*；Sarkar，*Nadir Shah in India*；Avery，'Nadir Shah and the Afsharid Legacy'。

[2]Hodgson，*The Venture of Islam*，*Volume* 3，出版时间不一。

[3]Erevan，*History of the Wars*，77-78.

[4]参见弗雷斯特同时代的著作 *History of Nadir Shah*，第 155 页。

[5]Lockhart，*Nadir Shah*，145.

[6]转引自同上出处，第 152 页，脚注 5。

[7]Sinkankas，*Emerald and Other Beryls.*

[8]Morgan，*From Satan's Crown to the Holy Grail.*

[9]Otero Muñoz and Barriga Villalba，*Esmeraldas de Colombia.*

[10]Domínguez，*Historia de las esmeraldas de Colombia.*

[11]Rojas，'La explotación esmeraldífera de Muzo'。感谢沃里克·布雷提醒我注意该书并将复印件惠寄给我。

[12]Friede，'Demographic Changes in the MiningCommunityof Muzo'，1966 年，该文以西班牙文发表（*Boletín Cultural y Bibliográfico* 9，9，Bogotá）。Rodríguez Baquero，*Encomienda y vida diaria*。巴凯罗的指导教授是平松，后者在同年编辑的一本原始资料集的导论中简要地讨论了前哥伦布时代的祖母绿贸易。详见 *Relaciones y visitasa los Andes*，*siglo XVI*，*t. III*，45-50。

[13]Winius，'Jews Trading in Portuguese India' and 'Portugal，Venice，Genoa，and the Traffic in Precious Stones'。但缇斯玛的'De politieke eneconomische ideeën van de Bruggeling'和'Jacques de Coutre as Jewel Merchant in India'是例外。

[14]Boyajian，*Portuguese Trade in Asia*；Teles e Cunha，'Hunting Riches'；and Ahmad，*Portuguese Trade and Socio-Economic Changes.*

[15]Yogev, *Diamonds and Coral.*

249 [16]Edgar Samuel, *At the End of the Earth*,尤其是第 16、17、18 章;Lenman, 'The East India Company and the Trade in Non-Metallic Precious Materials'。

[17]Francesca Trivellato, *The Familiarity of Strangers*, 尤其是第 9、10 章。

[18]参见 Moura Carvalho,'Rarities from Goa'。在基恩的 *Treasury of the World* 中,祖母绿占据了最重要的地位。

[19]Müller, *Jewels in Spain*。更多的图片可参见 Castillo 与 Elorza Guinea 合著的 *El arte de la plat*;Victoria & Albert Museum, *Princely Magnificence* 及 Hackenbroch, *Renaissance Jewellery*。

[20]Otte, *Las perlas del Caribe.*

[21]Floor, 'Pearl fishing in the Persian Gulf'; Warsh,'Adorning Empire'.

[22]Studnicki-Gizbert, *A Nation Upon the Ocean Sea*; Boyajian, *Portuguese Trade in Asia*。在贸易网络问题上,我参考了 Israel, *Diasporas Within a Diaspora* 以及 *Dutch Primacy in World Trade*。

第一章　神圣的起源

[1]Wey Gómez, *The Tropics of Empire*, 140, 343.

[2]Szászdi León-Borja, *Los viajes de rescate de Ojeda*, 569, and Sauer, *The Early Spanish Main*, 108-114.

[3]Garcilaso de la Vega, *Royal Commentaries of the Incas*, 559.

[4]Szászdi,'En torno a la balsa de Salango', 477.

[5]莱昂的书中有该故事的其他版本,详见 Cieza de León, *The Discovery and Conquest of Peru*, 149, 301。

[6]Webster, *Gems*, 103-131.

[7]Varthema, *TheTravels of Ludorico di Yarthema*, 252, 258, 218。该书的编者(孟买的牧师乔治·珀西·巴杰引述了安德烈·克塞利)关于印度祖母绿的话:"我不知道祖母绿产于何地,在这里它比其他任何石头都更受重视。"

[8]Barbosa, *The Book of Duarte Barbosa*, 225-6。书的译者注意到了这个错误,但引用了科斯马斯·因迪克普里茨关于古代印度人品位的说法:"这些人非常喜欢祖母绿,国王的王冠上也有祖母绿。埃塞俄比亚人从埃塞俄比亚的无头人那里得到这种石头,把它带到印度,然后用出售祖母绿赚到的钱投资于最有价值的商品。"

[9]同上,第 226 页。

[10]1951 年在木佐发现了最有代表性的祖母绿,分别重达 1796 克拉和 1453 克拉。实物图片见 Domínguez, *Historia de las esmeraldas de Colombia*, iv-v。

[11]埃及矿藏的概况参见 Tifaschi, *Arab Roots of Gemology*, 第 104 页。

[12]这是我参观了大英博物馆、纽约大都会艺术博物馆、波士顿美术馆、里斯本古尔班基安博物馆以及西班牙、意大利的许多小一点的博物馆后形成的印象。钻过孔的祖母绿珠子广为流传,远至罗马统治时期的英国(例如,大英博物馆所谓的“萨斯福利特珍藏”和“斯特福德宝藏”中就有这样的展品)。

[13]Giuliani et al. ,'Oxygen Isotopes'.

[14]祖母绿合成简史可参见 Giuliani et al. , *Emeralds of the World*, 第 84-92 页。

[15]Kazmi and Snee, *Emeralds of Pakistan*, 234. 250

[16]这里我综合了厄尔·欧文对哥伦比亚的安第斯山脉(见 *Structural Evolution of the Northernmost Andes*),以及哥伦比亚石油地质学家和地球物理学家协会对木佐做出的结论(见 *Cundinamarca-Boyacá-Muzo Emerald Mines*)。

[17]D'Elhuyar,'Informe de un viaje a Muzo', 77.

[18]转引自 Domínguez, *Historia de las esmeraldas de Colombia*, 第 45 页。

[19]Simón, *Noticias historiales*, 2: 295-300.

[20]参见 Francis, *Invading Columbia*, 第 79-80 页。

[21]同上,第 80 页。

[22]同上,第 99 页。

[23]AGI Contaduría 1300, ff. 54v, 77.

[24]关于阿兹特克绿玉或硬玉,参见 Pagden, *Hernán Cortés*,第 40-44 页,第 100 页。关于早期玛雅人的玉石,参见 Taube,'The Symbolismof Jade'。至于印加人,可参见 Hyland, *The Quito Manuscript*, 第 38 页和第 142 页。据说印加王辛奇·罗卡用的是“有祖母绿”的金餐具。

[25]Hearne and Sharer, *River of Gold*.

[26]Simón, *Noticias historiales* 2: 241.

[27]同上,2: 275。

[28]同上,2: 38。

[29]Francis,'In the service of God'。许多被指控崇拜“偶像”的人除了被剪去头发,还被判处在奇金基拉修建新的玛丽安圣地教堂。

[30]Reichel-Dolmatoff,'Things of Beauty'.

[31]同上,第 28 页。

[32]González de Pérez,*Diccionario y gramática Chibcha*.

[33]West, *Colonial Placer Mining*, 54.

[34]Francis, *Invading Colombia*,70-71.

[35]Fernández de Oviedo, *Historia General y Natural*, 94.

[36]同上。关于普林尼对祖母绿的看法,详见 Ball, *A Roman Book on Precious Stones*, 第 140-144 页。

第二章　西班牙征服者

[1]McNeill, *The Pursuit of Power*, 书中举出了 1450 年代在诺曼底,一个团结的法国与英国对阵的例子(83)。

[2]Wolf, *Geografía y geología del Ecuador*, 329, 641-642。有记录提到,1513 年,皮萨罗的下属在前往秘鲁的途中,在寇克和马拉比劫掠了一番。记录表明,祖母绿不是被藏了起来,就是没有后来一些作者声称的那么重要。只有一些珠子形式的"蓝宝石"被提及,但没有明确说是祖母绿。见 Hampe Martínez, 'El reparto de metales, joyas, e indios de Coaque';另见 Navarro Cárdenas, *Investigación histórica de la minería*。

[3]JCBL Codex Sp 3 (13 July 1557)。手稿提到了黄金、白银、珍珠和祖母绿,但是只有黄金和白银是逐项逐笔登记。黄金总计达 1326039 比索,令人吃惊。在 1539 年弗朗西斯科·皮萨罗从库斯科寄给国王的一封信中,他提到他送出祖母绿作为礼物,并感叹这些祖母绿"小而且做工不好"。AGI Patronato 90b, 2: 7 (20 Feb. 1539)。

251 [4]AGI Lima 565.

[5]Captains Juan de San Martín and Antonio de Lebrija, 'Relación del NuevoReino', 1539, in Francis, *Invading Colombia*, 93-94.

[6]引自'Relación de Santa Marta',约 1545 年,无名氏撰,详见 Francis, *Invading Colombia*, 第 104-105 页。

[7]Captains San Martín and Lebrija, 'Relación del Nuevo Reino,' 8 July 1539, in Francis, *Invading Colombia*, 61-62.

[8]Simón, *Noticias historiales*, 2: 37-38.

[9]同上,2: 100,145,175。关于皇家金库账册中的条目,可参见 AGI Contaduría 1294b。1601 年,一个装有几颗劣质祖母绿的黑色小袋被课以五一税,这些祖母绿"被认为来自过去的神殿"。

[10]引自 1539 年一份关于征服波哥大的报告,详见 Tovar Pinzón, *Relaciones y Visitas a los Andes*, 第 106 页;其书开头的文章里对此也有讨论,见第 35 页。

[11]艺术史学者赫尔穆特·尼克尔指出,在1724年左右德累斯顿的一座洛可可风格的雕塑中,有嵌在母岩中的哥伦比亚祖母绿。这座名为"有一堆祖母绿的摩尔人"(Moor with Emerald Cluster)的雕塑放在选帝侯奥古斯都(1553—1586)的珍宝柜里,他是从布拉格的鲁道夫二世手中获得这件作品。该人物像又名"端着祖母绿盘子的摩尔人";参见 Nickel, 'The Graphic Sources'。雕塑中的祖母绿可能来自稍晚从木佐运过来的祖母绿母岩,很可能是在1560年代晚期或1570年代早期到了欧洲。维也纳自然历史博物馆也收藏了类似的一堆祖母绿,它原本属于哈布斯堡的蒂罗尔伯爵斐迪南二世(1529—1595)。这两堆祖母绿实际是来自哥伦比亚的几个矿区,包括契沃尔-索蒙德科和木佐的单颗祖母绿与原生矿物的组合体。

[12]Simón, *Noticias historiales*, 3: 212-213.

[13]同上, 3: 266-267; Aguado, *Recopilación Historial*, 2: 205-211。

[14]Simón, *Noticias historiales*, 3: 321-325。阿瓜多讲述了一个更长、更详细的故事,见 *Recopilación Historial*, 2: 211-219。

[15]Aguado, *Recopilación Historial*, 2: 231; 4: 65; Simón, *Noticias historiales*, 4: 9-38.

[16]Aguado, *Recopilación Historial*, 2: 235.

[17]同上,2: 248。

[18]同上,2: 251。

[19]同上,2: 260。

[20]同上,2: 267。

[21]同上,2: 272。

[22]AGNC Historia Civil 4: 47 (1559), ff. 799-818.

[23]Simón, *Noticias historiales*, 4: 190-194.

[24]Aguado, *Recopilación Historial*, 2: 286.

[25]Simón, *Noticias historiales*, 4: 195-204;另见 Tovar Pinzón, *Relaciones y Visitas*, 第323-368页和第385-425页。

[26]Tovar Pinzón, *Relaciones y Visitas*, 416-417; AGNC Minas de Boyacá 3, ff. 183-185。在其1572年的关于拉帕尔马和木佐的 *relación* 中,西班牙征服者古铁雷·奥瓦列注意到,和他们的高地邻居穆伊斯卡人不一样,当地土著居民普遍"轻视一切值得看重的事物,却珍惜没有用处或价值的东西。他们不在乎金银珠宝,却钟爱由鸟兽的尖牙、骨头(和嘴)制作的小珠子,以及来自大海、河流的贝壳和树木的种子"。详见 Tovar Pinzón, *Relaciones y Visitas*, 第342页。

252 [27] Aguado, *Recopilación Historial*, 2: 306.

[28]同上,2: 307-308。

[29]同上,2: 311-312。

[30]同上,2: 317-319。

[31]同上,2: 320-321。

[32]同上,2: 327。

[33] AGNC Historia Civil 22, ff. 887-972 (1589), AGI Patronato 164, ramo 1.

[34] Vargas Machuca, *The Indian Militia*.

[35]在其1582年的*relación*中,西班牙征服者波韦达强调,金矿很有可能是木佐得救的唯一希望(参见 Tovar Pinzón, *Relaciones y Visitas*, 第413-416页)。波韦达也说到,他自己约于1569年在离木佐"3里格"的地方,也许就在科斯凯兹或佩尼亚斯布兰卡斯附近,发现了非常好的祖母绿矿床。但他也抱怨,那里缺乏水资源(第417页)。

第三章　祖母绿城

[1] AGI Santa Fe 67, item 38。署名为 Alvaro de Herrán, Juan Ortiz Manosalvas, Benito López de Poveda, Miguel Gómez, Hernán García Patiño, Alonso de Salinas 和 Pedro Alonso。

[2] Rodríguez Baquero, *Encomienda y vida diaria*; Tovar Pinzón, *Relaciones y Visitas*, 406.

[3]在西班牙语中,这种技术被称为 *desmonte de piedras*。关于冲刷采矿法在欧洲的历史,详见克拉多克(Craddock), *Early Metal Mining*, 第89-91页。克拉多克注意到,古代西班牙虽然广泛使用该方法,但是阿格里科拉在其1556年的里程碑式的著作《论矿冶》中,并没有予以描述。

[4] Aguado, *Recopilación Historial* 2: 339-340.

[5] Tovar Pinzón, *Relaciones y Visitas*, 420.

[6]一个罕见的例外是,一位当地矿主提到,从1656年左右开始鲁伊兹有几条地道沿着岩脉而挖。见 AGI Escribanía 839c。

[7] Vásquez de Espinosa, *Compendio y descripción*, 231.

[8] AGNC Minas de Boyacá 1: 6 (ff. 730-749) and 2: 24 (ff. 895-921)。应该对这场灾难负责的矿主是弗朗西斯科·巴列霍,起诉他的是胡安·维内罗。该工程的目的是为巴列霍的合伙人费德里科·瑞辛克采矿。关于1702年的诉讼案,详见 AGNC Minas de Boyacá 2: 12。

[9]关于殖民地时期哥伦比亚金矿造成的损害,详见韦斯特(West), *Colonial Placer Mining*, 第13页和第30页。韦斯特没有探讨祖母绿地区。

[10]AGNC Minas de Boyacá 2: 25 (ff. 922-976).

[11]同上,2: 7(1568),3: 26(1621),2: 25(1633),2: 24(1678)。

[12]AGI Contaduría 1294b。根据名单,胡安·曼诺索维斯是玫瑰圣母会的管家,而阿隆索·萨利纳斯是圣露西会和圣十字会的管家。1574年的五一税见AGI Contaduría 1300, f. 135,更晚的五一税参见f. 71(新分页)。1567年的捐献参见AGI Contaduría 1292, f. 58。关于为赎回俘虏而捐献祖母绿,参见AGI Contaduría 1301, f. 80。1644年的捐献详见AGNC Minas de Boyacá 1: 7 (ff. 759-762)。我能找到的关于牧师为矿井祈福的首个记录来自1773年,但很可能这种做法要古老得多。早在1574年,木佐就有一名牧师因为主持圣礼而得到祖母绿作为报酬。1773年的祈福活动(AGNC Minas de Boyacá 2: 1, ff. 84-95)甚至延伸到了
大坝和水闸,据说随后就发现了"有祖母绿晶体[浅绿色]的细脉"。关于被给予 253
了祖母绿的牧师,见AGI Contaduría 1300(1574年7月12日的记录)。因为细心主持木佐城的圣礼,安德列斯·德·塞普尔韦达(Andrés de Sepúlveda)牧师得到了8比索和大约187克拉的二等祖母绿作为报酬。加布里埃尔·费吉欧写的1575年12月的报告见于AGI Santa Fé 68,部分也转载于Domínguez, *Historia de las esmeraldas de Colombia*, 第36-37页。五一税的记录也来自1575年,详见AGI Contaduría 1300, ff. 140-141。

[13]AGI Contaduría 1300, f. 53v.

[14]AGNC Minas de Boyacá 3, ff. 170-174 (11-viii-1567).

[15]同上,3,ff. 178-82 (1569),f. 187 (17 April 1572)。

[16]开采出来的另一颗祖母绿"小小的,大小和榛果差不多"。

[17]AGNC Minas de Boyacá 1:11。伊莎贝尔能和来自木佐亚科皮村的当地土著矿工(在中美洲,他们常被称作"琼塔莱斯")交流,而她自己很可能是穆伊斯卡人(出生在波哥大),这个事实表明木佐人和穆伊斯卡人或许有某种共同的贸易语言。

[18]AGI Santa Fe 51, 3:50-51.

[19]同上。

[20]通哈镇议会记录中有一份请愿书"india de Muso",1581年由一个名叫利奥诺的年轻姑娘为争取自由而写。当地官员不允许她的"主人"胡安·奥尔蒂斯把她带回去,而是把她交给当地西班牙妇女卡塔丽娜·盖坦进行保护性监管。ARB (Tunja), Libros de Cabildo(1581,误作1551),再次提到了"indios chontales"。

[21]AGI Santa Fe 18, 2: 4 (2 January 1601).

[22] AGNC Minas de Boyacá 2: 20 (ff. 749-849).

[23] AGI Santa Fe 67, item 46 (25-viii-1598).

[24]同上,第 836 页。珍珠税从五分之一降到十二分之一,然后又降到二十分之一。

[25] Otero Muñoz and Barriga Villalba, *Esmeraldas de Colombia*, 110.

[26] Domínguez, *Historia de las Esmeraldas de Colombia* 一书第 35 页引用了巡视中的一部分证词。另见 Ruiz Rivera, *Encomienda y mita*, 第 69-88 页。

[27] AGNC Negros y Esclavos, Boyacá 1, ff. 9-14.

[28]同上,1: 22, ff. 565v-566。

[29] Sandoval, *Treatise on Slavery*, 74-78.

[30] Friede, 'Demographic Changes', 340.

[31] AGNC Minas de Boyacá 2: 4, ff. 522-84。木佐的这些采矿队取名为 Payme, Tatan, Chaquipay, Pauna, Curipi, Boquipi, Nico, Caquian, Obipi, Bipay, Zarueque, Pinipay, Canipa, Ibama, Zorque, Acoca, Yacupi, Maripi, Atico, Quipama, Tomarca 和 Topo。最后 6 个聚集在伊托科矿山一带。

[32] Domínguez, *Historia de las Esmeraldas de Colombia* 第 39 页引用了 1643 年木佐法令的部分内容,全文可参见 AGNC Minas de Boyacá 2: 4, ff. 522-584。关于桥梁工程,见 AGI Escribanía 839c。关于索蒙德科,见 AGNC Real Hacienda t. 44, ff. 547-548。

[33]胡安·雷图埃尔塔坚持说,他和 3 个奴隶一起发掘的"富饶的平台"被当地会计阿隆索·加维里亚夺走了。1672 年,教士佩德罗·索利斯·德·巴伦苏埃拉对雷图埃尔塔的儿子弗朗西斯科提起诉讼。索利斯说,他在离索蒙德科 5 里格的牧场发现了许多废弃的矿区,他把它们叫作"La Concepción",并请求拥有 Chib-
254 latama、Nía、Gualomas 这几条溪流的水域的所有权。雷图埃尔塔辩解道,他从他父亲那里继承了这些矿山,并把它们租给了一个名叫米格尔·索里亚诺的人,给他 3 个月时间"清理水渠",5 年时间挖掘。索里亚诺则试图转租这些矿山,惹得雷图埃尔塔和他打官司。在此期间,索利斯霸占了这些矿山。但文件没有提供解决方案(AGNC Minas de Boyacá 1:10 f. 967)。关于科斯凯兹的坍塌,见 Domínguez, *Historia de las Esmeraldas de Colombia*,第 40-41 页。据说 1850 年矿工们在一个堵塞的坑道中发现了人骨,因此产生了这个说法。我依据的是 1640 年代的证词,详见 AGNC Minas de Boyacá 1: 7, ff. 750-787。1650 年代中期,弗朗西斯科·奥瓦列再次提及科斯凯兹的采矿业,见 AGI Escribanía 839c, f. 227。

[34] ARB (Tunja), Legajo 41, ff. 451-452。许可证的授予者是胡安·莫雷诺。

[35] AGI Santa Fe 51, 3: 67.

[36]同上,26,3：35。

[37]Archivo General de Simancas, Patronato Real, leg. 30, ff. 580-1。特别感谢奥雷里奥·埃斯皮诺萨教授提供了这条参考资料,他计算出估价总额为 86745 金币。

[38]ARB (Tunja), Notaría 1：11 (12 November 1568), f. 181v。通哈的一名裁缝将其亡妻的"一个镶着一颗精美祖母绿的戒指"委托给侄子在马格达莱纳河下游出售。其他提到因债务而典当祖母绿的还有 Notaría 2(Legajo 31, 1583), f. 313; Notaría 2(Legajo 35, 1585), f. 61。1853 年的文件列出,"一个镶着祖母绿和珍珠的黄金腰带"重 30 比索,当 50 比索现金;"一块镶有祖母绿和珍珠的金牌"重 7—8 比索,"一只有祖母绿和珍珠的金鹰"没有称重量,但和这块金牌一起当 12 比索。

[39]AGI Contaduría 1380, ff. 10v-11v.

[40]The *Leicester Journal*, in Frear Keeler, *Sir Francis Drake's West Indian Voyage*, 167, 178.

[41]ANE (Quito), Protocolos Notariales (PN) 1:2, f. 1449v。显而易见,到 1590 年 2 月这些珠宝已出售。这些书中大量提及祖母绿珠宝。

[42]Sotheby & Co., *Sale of the Crown of the Andes*.

[43]Haring, *Trade and Navigation*, and Hamilton, *American Treasure*.

[44]Haring, *Trade and Navigation*, 330 (appendix IV).

[45]Sanz, *Comercio de España con América*, 2：48-51, 543-557.

[46]AGI Contaduría 334, f. 576.

[47]AGI Contaduría 1380, f. 54。另见平松的著作,他也提到了 1580 年卡塔赫纳向价值 551.4 金比索的祖母绿征收五一税(*El imperio y sus colonias*, 93)。

[48]AGI Contaduría 5.

[49]Haring, *Trade and Navigation*, 65, 119.

[50]尤金·里昂叙述了运货单中的内容,详见 *The Search for the Atocha*,第 53-58 页。关于发现祖母绿的故事,见 Smith, *Fatal Treasure*。在法恩的《西班牙宝藏》一书中有"阿托查夫人"号中一些宝石的插图。

[51]对百慕大沉船的描述,详见 Peterson, *The Funnel of Gold*, 第 274-275 页。

[52]关于"奇迹之母圣玛利亚"号中祖母绿的发现,马克斯讲得最好,见 *Robert Marx*, 第 183-255 页和 *In the Wake of Galleons*,第 281-307 页。其中一些被发现的物品以及其他当代物品的插图,见 Philips Son and Neale, *A Rare Collection*。另见 Marx and Marx, *Treasure Lost at Sea and The Search for Sunken Treasure*。戴夫·霍纳出版了和"奇迹之母圣玛利亚"号有关的文件的部分译文,包括 *Shipwreck* 第 161 页提

255 到西班牙打捞船发现了祖母绿珠宝。1993 年佛罗里达发现的沉船据说可以追溯到 1760 年代,从沉船中打捞出更多祖母绿原石和一些祖母绿珠宝,其中有一颗原石重达 1000 多克拉,但关于这艘沉船的细节尚不清楚。维克托·贝尼卢斯及其公司 A. D. Ventures 是寻宝行业的典型,他们作了虚假的声明,说这些祖母绿和科尔特斯、蒙特祖马有关。瓦约似乎完全相信这个荒诞的故事,详见 *Diamonds and Precious Stones*,第 31-40 页。

第四章　帝国与审判官

[1] Samuel, *At the End of the Earth*, 228。斯韦茨钦斯基反对用“塞法迪犹太人”来指称这一时期的葡—西犹太人和新基督徒,但他采用的“葡萄牙犹太人”一词似乎更符合他所考察的阿姆斯特丹的情况,详见其 *Reluctant Cosmopolitans*, xii。斯坦尼基-吉兹伯特在 *A Nation Upon the Ocean Sea* 中用的“葡萄牙民族”一词更接近于我找到的文件中的用法,但我担心在讨论葡萄牙早期移民时,它可能会混淆那些被送到木佐的人,他们可能有也可能没有犹太血统,因此我还是默认选择了“塞法迪犹太人”这个词。

[2] 例子见 Glückel of Hameln, *Memoirs*。

[3] García-Arenal and Wiegers, *A Man of Three Worlds*。关于帕拉彻的珠宝生意,详见第 4、65、72、104-105 页。

[4] Boyajian, *Portuguese Trade in Asia*,尤其是第 6 章和第 10 章。另见 Bouchon, *Inde Découverte*。

[5] 私人通信。“商人乔治·米格尔,一名和中国、马尼拉做生意的马德拉斯商人之子,留下了大笔遗产,包括一个盒子,里面有 32 件祖母绿首饰,重达 10.4 克拉;14 颗祖母绿和 2 颗红宝石,重达 162.12 克拉。他还有更多东西。”

[6] 王室法令表明他们想征税,或者至少监控果阿的宝石贸易,尤其是在 17 世纪初,但是没有成功。见 Bulhão Pato, *Livros das Monções*, 2: 430。

[7] 最近对于主要涉及纺织品业的这一过程的评估,参见 Morineau, ‘The Indian Challenge: Seventeenth and Eighteenth Centuries’, in Chaudhury and Morineau, *Merchants, Companies, and Trade*, 第 243-275 页。

[8] Boyajian, *Portuguese Bankers at the Court of Spain*; Disney, *A History of Portugal and the Portuguese Empire*, 1: 206-208, 2: 180。另见 Elliott, *Spain and its World*, 第 114-136 页。

[9] ANTT Inquisition/Lisbon, cases 3594, 10951.

[10] 同上, case 13049。

[11] Swetschinski, *Reluctant Cosmopolitans*, 157.

[12] ANTT Inquisition/Lisbon, case 11014.

[13] Gentil da Silva, *Stratégie des Affaires*。这些信件大多混用了葡萄牙语和西班牙语。

[14] Gentil da Silva, *Lettres de Lisbonne*, 1: 164–5, 182–3。戈麦斯及其亲戚也经营盐、香料、糖和布料。

[15] 同上,1: 294,400。

[16] 同上,2: 196,306,397。

[17] 'Cousas de Pedraria', 这是一份 16 世纪晚期的匿名手稿,见 BNP (Lisbon), Codex 8571 ff. 231–239。

[18] Boyajian, *Portuguese Trade in Asia*, 137.

[19] 同上,第 274 页,脚注 99。表格根据附录 A,第 247–255 页编制。 256

[20] 同上,第 208 页。

[21] ANNT Inquisition/Lisbon, case 5586.

[22] Boyajian, *Portuguese Bankers*, 27。这名代理名叫马诺埃尔·波尔图,是从事钻石买卖的蒂诺科家族的朋友和生意伙伴。

[23] 同上,附录 A–1 至 A–18。

[24] Pike, *Linajudos and Conversos*.

[25] ANTT Inquisition/Lisbon, cases 7829, 9437.

[26] Quiroz, 'The Expropriation of Portuguese New Christians'.

[27] 在 Kagan 和 Morgan 编辑的 *Atlantic Diasporas* 中,斯坦尼基–吉兹伯特更详细地阐明了这一点。

[28] 关于格拉马舒及其合伙人,见 Vila Vilar, 'Extranjeros en Cartagena (1593—1630)',转载于 *Aspectos sociales en América colonial*,第 1–41 页。博亚吉探讨了格拉马舒和印度的联系,见 *Portuguese Trade in Asia*,第 143 页。

[29] AHN, INQ Cartagena de Indias (pleito fiscal) 4816: 3, ff. 14–14v (10–v–1638)。特别感谢斯坦尼基–吉兹伯特告诉我这一点,我也要谢谢费里提醒我注意此处引用的罗德里格斯所说的"绿色"与印度的关系。

[30] Newson and Minchin, *From Capture to Sale*, 40, 150.

[31] 阿罗觉的证词见 Tejado Fernández, *Aspectos de la vida social*,第 323–333 页。关于弗兰考的祖母绿,见第 153 页。

[32] Splendiani et al., *Cincuenta años*.

[33] 若干学科的研究者,如 Irene Silverblatt, Nathan Wachtel, Robert Ferry 等,考察了这一时期宗教裁判所对西属美洲的所谓秘密犹太人的迫害。

[34]Splendiani et al. , *Cincuenta años*, 3: 63.

[35]同上,3: 64。

[36]同上,2: 249。在严刑逼供下,罗德里格斯·梅萨说卡塔赫纳有31人信奉犹太教,包括他自己的母亲。不到一半的人被宗教裁判所追查。

[37]同上,2: 433,3: 50。他声称,安哥拉犹太人的领导是西蒙·戈麦斯。来到卡塔赫纳的他那个团体的成员包括股东 Fernando Lopes de Acosta,Francisco Pinheiro,Enrique Nunes y Silveira 和 Sebastião de Acosta,其中最重要(或是最有发言权)的是 Manuel Alvarez Prieto。

[38]ANTT Inquisition Lisbon item 9609.

[39]Splendiani et al. , *Cincuenta años*, 2: 451-2, 3: 81-82.

[40]同上,2: 453,458。

[41]Newson and Minchin, *From Capture to Sale*, 150.

[42]Splendiani et al. , *Cincuenta años* 2: 438-443.

[43]同上,3: 306-307,337-344,392-397。

[44]同上,3: 247,316。

[45]Sluiter, 'Dutch-Spanish Rivalry'.

[46]他们的文章详见 Bernardini 和 Fiering: *The Jews and the Expansion of Europe to the West*, 第335-368页。另见 Kagan 和 Morgan, *Atlantic Diasporas*。

[47]Israel, *Diasporas within a Diaspora*, 514。关于航行路线的更多记载,见 Vila Vilar, *Aspectos sociales en América colonial*,第159-164页。

[48]Bodian, *Hebrews of the Portuguese Nation.*

[49]Samuel, *At the End of the Earth*, 227, 241。文件见 Correa,*Livro de Regimentos dos Officiães Mecânicos*。

[50]Samuel, *At the End of the Earth*, 203.

257 [51]Splendiani et al. , *Cincuenta años*, 3: 235-238.

[52]Samuel, *At the End of the Earth*, 245. 另见约格夫, *Diamonds and Coral*, 第84页。犹太商人的主要代理人是苏拉特工厂主乔治·奥克瑟登爵士。

[53]Yogev, *Diamonds and Coral*, 87.

[54]Samuel, *At the End of the Earth*, 214。斯韦茨钦斯基提到了这些年里葡萄牙孤儿在钻石切工那里当学徒,见 *Reluctant Cosmopolitans*,第157页。

[55]Samuel, *At the End of the Earth*, 223.

[56]Bingham, *Elihu Yale*, 198, 314.

[57]PA (London), HL/PO/JO/10/1/199。这些证词是在一卷羊皮纸上,和介绍性的

纸质文件分开保存。

[58]斯滕斯高阐述了这次接管在亚洲贸易重新定向中的重要性,见 Steensgaard, *The Asian Trade Revolution*。

[59]我没有找到证据证明其他学者将这份于 1877 年左右编目的文件和切普赛德宝藏联系在一起。在 EIC1635—1639 年法庭记事录描述的一份拉丁文文件中简要地提到了波尔曼事件,但记事录出版于 1907 年,里面没有证词。

[60]黑兹尔·福赛斯从米德尔塞克斯会议记录中收集了许多关于珠宝的资料,这些珠宝从 1580 年代至 1660 年代被强盗和小偷夺走。虽然祖母绿不如钻石和珍珠普遍,但这个时期也不时提到它,大多数祖母绿镶嵌在戒指上(私人通信)。另见 Forsyth, *The Cheapside Hoard*, 以及 Wheeler, *The Cheapside Hoard of Elizabethan and Jacobean Jewellery*。后者虽然写于 1920 年代,但惠勒猜测手表祖母绿来自哥伦比亚。

[61]Lenman, 'The East India Company and the Trade', 104-105.

第五章 环球旅行家

[1]Giuliani et al. , 'Oxygen Isotopes'。宝石学家弗雷德·沃德在 *Emeralds of the World* (1993;2001 年修订版)提出了这个说法,第 40-47 页。

[2]Boyajian, *Portuguese Trade in Asia*, 76-81;Morga, *Sucesos de las islas Filipinas*,309。关于葡萄牙人,莫尔加说:"他们只带黄金和货币到马六甲,还从西班牙带了一些特殊的小玩意儿、新奇的东西和祖母绿。国家不向这些船只征税。"

[3]Bembo, *The Travels and Journal of Ambrosio Bembo*, 233.

[4]Matos, *Diário do Conde de Sarzedas*。关于商人洛博·席尔瓦和巴尔塔萨·维加的故事也有其他版本。尼可拉·马努奇在他的 *Storia do Mogor*(3: 157-9)中提供了一个更长的版本,涉及搞阴谋的耶稣会士。

[5]Bulhão Pato, *Livros das Monções*。1615—1617 年政府曾试图对锡兰红宝石和蓝宝石征税,以便筹款资助葡萄牙在西非的"圣·若热的米纳城堡",详见 3: 355 和 4: 37-38。

[6]Carletti, *My Voyage*; Coverte, *Travels*, 49; Pyrard, *Voyage*, 2(pt. 1):108。派拉德提到他在马尔代夫的一场海难后遇到了一名荷兰珠宝商。他在科摩罗角买卖珍珠时被抓,然后被葡萄牙人关押在科钦,被耶稣会士改变了信仰,后来在去果阿的途中被毒死。在他对锡兰的描述中(第 143 页),派拉德说:"也有大量宝石,如红宝石、红锆石、蓝宝石、黄玉、石榴石、祖母绿、猫眼等,是印度群岛最好的。此外,那 258
里还有最好最大的采珠业,采的是非常美丽的珍珠,但是没有钻石。"在第 175 页,

派拉德说,果阿和澳门经营的商品包括“切割过和镶嵌在戒指、项链、项圈、信物、耳坠和手镯上的珍贵宝石,因为中国人非常喜欢为妻子购买各种各样的珠宝”。

[7]Linschoten, *The Voyage of Jan Huyghen Van Linschoten to the East Indies*, 2 vols (London, 1935). 2: 140-141.

[8]Lane, *Venice*。费奇和纽伯里的通信见 Locke, *The First Englishmen in India*, 第 74-91,99,103 页。

[9]Bulhão Pato, *Livros das Monções*, 3:495。关于欧洲和亚洲的竞争对手在该地区的权力转移,有研究者对城市逐个做了详细叙述,参见 Floor, *The Persian Gulf*。

[10]Linschoten, *Voyage of Jan Huyghen van Linschoten*, 2:154-155.

[11]AGNC Minas de Boyacá 3, f. 223v.

[12]Linschoten, *Voyage of Jan Huyghen Van Linschoten*, 该书第二部分(第 295 页)提到了西印度的大量珍珠,大多数都未经登记,和西班牙的宝藏舰队一起来到亚速尔群岛。有可能祖母绿也以类似的方式流入这里的葡萄牙人之手,用来交换的商品是东印度的香料。

[13]Carletti, *My Voyage*, 23, 199-200.

[14]同上,第 220-221 页。

[15]同上,第 242 页。

[16]同上,第 245 页。

[17]Coutre, *Andanzas Asiáticas*。手稿原件现藏于西班牙国家图书馆(马德里),手稿 2780。另见缇斯玛,‘Jacques de Coutre as Jewel Merchant’。

[18]在 1605 年的天罗地网中被抓的另一名佛兰芒人的案子,即银行家安特卫普的克里斯托瓦尔·马丁,见 Lane, *Quito* 1599, 第 162-163 页。关于库特兄弟拒不去里斯本,见 Bulhão Pato, *Livros das Monções*, 2: 16-17。

[19]Coutre, *Andanzas*, 177。

[20]同上,第 259 页。

[21]同上,第 261 页。

[22]同上。

[23]同上,第 262 页。

[24]同上。

[25]Linschoten, *Voyage of Jan Huyghen van Linschoten*, pt. II, p. XX; Coutre, *Andanzas*, 262.

[26]Coutre, *Andanzas*, 268-269.

[27]同上,第 274-275 页。

[28]同上,第 279 页。

[29]同上,第 280 页。

[30]同上,第 281 页。

[31]涉及科朗的事业的西班牙文小册子,见 Boxer, 'Uma raridade'。

[32]Coutre, *Andanzas*, 309-310.

[33]Roe, *The Embassy of Sir Thomas Roe*, 457。20 年后首都阿格拉的居民、耶稣会会士约瑟夫·卡斯特罗说,沙贾汗派"他的一个代表带着大量的钱去果阿购买珠宝和宝石,准备献给国王"。见 Hosten, 'The Jesuits at Agra', 第 500 页。

[34]Teensma, 'Jacques de Coutre as Jewel Merchant', 8.

第六章 沙的祖母绿 259

[1]Jahangir, *The Jahangirnama*, 89.

[2]Thackston, *Akbarnama*。关于外来者的观点,见 Correia-Afonso, *Letters from the Mughal Court*。

[3]Jahangir, *The Jahangirnama*。苏珊·斯特朗也注意到了宫廷清单上列出大量"储备"时,*Akbarnama* 中也出现了对珠宝的描述。'Jewellery of the Mughal Period', in Stronge et al. , *A Golden Treasury*,27-50。

[4]Jahangir, The *Jahangirnama*, 96.

[5]同上,第 271 页。

[6]同上,第 80 页(画作 *The Weighing of Prince Khurram* 来自大英博物馆的一份手稿)。基恩的 *Treasury of the World* 一书中有萨巴赫祖母绿念珠的插图(第 131 页)。

[7]Jahangir, *The Jahangirnama*, 148, 167, 256, 268.

[8]Meen, *Crown Jewels of Iran.*

[9]Roe, *The Embassy of Sir Thomas Roe*, 283.

[10]In Foster, *Early Travels in India*, 102-103.

[11]Jahangir, *The Jahangirnama*, 189.

[12]同上,第 231 页。

[13]关于塔韦尼耶的 1648 年之行,见 *Travels in India*, 1: 89。

[14]Khan, *The Shah Jahan nama*, 96.

[15]同上,第 208,212,266,371,474,528 页。

[16]Tavernier, *Travels in India*, 1:303-304.

[17]Khan, *The Shah Jahan nama*, 154, 494.

[18]同上,第 185,444,480,500 页。

[19]Kolff, *Naukar, Rajput and Sepoy*, 43-54.

[20]Mukhia, *The Mughals of India*, 100.

[21]Schimmel, *The Empire of the Great Mughals*, 174-188.

[22]Tavernier, *Travels in India*, 1: 106.

[23]Manucci, *Storia do Mogor*, 2:316-17.

[24]同上,2: 319。

[25]同上,2: 319-320,310-315,327。太监也取名为钻石、红宝石、蓝宝石、珊瑚、乌木。

[26]Tavernier, *Travels in India*, 1: 111.

[27]同上,1: 111,114-115。

[28]同上,1: 115。

[29]Mukhia, *The Mughals of India*, 103.

[30]《古兰经》,第 41 页。

[31]Mukhia, *The Mughals of India*, 104-105.

[32]Monshi, *History of Shah Abbas the Great*.

[33]同上,2: 837-838;954-955。

[34]Floor, *The Economy of Safavid Persia*. Matthee, *The Politics of Trade in Safavid Iran*, and Baghdiantz McCabe, *The Shah's Silk for Europe's Silver*.

[35]Raphael du Mans, cited in Baghdiantz McCabe, *The Shah's Silk*, 121.

260 [36]图片见 Piotrovsky and Frieze, *Earthly Beauty, Heavenly Art*, 第 284 页。

[37]Bembo, *The Travels and Journal of Ambrosio Bembo*, 394.

[38]同上,第 336,345 页。

[39]Denny, 'The Palace, Power, and the Arts', 22-23.

[40]图片可参见 Piotrovsky and Frieze, *Earthly Beauty, Heavenly Art*, 第 276,287 页和卷首插图。另见 Köseoglu, *The Topkapi Saray Museum*。

[41]所谓的托普卡帕之剑并不是这类剑中的唯一。1663 年,为庆祝伊斯坦布尔新清真寺开放,图尔汗苏丹将一把祖母绿柄宝剑送给了儿子穆罕默德四世(1648—1687)。

第七章　逃税人与走私犯

[1]AGI Contaduría 1587.

[2]AGI Santa Fe 29, ramo 5: 41, pt. 3.

[3]Lane, *Quito* 1599, 79; and Lane, 'El Dorado Negro'.

[4]AGI Escribanía 839c, f. 142.

[5]同上,脚注 37。

[6]AGI Contaduría 1587.

[7]AGI Contaduría 1588.

[8]AGNC Minas de Boyacá 1: 1, f. 43.

[9]同上,ff. 234,293-295。

[10]同上,f. 280v.

[11]同上,ff. 244,68,59。其他的由封地上的美洲印第安人发现(并出售)。

[12]同上,f. 169。

[13]同上,f. 70。

[14]同上,f. 103.

[15]同上,ff. 83-84,94,78v-79。

[16]同上,ff. 159v,172,194。

[17]同上,f. 180。

[18]AGNC Minas de Boyacá 2: 22, ff. 857-68, 138.

[19]木佐议员、税务官弗朗西斯科·卡梅罗撰写于 1683 年的短文称,只有矿主、监工和工人才能进入矿场,10 岁以下的儿童不得以任何理由入内。问题不在于童工,而是"拾荒"。违反这些规定,罚款 10 银比索。也严禁矿主和监工在他们自己的矿场过夜。AGNC Minas de Boyacá 2: 8。

[20]AGNC Minas de Boyacá 1: 5, ff. 644-729.

[21]AGNC Minas de Boyacá 2:6, 3: 17.

[22]见 Lane, *Blood and Silver* (*Pillaging the Empire in U. S.*), 第 4 章。

[23]Zahedieh, 'The Merchants of Port Royal', 575. Zahedieh, 'Trade, Plunder, and Economic Development'.

[24]Israel, *Diasporas within a Diaspora*, 582; Robles, *América a fines del Siglo XVII*, 38。罗伯斯坚称,在马格达莱纳河遥远的上游卡拉雷还有一名官员检查船只,寻找"走私货、白银、黄金、祖母绿和其他私下交易的物品"。

[25]Robles, *América a fines del Siglo XVII*,34.

[26]对罗亚尔港商人群体的考察,见 Meyers, 'Ethnic Distinctions and Wealth among
Colonial Jamaican Merchants'。 261

[27]Zahedieh, 'The Merchants of Port Royal', 580; Kayserling, 'The Jews in Jamaica', 711.

[28]Ritchie, *Captain Kidd*, 65-66.

[29]Yogev, *Diamonds and Coral*。约格夫主要关注 17 世纪末和 18 世纪。

[30]同上,第 88,100 页。伊斯帕尼奥拉岛的琥珀这一时期似乎还不为人所知,也没有出口。

[31]同上,第 290 页,脚注 30。

[32]同上,第 108-109 页。

[33]Trivellato, 'Juifs de Livourne, Italiens de Lisbonne, hindous de Goa', and *The Familiarity of Strangers*.

[34]Yogev, *Diamonds and Coral*, 102-107.

[35]霍尔登·弗贝尔也讨论了这一时期印度钻石贸易的变化,但没有提及祖母绿。见 Furber, *Rival Empires of the Orient*, 第 260-262 页。

[36]Chaudhuri, *The Trading World of Asia*。但乔杜里没有对宝石贸易作出分析,分析的是约格夫。

第八章　帝国祖母绿的黄昏

[1]Phillips, *The Treasure of the San José*, 221。使用银比索而不是标准的"黄金"重量来估计价值,这种方式不多。

[2]英语界对这一时期的综合研究,最好的是麦克法兰(McFarlane)的作品 *Colombia Before Independence*。西班牙游客豪尔赫·胡安和安东尼奥·乌略亚在其 1749 年的 *Noticias Secretas* 中详细描述了 1735 年前后卡塔赫纳的走私,英文版见 *Discourse and Political Reflections on the Kingdoms of Peru*, 第 42-48 页。

[3]Santisteban, *Mil leguas por América*, 190.

[4]Grahn, *The Political Economy of Smuggling*.

[5]AGNC Minas de Boyacá 2:12; 2: 26.

[6]同上,f. 682。安东尼奥·托瓦尔(Antonio de Tovar)作于 1633—1645 年的 *hoja de servicios*,见 AGNC Historia Civil, 12: 2。作为一个木佐征服者的孙子,他在卡尼帕和米尼皮都有封地,到 1637 年仅有 36 名"有劳动力的"成年男性,据说其中只有 13 人在祖母绿矿干活。托瓦筹集了近 800 个金币作为贡品,并接受了两个非婚生的混血孩子。

[7]AGNC Negros y Esclavos (Colonia), Boyacá item 31。一个打架斗殴的人生活在奥古斯丁·巴尔泽纳斯的矿工工棚里。

[8]AGNC Minas de Boyacá 3:17。牧师是莫坡拉的贝尔纳多·里科博士,铸币厂财务主管是老木佐人何塞·里考特上尉。1709—1711 年的一起案件涉及西班牙王位继承战争期间殖民地地区之间的祖母绿交易。一位波哥大商人做证说,1703 年,

他在木佐买了两包祖母绿。一位前往卡塔赫纳的合伙人承诺,返回时将付清钱款和利息。合伙人用这些祖母绿在卡塔赫纳换取了各种进口纺织品,但5年后,这
名波哥大商人仍未收到合伙人的还款。与此同时,出售布料却赚了很多钱。深入 262
调查后发现,多年来这些人一直在没有规范的会计处理方案的情况下往来物品(AGNC Minas de Boyacá 3: 24)。

[9]AGNC Minas Anexo 1, f158.

[10]同上,f. 166。

[11]AGNC Minas de Boyacá 2: 4.

[12]Juan and Ulloa, *A Voyage to South America*.

[13]Sinkankas, *Emerald and Other Beryls*, 47-48。文章的标题是 *Mineralogia*, *Eller Mineral-Riket*.

[14]ANTT Inquisition/Lisbon, maço 26, doc. 257 (mic. roll 4977)。这位44岁的亚美尼亚单身商人叫佩德罗·贝尔桑,自称出生在亚美尼亚的埃罗基亚。关于库斯托本人的叙述,见 Coustos, *The Sufferings of John Coustos*。

[15]Sinkankas, *Emerald and Other Beryls*, 48。书为 *Abhandlung von Edelsteinen* 或 *Treatise on Precious Stones*。

[16]AGI Indiferente 1549. Paula De Vos, 'The Rare, the Singular, and the Extraordinary: Natural History and the Collection of Curiosities in the Spanish Empire', in Bleichmar et al., *Science in the Spanish and Portuguese Empires*, 271-289。

[17]详见 AGI Santa Fe 835。塞戈维亚·萨拉斯在其优秀的硕士论文'Crown Policy and the Precious Metals'中参考了这些文件,第93-119页。

[18]AGNC Minas de Boyacá 2: 1, f. 29.

[19]同上,ff. 235,373-383。

[20]AGI Santa Fe 837 (23 Feb. 1790; 18 March 1793).

[21]1796年7月,新格拉纳达总督区总会计师马丁·德·乌尔达内塔向国王查理四世(1789—1808)提出复兴木佐的建议:用亵渎神明的人去充实木佐,但未被采纳。见 Urdaneta,'Memoria Instructiva',第476页。

[22]AGNC Minas de Boyacá 1: 2.

[23]Cited in Domínguez, *Historia de las esmeraldas*, 46.

结 语

[1]Taussig, *My Cocaine Museum*.

后记　从英国的冒险家到今日的祖母绿老板

[1] Arboleda, *Una familia de proceres*, 9。关于早期的合同,详见 Domínguez, *Historia de las esmeraldas*, 第 47-52 页。

[2] Arboleda, *Una familia*, 80-81.

[3] 同上,第 84 页。

[4] Maurice P. Brungardt, 'The Economy of Colombia in the Late Colonial and Early National Periods', in Fisher et al., *Reform and Insurrection*, 186.

[5] Domínguez, *Historia de las esmeraldas*, 52-54; Arboleda, *Una familia*, 86-87; and Otero Muñoz and Barriga Villalba, *Esmeraldas de Colombia*, 69-85。特内拉尼师从安东尼奥·卡诺瓦,后者是著名的华盛顿雕塑的作者。阿尔博莱达根据税收记录,估计帕里斯在 1831 年到 1843 年,平均每年在欧洲卖出了大约价值 1.1 万银比索
263 的祖母绿。阿尔博莱达给出了一个 14.2 金比索的数字,而曼哈雷斯和阿亚拉认为是 142,000 里亚尔(*Proyecto minero*, 2)。

[6] Arboleda, *Una familia*, 100-1。法伦在一家英国公司工作,即波尔斯、伊林沃斯和沃尔斯公司,该公司获取了古老的马里基塔和马尔马托殖民区金银矿的开采权。他们取代了早期的 B. A. 戈德史密斯公司,后者曾于 1825 年竞购马尔马托和苏皮阿。

[7] Ancízar, *Peregrinación de Alpha*, 53-62。关于科斯凯兹的隧道,参见 Domínguez, *Historia de las esmeraldas*, 第 39 页。

[8] 同上,第 57 页。

[9] Arboleda, *Una familia*, 103。罗哈斯提供了 1865 年 2 月 3 日至 6 日莱曼发现的祖母绿的数量,见 Rojas, 'La explotación', 第 205 页。另见 Domínguez, *Historia de las esmeraldas*, 第 56-57 页。

[10] García Manjarrés and Vargas Ayala, *Proyecto minero*, 3。两位作者补充说,索尔多承包时,矿场和相关建筑的估价为 3035.5 银比索。

[11] Domínguez, *Historia de las esmeraldas*, 68. Arboleda, *Una familia*, 104-105.

[12] Domínguez, *Historia de las esmeraldas*, 74.

[13] 转引自同上,第 80-82 页;Rojas, 'La explotación', 206。

[14] Domínguez, *Historia de las esmeraldas*, 101.

[15] Montaña, *Renta de esmeraldas*, 1-17。更高的数据参见 García Manjarrés and Vargas Ayala, *Proyecto minero*, 第 6 页。

[16] Henderson, *Modernization in Colombia*, 71, 78.

[17]同上,第 135 页。

[18]Klein, *Smaradge unter dem Urwald.*

[19]Domínguez, *Historia de las esmeraldas*, 156–157, 164–168。Rainier, *Green Fire*。雷尼尔也在木佐和科斯凯兹工作。

[20]García Manjarrés and Vargas Ayala, *Proyecto minero*, 6。关于越来越严重的暴力,见 Bergquist et al. , *Violence in Colombia*, 第 262–263 页。

[21]转引自 Domínguez, *Historia de las esmeraldas*,第 134 页。

[22]同上,第 28 页。

[23]Bergquist et al. , *Violence in Colombia*, 263。对于这一时期的扣人心弦、详尽的新闻报道,参见 Téllez, *La guerra verde*。

[24]关于卡兰萨和准军事组织的联系,见 Kirk, *More Terrible than Death*, 第 130–131 页,以及 Rangel, *El poder paramilitar*, 第 53–55 页。基于人物访谈的比较全面的评价,见 Heufelder, *Der Smaragkönig*。

参考文献

档　案

Archivo Central del Cauca (ACC), Popayán, Colombia: Notariales, Real Hacienda
Archivo General de Indias (AGI), Seville, Spain: Contaduría, Santa Fe, Quito
Archivo General de la Nación, Santafé de Bogotá, Colombia (AGNC), Sección Colonia: Minas de Boyacá, Minas Anexo, Historia Civil, Real Hacienda
Archivo Histórico Nacional, Madrid (AHN): Inquisición de Cartagena de Indias
Archivo Nacional del Ecuador (ANE), Quito, Ecuador: Popayán, Protocolos Notariales
Archivo Nacional do Torre do Tombo (ANTT), Lisbon, Portugal: Inquisición, etc.
Archivo Regional de Boyacá (ARB), Tunja, Colombia; Protocolos Notariales
Biblioteca Nacional de España (BNE), Madrid: Misc. Mss
Biblioteca Nacional de Portugal (BNP), Lisbon: Misc. Mss
British Library (BL), London, East India Company Letterbooks and Court Minutes
John Carter Brown Library (JCBL), Providence, RI, Misc. Mss
Parliamentary Archives (PA), London, Court Transcripts

已发表文件及当代作品

Acosta, José de, *Natural and Moral History of the Indies*, ed. Jane E. Mangan (Durham, NC, 2002)

Agricola, Georgius, *De Natura Fossilium (Texbook of Mineralogy)*, trans. M.C. and J.A. Bandy (New York, 1955)

Aguado, Pedro de, *Recopilación Historial*, ed. Juan Friede, 4 vols (Bogotá, 1956)

Albertus Magnus, *Book of Minerals*, trans. Dorothy Wyckoff (Oxford, 1967)

Amasuno, Marcelino V., ed., *La Materia Médica de Dioscorides en el Lapidario de Alfonso X el Sabio: Literatura y ciencia en la Castilla del siglo XIII* (Madrid, 1987)

Ancízar, Manuel, *Peregrinación de Alpha por las Provincias del Norte de la Nueva Granada, en 1850–1851* (Bogotá, 1956)

Arfe y Villafañe, Juan de, *Quilatador de la plata, oro, y piedras, conforme a las leyes Reales, y para declaración de ellas* (Madrid, 1598)

——, Juan de, *Quilatador de la plata, oro, y piedras* (1572 ed., Madrid, 1976)

Ball, Sydney H., *A Roman Book on Precious Stones* (Los Angeles, 1950)

Barbosa, Duarte, *The Book of Duarte Barbosa, vol. II*, trans. M.L. Dames (London, 1921)

Bembo, Ambrosio, *The Travels and Journal of Ambrosio Bembo*, ed. Anthony Welch, trans. Clara Bargellini (Berkeley, 2007)

Boxer, Charles R., 'Uma raridade bibliográfica sobre Fernão Cron', *Boletim Internacional de Bibliografia Luso-Brasileira* 12 (1971), 323–64

Brandão, Ambrósio Ferndandes, *Dialogues of the Great Things of Brazil*, trans. Frederick Hall, William F. Harrison, and Dorothy Welkers (Albuquerque, 1987)

Bulhão Pato, Raymundo Antonio de, ed., *Documentos remettidos da Índia, ou Livros das Monções*, 5 vols (Lisbon, 1880)

Carletti, Francesco, *My Voyage Around the World*, trans. Herbert Weinstock (New York, 1964)

Castellanos, Juan de, *Elegías de varones ilustres de Indias* (Bogotá, 1997)

Cellini, Benvenuto, *The Treatises of Benvenuto Cellini on Goldsmithing and Sculpture*, trans. C.R. Ashbee (New York, 1967)

Cieza de León, Pedro de, *The Discovery and Conquest of Peru*, ed. and trans. N.D. Cook and Alexandra Parma Cook (Durham, NC, 1998)

Correa, Virgilio, ed., *Livro de Regimentos dos Officiães Mecânicos da mui nobre e sempre leal cidade de Lixboa* (Coimbra, 1926)

Correia-Afonso, John, ed., *Letters from the Mughal Court: The First Jesuit Mission to Akbar, 1580–1583* (St. Louis, 1981)

Coustos, John, *The Sufferings of John Coustos in the Inquisition at Lisbon* (London, 1746)

Coutre, Jacques de, *Andanzas Asiáticas*, eds Eddy Stols, Benjamin Teensma, and Johan Verberckmoes (Madrid, 1991)

Coverte, Robert, *The Travels of Captain Robert Coverte*, ed. Boies Penrose (Philadelphia, 1931)

D'Elhuyar, Juan José, 'Informe de un viaje a Muzo', in eds Guillermo Hernández de Alba y Armando Espinosa Baquero, *Tratados de minería y estudios geológicos de la época colonial, 1616–1803*, 63–84 (Bogotá, 1991)

Erevan, Abraham of, *History of the Wars (1721–1738)*, ed. and trans. George A. Bournoutian (Costa Mesa, CA, 1999)

Farah, Caesar, ed. and trans., *An Arab's Journey to Colonial Spanish America: The Travels of Elias al-Mûsili in the Seventeenth Century* (Syracuse, NY, 2003)

Fernández de Oviedo, Gonzalo, *Historia General y Natural de las Indias*, 4 vols, Biblioteca de autores Españoles vol.119 (Madrid, 1959)

Foster, William, *Early Travels in India, 1583–1619* (London, 1921)

Francis, J. Michael, ' "In the service of God, I order that these temples of idolatrous worship be razed to the ground": Extirpation of Idolatry and the Search for the *Santuario Grande* of Iguaque', in eds Richard Boyer and Geoffrey Spurling, *Colonial Lives: Documents in Latin American History, 1550–1850*, 39–53 (New York, 2000)

Francis, J. Michael, ed. and trans., *Invading Colombia: Spanish Accounts of the Gonzalo Jiménez de Quesada Expedition of Conquest* (University Park, PA, 2007)

Fraser, James, *History of Nadir Shah* (London, 1742)

Frear Keeler, Mary, ed., *Sir Francis Drake's West Indian Voyage, 1585–1586* (London, 1981)

Garcés, Jorge A., ed., *Plan del camino de Quito al Río Esmeraldas, según las observaciones astronómicas de Jorge Juan y de Antonio de Ulloa, 1736–1742* (Quito, 1942)

Garcilaso de la Vega, El Inca, *Royal Commentaries of the Incas*, trans. Harold Livermore (Austin, 1966)
Gentil da Silva, José, ed., *Stratégie des Affaires à Lisbonne entre 1595 et 1607: Lettres marchandes des Rodrigues d'Evora et Veiga* (Paris, 1956)
——, *Lettres de Lisbonne: Les Gomes, 1564–1578*, 2 vols (Paris, 1959)
Glückel of Hameln, *The Memoirs of Glückel of Hameln*, ed. Robert Rosen, trans. Marvin Lowenthal, (New York, 1977)
González, Enrique, *Esmeraldas de las minas de Muzo y Coscuez: Colección de artículos publicados en La Fusión contra los últimos contratos de explotación* (Bogotá, 1911)
González de Pérez, María Stella, ed., *Diccionario y gramática Chibcha: manuscrito anónimo de la Biblioteca Nacional de Colombia* (Bogotá, 1987)
Hosten, H., ed., 'The Jesuits at Agra in 1635–1637', *Journal of the Royal Asiatic Society* 4, 21 (1938): 479–501
Hyland, Sabine, ed., *The Quito Manuscript: An Inca History Preserved by Fernando de Montesinos* (New Haven, 2007)
Jahangir, Emperor, *The Jahangirnama: Memoirs of Jahangir, Emperor of India*, ed. and trans. Wheeler M. Thackston (New York, 1999)
Juan, Jorge, and Antonio Ulloa, *A Voyage to South America*, ed. Irving Leonard, trans. John Adams (New York, 1964)
——, *Discourse and Political Reflections on the Kingdoms of Peru*, ed. John J. TePaske, trans. Besse A. Clement (Norman, Oklahoma, KL, 1978)
Khan, Inayat, *The Shah Jahan nama of Inayat Khan*, eds W.E. Begley and Z.A. Desai, trans. A.R. Fuller (Delhi, 1990)
Klein, Fritz, *Smaradge unter dem Urwald: Meine Entdeckungs- und Erlebnisreisen in Lateinamerika* (Berlin, 1941)
The Koran, trans. N.J. Dawood (London, 1995)
Linschoten, Jan Huyghen van, *The Voyage of Jan Huyghen van Linschoten to the East Indies*, 2 vols (London, 1935)
Locke, John C., ed, *The First Englishmen in India* (London, 1930)
Manucci, Niccolao, *Storia do Mogor*, trans. William Irvine, 4 vols (London, 1907)
Matos, Artur Teodoro, ed., *Diário do Conde de Sarzedas, vice-rei do Estado da Índia, 1655–1656* (Lisbon, 2001)
Monshi, Eskandar Beg, *History of Shah Abbas the Great*, trans. Roger M. Savory, 2 vols (Boulder, 1978)
Montaña, Francisco, *Renta de esmeraldas: apuntes fiscales* (London, 1915)
Morga, Antonio de, *Sucesos de las islas Filipinas*, trans. J.S. Cummins (Cambridge, 1971)
Pagden, Anthony, ed. and trans., *Hernán Cortés: Letters from Mexico* (New Haven, 1986)
Purchas, Samuel, *Hakluytus Posthumus or Purchas His Pilgrimes* (New York, 1906)
Pyrard, François, *The Voyage of François Pyrard of Laval to the East Indies*, ed. and trans. Albert Gray, 2 vols (London, 1887–90)
Rainier, Peter W., *Green Fire* (New York, 1942)
Robles, Gregorio de, *América a fines del Siglo XVII: Noticia de los lugares de contrabando* (Valladolid, 1980)
Roe, Thomas, *The Embassy of Sir Thomas Roe to India, 1615–19, as Narrated in his Journal and Correspondence*, ed. William Foster (London, 1926)
Rojas Gómez, Roberto, 'Las esmeraldas de Muzo en el Siglo XVI', *Boletín de Historia y Antigüedades* (Bogotá) 227 (1933): 69–80
Sandoval, Alonso de, *Treatise on Slavery*, abridged, ed. and trans. Nicole Von Germeten (Indianapolis, 2008)

Santisteban, Miguel de, *Mil leguas por América: diario de Miguel de Santisteban*, ed. David J. Robinson (Bogotá, 1992)
Schwartz, Stuart B., ed., *A Governor and His Image in Baroque Brazil: The Funeral Eulogy of Afonso Furtado de Castro do Rio de Mendonça, by Juan Lopes Sierra*, trans. Ruth E. Jones (Minneapolis, 1979)
Séguy, Marie-Rose, ed., *The Miraculous Journey of Mahomet: Mirâj Nâmeh* (Manuscript Supplément Turc 190, Bibliothèque Nationale, Paris) (New York, 1977)
Simón, Pedro, *Noticias historiales de las conquistas de Tierra Firme en las Indias Occidentales*, 9 vols (Bogotá, 1953)
Splendiani, Anna María, José Enrique Sánchez Bohórquez, Emma Cecilia Luque de Salazar, eds, *Cincuenta años de la inquisición en el Tribunal de Cartagena de Indias, 1610–1660*, 3 vols (Bogotá, 1997)
Tavernier, Jean-Baptiste, *Travels in India*, ed. William Crooke, trans. Valentine Ball, 2 vols, 2d edn (New Delhi, 1977)
Thackston, Wheeler, ed. and trans., *Akbarnama* (Washington, D.C., 1998)
Tifaschi, Ahmad ibn Yusuf Al, *Arab Roots of Gemology: Ahmad ibn Yusuf Al Tifaschi's Best Thoughts on the Best of Stones (c. 1240)*, ed. and trans. Samar Najm Abul Huda (London, 1998)
Tovar Pinzón, Hermes, ed., *Relaciones y Visitas a los Andes, Siglo XVI, vol. III: Región Centro-Oriental* (Bogotá, 1996)
Urdaneta, Martín de, 'Memoria instructiva de la Provincia de los Muzos y Colimas', *Boletín de Historia y Antigüedades* (Bogotá) XIV (1924): 467–82
Vargas Machuca, Bernardo, *The Indian Militia and Description of the Indies*, ed. Kris Lane, trans. Timothy F. Johnson (Durham, NC, 2008)
Varthema, Ludovico di, *The Travels of Ludovico di Varthema in Egypt, Syria, Arabia, etc., A.D. 1503–1508*, trans. J. Winter Jones (London, 1863)
Vásquez de Espinosa, Antonio, *Compendio y descripción de las Indias Occidentales*, Biblioteca de autores Españoles vol. 231 (Madrid, 1969)
Zapata, Julio, *El ignominioso contrato de Muzo* (Bogotá, 1910)

已发表二次文献

Ahmad, Afzal, *Portuguese Trade and Socio-Economic Changes on the Western Coast of India, 1600–1663* (Delhi, 2000)
Andrade Reimers, Luis, *Las esmeraldas de Esmeraldas durante el siglo XVI* (Quito, 1978)
Arboleda, Gustavo, *Una familia de proceres: Los Parises* (Bogotá, 1919)
Avery, Peter, 'Nadir Shah and the Afsharid Legacy', in Peter Avery, Gavin Hambly and Charles Melville, eds, *The Cambridge History of Iran, vol.7: From Nadir Shah to the Islamic Republic*, 3–62 (Cambridge, 1991)
Axworthy, Michael, *Sword of Persia: Nader Shah, from Tribal Warrior to Conquering Tyrant* (London, 2006)
Baghdiantz McCabe, Ina, *The Shah's Silk for Europe's Silver: The Eurasian Trade of the Julfa Armenians in Safavid Iran and India, 1530–1750* (Atlanta, 1999)
Bergquist, Charles, Ricardo Peñaranda and Gonzalo Sánchez, eds, *Violence in Colombia: The Contemporary Crisis in Historical Perspective* (Wilmington, DE, 1992)
Bernardini, Paolo, and Norman Fiering, eds, *The Jews and the Expansion of Europe to the West, 1450–1800* (New York, 2001)
Bingham, Hiram, *Elihu Yale: The American Nabob of Queen Square* (New York, 1939)

Bleichmar, Daniela, Paula De Vos, Kristin Huffine and Kevin Sheehan, eds, *Science in the Spanish and Portuguese Empires, 1500–1800* (Stanford, 2009)
Bodian, Miriam, *Hebrews of the Portuguese Nation: Conversos and Community in Early Modern Amsterdam* (Bloomington, IN, 1997)
Bouchon, Geneviève, *Inde Découverte, Inde Retrouvée, 1498–1630: Études d'histoire indo-portugaise* (Lisbon, 1999)
Boxer, Charles R., *Salvador de Sá and the Struggle for Brazil and Angola, 1602–1686* (London, 1952)
Boyajian, James C., *Portuguese Bankers at the Court of Spain, 1626–1650* (New Brunswick, NJ, 1983)
——, *Portuguese Trade in Asia under the Habsburgs, 1580–1640* (Baltimore, 1993)
Castillo, Pilar del, and Juan Carlos Elorza Guinea, eds, *El arte de la plata y de las joyas en la España de Carlos V* (La Coruña, 2000)
Chaudhuri, K.N., *The Trading World of Asia and the English East India Company, 1660–1760* (Cambridge, 1978)
Chaudhury, Sushil, and Michel Morineau, eds, *Merchants, Companies, and Trade: Europe and Asia in the Early Modern Era* (Cambridge, 1999)
Colombian Society of Petroleum Geologists and Geophysicists, *Cundinamarca-Boyacá-Muzo Emerald Mines* (2d annual field conference guide, mimeograph, 1961)
Craddock, Paul T., *Early Metal Mining and Production* (Washington, D.C., 1995)
Denny, Walter B., 'The Palace, Power, and the Arts', in *Palace of Gold and Light: Treasures from the Topkapi, Istanbul*, 16–25 (Istanbul, 2000)
Disney, Anthony R., *A History of Portugal and the Portuguese Empire*, 2 vols (Cambridge, 2009)
Domínguez, Rafael, *Historia de las esmeraldas de Colombia* (Bogotá, 1965)
Elliott, John H., *Spain and its World, 1500–1700* (New Haven, 1989)
Eschwege, Wilhelm Ludwig von, *Pluto Brasiliensis*, trans. Domício de Figueredo Murta, 2 vols (São Paulo, 1944)
Ferry, Robert J., 'Don't Drink the Chocolate: Domestic Slavery and the Exigencies of Fasting for Crypto-Jews in Seventeenth-Century Mexico', *Nuevo Mundo/Mundos Nuevos* (2005). Online: http://nuevomundo.revues.org/index934
Fine, John C., *Treasures of the Spanish Main: Shipwrecked Galleons in the New World* (Guilford, CT, 2006)
Fisher, John R., Allan J. Kuethe and Anthony McFarlane, eds, *Reform and Insurrection in Bourbon New Granada and Peru* (Baton Rouge, 1990)
Floor, Willem, 'Pearl fishing in the Persian Gulf in the 18th Century', *Persica* 10 (1982): 1–69
——, *The Economy of Safavid Persia* (Wiesbaden, 2000)
——, *The Persian Gulf: A Political and Economic History of Five Port Cities, 1500–1730* (Washington, D.C., 2006)
Forsyth, Hazel, *The Cheapside Hoard* (London, 2003)
Francis, J. Michael, 'Población, enfermedad y cambio demográfico, 1537–1636: Demografía histórica de Tunja, una mirada crítica', *Fronteras de la Historia* 7 (2002): 15–95
Friede, Juan, 'Demographic Changes in the Mining Community of Muzo after the Plague of 1629', *Hispanic American Historical Review* (August 1967): 338–43
Furber, Holden, *Rival Empires of the Orient, 1600–1800* (Minneapolis, 1976)
García-Arenal, Mercedes, and Gerard Wiegers, *A Man of Three Worlds: Samuel Pallache, a Moroccan Jew in Catholic and Protestant Europe*, trans. Martin Beagles (Baltimore, 1999)

García Manjarrés, Carlos, and Carlos Arturo Vargas Ayala, *Proyecto minero para las minas de Muzo y Coscuez (Colombia-Suramerica)* (Bogotá, 1970)

Girard, Albert, *Le commerce français a Séville e Cadix au temps des Habsbourg: contribution a l'étude du commerce etranger en Espagne au XVIe et XVIIe siècles* (New York, 1967)

Giuliani, Gaston, et al., 'Oxygen Isotopes and Emerald Trade Routes Since Antiquity', *Science* 287 (28 January 2000): 631–3

Giuliani, Gaston, et al., eds, *Emeralds of the World* (Munich, 2002)

Gommans, Jos, *Mughal Warfare: Indian Frontiers and High Roads to Empire, 1500–1700* (London, 2002)

Goslinga, Cornelis, *The Dutch in the Caribbean and on the Wild Coast, 1580–1680* (Gainesville, FL, 1971)

Grahn, Lance, *The Political Economy of Smuggling: Regional Informal Economies in Early Bourbon New Granada* (Boulder, 1997)

Greenfield, Amy Butler, *A Perfect Red: Empire, Espionage, and the Quest for the Color of Desire* (New York, 2005)

Hackenbroch, Yvonne, *Renaissance Jewellery* (London, 1979)

Hamilton, Earl J., *American Treasure and the Price Revolution in Spain, 1501–1650* (Cambridge, MA, 1934)

Hampe Martínez, Teodoro, 'El reparto de metales, joyas, e indios de Coaque: un episodio fundamental en la expedición de conquista del Perú', *Quinto Centenario* 15 (1989): 77–94

Haring, Clarence H., *Trade and Navigation Between Spain and the Indies in the Time of the Habsburgs* (Cambridge, MA, 1918)

Hearne, Pamela, and Robert J. Sharer, eds, *River of Gold: Precolumbian Treasures from Sitio Conte* (Philadelphia, 1992)

Henderson, James D., *Modernization in Colombia: The Laureano Gómez Years, 1889–1965* (Gainesville, FL, 2001)

Heufelder, Jeanette Erazo, *Der Smaragkönig: Victor Carranza und das grüne Gold der Anden* (Munich, 2005)

Hodgson, Marshall G.S., *The Venture of Islam, Volume 3: The Gunpowder Empires and Modern Times* (Chicago, 1977)

Horner, Dave, *Shipwreck: A Saga of Sea Tragedy and Sunken Treasure* (Dobbs Ferry, NY, 1999)

Irving, Earl M., *Structural Evolution of the Northernmost Andes, Colombia* (Washington, D.C., 1975)

Israel, Jonathan I., *Dutch Primacy in World Trade, 1585–1740* (Oxford, 1989)

——, *Diasporas Within a Diaspora: Jews, Crypto-Jews and the World Maritime Empires, 1540–1740* (Leiden, 2002)

Kagan, Richard L., and Philip D. Morgan, eds, *Atlantic Diasporas: Jews, Conversos, and Crypto-Jews in the Age of Mercantilism, 1500–1800* (Baltimore, 2009)

Kayserling, Meyer, 'The Jews in Jamaica and Daniel Israel Lopez Laguna', *The Jewish Quarterly Review* 12, 4 (July 1900): 708–17

Kazmi, Ali H. and Lawrence W. Snee, eds, *Emeralds of Pakistan: Geology, Gemology, and Genesis* (New York, 1989)

Keene, Manuel, *Treasury of the World: Jewelled Arts of India in the Age of the Mughals* (London, 2001)

Kirk, Robin, *More Terrible than Death: Violence, Drugs, and America's War in Colombia* (New York, 2003)

Kolff, Dirk H.A., *Naukar, Rajput and Sepoy: the Ethnohistory of the Military Labour Market in Hindustan, 1450–1850* (Cambridge, 1990)

Köseoglu, Cengiz, *The Topkapi Saray Museum: the Treasury*, ed. and trans. J.M. Rogers (London, 1987)

Lane, Frederic, *Venice: A Maritime Republic* (Baltimore, 1973)

Lane, Kris, *Blood and Silver: A History of Piracy in the Caribbean and Central America* (Oxford, 1999). Published in the U.S. as *Pillaging the Empire: Piracy in the Americas, 1500–1750* (Armonk, NY, 1998)

——, *Quito 1599: City and Colony in Transition* (Albuquerque, 2002)

——, 'El Dorado Negro, o el verdadero precio del oro Neogradino', in eds Claudio Mosquera and Luiz Barcelos, *Afro-reparaciones: Memorias de la esclavitud y justicia reparativa para negros, afrocolombianos y raizales*, 281–94 (Bogotá, 2007)

Lenman, Bruce P., 'The East India Company and the Trade in Non-Metallic Precious Materials from Sir Thomas Roe to Diamond Pitt', in eds H.V. Bowen, Margarette Lincoln and Nigel Rigby, *The Worlds of the East India Company*, 97–110 (Suffolk, 2002)

Lleras Codazzi, Ricardo, *Catálogo descriptivo de los minerales de Muzo* (Bogotá, 1925)

Lockhart, Laurence, *Nadir Shah: A Critical Study Based Mainly on Contemporary Sources* (London, 1938)

Lorenzo Sanz, Eufemio, *Comercio de España con América en la época de Felipe II*, 2 vols (Valladolid, 1979)

Lyon, Eugene, *The Search for the* Atocha (New York, 1974)

Maclagan, Edward, *The Jesuits and the Great Mogul* (London, 1932)

Markovits, Claude, *Merchants, Traders, Entrepreneurs: Indian Business in the Colonial Era* (New York, 2008)

Marx, Robert F., *The Lure of Sunken Treasure: Under the Sea with Marine Archeologists and Treasure Hunters* (New York, 1973)

——, *Robert Marx: Author, Archeologist, Treasure Hunter, Quest for Treasure* (Dallas, 1982)

——, *In the Wake of Galleons* (Flagstaff, AZ, 2001)

Marx, Robert F., and Jennifer Marx, *The Search for Sunken Treasure: Exploring the World's Great Shipwrecks* (Toronto, 1993)

——, *Treasure Lost at Sea: Diving to the World's Great Shipwrecks* (Buffalo, 2003)

Matthee, Rudolph, *The Politics of Trade in Safavid Iran: Silk for Silver, 1600–1730* (Cambridge, 2006)

McFarlane, Anthony, *Colombia Before Independence* (Cambridge, 1993)

McNeill, William H., *The Pursuit of Power: Technology, Armed Force, and Society since A.D. 1000* (Chicago, 1982)

Meen, V.B., *Crown Jewels of Iran* (Toronto, 1968)

Meyers, Allan D., 'Ethnic Distinctions and Wealth among Colonial Jamaican Merchants, 1685–1716', *Social Science History* 22, 1 (Spring 1998): 47–81

Morgan, Diane, *From Satan's Crown to the Holy Grail: Emeralds in Myth, Magic, and History* (Westport, CT, 2007)

Moura Carvalho, Pedro, ' "Rarities from Goa" at the Courts of Humayun, Akbar, and Jahangir (1530–1627)', in eds Jorge Flores and Nuno Vassallo y Silva, *Goa and the Great Mughal*, 98–115 (Lisbon, London, 2004)

Mukhia, Harbans, *The Mughals of India* (London, 2004)

Müller, Priscilla E., *Jewels in Spain, 1500–1800* (New York, 1972)

Navarro Cárdenas, Maximina, *Investigación histórica de la minería en el Ecuador*. 2d edn (Quito, 1990)

Newson, Linda A., and Susie Minchin, *From Capture to Sale: The Portuguese Slave Trade to Spanish South America in the Early Seventeenth Century* (Leiden, 2007)
Nickel, Helmut, 'The Graphic Sources for the "Moor with the Emerald Cluster"', *Metropolitan Museum Journal* 15 (1981): 203–10
O'Neil, Paul, *Gemstones* (Alexandria, VA, 1983)
Otero Muñoz, Gustavo, and Antonio M. Barriga Villalba, *Esmeraldas de Colombia* (Bogotá, 1948)
Ottaway, T.L., et al., 'Formation of the Hydrothermal Emerald Deposit in Colombia', *Nature* 369 (16 June 1994): 552–4
Otte, Enrique, *Las perlas del Caribe: Nueva Cádiz de Cubagua* (Caracas, 1977)
Parra Morales, Trinidad, *Los Muzos: un pueblo extinguido* (Bogotá, 1985)
Pearson, Michael N., *The Portuguese in India* (Cambridge, 1987)
Peralta Barrera, Napoleón, *El País de los Muzos* (Tunja, 1998)
Pérez de Barradas, José, *Los Muiscas antes de la Conquista*, 2 vols (Madrid, 1951)
Peterson, Mendel, *The Funnel of Gold* (Boston, 1975)
Philips Son and Neale, Inc., *A Rare Collection of Early Spanish and Colonial Jewelry and Religious Artifacts: A Private Collection to be Sold at Auction on Wednesday, October 26, 1983* (New York, 1983)
Phillips, Carla Rahn, *The Treasure of the San José: Death at Sea in the War of the Spanish Succession* (Baltimore, 2007)
Pike, Ruth, *Aristocrats and Traders: Sevillian Society in the Sixteenth Century* (Ithaca, NY, 1972)
——, *Linajudos and Conversos in Seville: Greed and Prejudice in Sixteenth- and Seventeenth-Century Spain* (New York, 2000)
Piotrovsky, Mikhail, and John Frieze, eds, *Earthly Beauty, Heavenly Art: Art of Islam* (Amsterdam, 2000)
Pogue, Joseph E., 'The Emerald Deposits of Muzo, Colombia', *Transactions of the American Institute of Mining Engineering*, 799–822 (Arizona Mtg. Sept. 1916)
Prior, Katherine, *The Maharaja's Jewels* (Paris, 2000)
Quiroz, Alfonso W., 'The Expropriation of Portuguese New Christians in Spanish America, 1635–1649', *Ibero-Amerikanisches Archiv* 11, 4 (1985): 407–65
Rangel, Alfredo, ed., *El poder paramilitar* (Bogotá, 2005)
Reichel-Dolmatoff, Gerardo, 'Things of Beauty Replete with Meaning – Metals and Crystals in Colombian Indian Cosmology', in *Sweat of the Sun, Tears of the Moon: Gold and Emerald Treasures of Colombia*, 17–33 (Los Angeles, 1981)
Ritchie, Robert C., *Captain Kidd and the War against the Pirates* (Cambridge, MA, 1986).
Rodríguez Baquero, Luis Enrique, *Encomienda y vida diaria entre los indios de Muzo, 1550–1620* (Bogotá, 1995)
Ruiz Rivera, Julian B., *Encomienda y mita en Nueva Granada* (Sevilla, 1975)
Russell-Wood, A.J.R., *The Portuguese Empire: A World on the Move* (Baltimore, 1998)
Samuel, Edgar R., *The Portuguese Jewish Community of London* (London, 1992)
——, *At the End of the Earth: Essays on the History of the Jews of England and Portugal* (London, 2004)
Sanz, Eufemio Lorenzo, *Comercio de España con América en la época de Felipe II*. 2 vols (Valladolid, 1979)
Sarkar, Jadunath, *Nadir Shah in India* (Calcutta, 1973)
Sauer, Carl O., *The Early Spanish Main* (Berkeley, 1966)
Sauer, Jules Roger, *Emeralds Around the World* (n.p., 1992)

——, *Emeralds and Other Gemstones of Brazil*. (n.p., 1992)
Schimmel, Annemarie, *The Empire of the Great Mughals: History, Art, and Culture*, trans. Corinne Attwood (London, 2004)
Sinkankas, John, *Emerald and Other Beryls* (Radnor, PA, 1981)
Sluiter, Engel, 'Dutch-Spanish Rivalry in the Caribbean Area, 1594–1609', *Hispanic American Historical Review* 28, 2 (May 1948): 165–96
Smith, Jedwin, *Fatal Treasure: Greed and Death, Emeralds and Gold, and the Obsessive Search for the Legendary Ghost Galleon* Atocha (New York, 2003)
Sotheby & Co., *Sale of the Crown of the Andes: A Magnificent Devotional Crown in Gold and Emeralds Sold on the Order of an American Syndicate, 21 November 1963* (London, 1963)
Steensgaard, Niels, *The Asian Trade Revolution of the Seventeenth Century: The East India Companies and the Decline of the Caravan Trade* (Chicago, 1974)
Stein, Burton, *A History of India* (London, 1998)
Stronge, Susan, *Painting for the Mughal Emperor* (London, 2002)
Stronge, Susan, ed., *The Jewels of India* (Bombay, 1995)
Stronge, Susan, Nima Smith and J.C. Harle, *A Golden Treasury: Jewellery from the Indian Subcontinent* (New York, 1988)
Studnicki-Gizbert, Daviken, *A Nation Upon the Ocean Sea: Portugal's Atlantic Diaspora and the Crisis of the Spanish Empire, 1492–1640* (New York, 2007)
Subrahmanyam, Sanjay, *The Portuguese Empire in Asia, 1500–1700* (London, 1993)
——, *Penumbral Visions: Making Polities in Early Modern South India* (Ann Arbor, 2001)
——, *Explorations in Connected History: Mughals and Franks* (Delhi, 2004)
Swetschinski, Daniel M., *Reluctant Cosmopolitans: The Portuguese Jews of Seventeenth-Century Amsterdam* (Portland, OR, 2000)
Szászdi, Ádám, 'En torno a la balsa de Salango (Ecuador) que capturó Bartolomé Ruiz', *Anuario de Estudios Americanos* 35 (1978): 453–554
Szászdi León-Borja, István, *Los viajes de rescate de Ojeda* (Santo Domingo, 2001)
Taube, Karl A., 'The Symbolism of Jade in Classic Maya Religion', *Ancient Mesoamerica* 16 (2005): 23–50
Taussig, Michael, *My Cocaine Museum* (Chicago, 2005)
Teensma, Benjamin N., 'De politieke en economische ideeën van de Bruggeling: Jacques de Coutre (1575–1640), alsmede enige tekstkritiek' (Leiden, 1994)
——, 'Jacques de Coutre as Jewel Merchant in India', Amsterdam: *Proceedings of the 11th European Conference on Modern South Asian Studies*, 1–12
Tejado Fernández, Manuel, *Aspectos de la vida social en Cartagena de Indias durante el seiscientos* (Sevilla, 1954)
Teles e Cunha, João, 'Hunting Riches: Goa's Gem Trade in the Early Modern Age', in eds Pius Malekandathil and T. Jamal Mohammed, *The Portuguese, Indian Ocean, and European Bridgeheads, 1500–1800: Festschrift in Honour of Prof. K.S. Mathew*, 269–304 (Tellicherry, Kerala, 2001)
Téllez, Pedro Claver, *La guerra verde: treinta años de conflicto entre los esmeralderos* (Bogotá, 1993)
Topik, Steven, Carlos Marichal and Zephyr Frank, eds, *From Silver to Cocaine: Latin American Commodity Chains and the Building of the World Economy, 1500–2000* (Durham, NC, 2006)
Tovar Pinzón, Hermes, *El imperio y sus colonias: las cajas reales de la Nueva Granada en el Siglo XVI* (Bogotá, 1999)
Trivellato, Francesca, 'Juifs de Livourne, Italiens de Lisbonne, hindous de Goa. Réseaux marchands et échanges interculturels à l'époque moderne', *Annales* 58:3 (May–June 2003): 581–604

——, *The Familiarity of Strangers: The Sephardic Diaspora, Livorno, and Cross-Cultural Trade in the Early Modern Period* (New Haven, London, 2009)
Tucker, Ernest S., *Nadir Shah's Quest for Legitimacy in Post-Safavid Iran* (Gainesville, FL, 2006)
Vassallo e Silva, Nuno, 'Jewels and Gems in Goa from the Sixteenth to Eighteenth Century', in ed. Susan Stronge, *The Jewels of India*, 53–62 (Bombay, 1995)
Victoria and Albert Museum (exhibition catalogue). *Princely Magnificence: Court Jewels of the Renaissance, 1500–1630* (London, 1981)
Vieira de Castro, Filipe, *The Pepper Wreck: A Portuguese Indiaman at the Mouth of the Tagus River* (College Station, TX, 2005)
Vila Vilar, Enriqueta, *Aspectos sociales en América colonial: de extranjeros, contrabando, y esclavos* (Bogotá, 2001)
Voillot, Patrick, *Diamonds and Precious Stones*, trans. Jack Hawkes (New York, 1998)
Ward, Fred, *Emeralds* (Baltimore, 1993)
Webster, Robert, *Gems: Their Sources, Descriptions, and Identification*, 5th rev. ed. by Peter G. Read (London, 1994)
Weinstein, Michael, *The World of Jewel Stones* (New York, 1967)
West, Robert C., *Colonial Placer Mining in Colombia* (Baton Rouge, 1952)
Wey Gómez, Nicolás, *The Tropics of Empire: Why Columbus Sailed South to the Indies* (Cambridge, MA, 2008)
Wheeler, R.E. Mortimer, *The Cheapside Hoard of Elizabethan and Jacobean Jewellery* (London, 1928)
Winius, George D., 'Jewel Trading in Portuguese India in the XVI and XVII centuries', *Indica* 25, 1 (Bombay, 1988): 15–34
——, 'Portugal, Venice, Genoa, and the Traffic in Precious Stones at the Beginning of the Modern Age' (English version of a paper published in Genoa, *Atti del III Congresso Internazionale di Studi Sorici VII*, 1989), reprinted in G.D. Winius, *Studies in Portuguese Asia, 1495–1689* (Aldershot, 2001)
Wise, Richard W., *Secrets of the Gem Trade: The Connoisseur's Guide to Precious Gemstones* (Lenox, MA, 2003)
Wolf, Theodor, *Geografía y Geología del Ecuador* (Leipzig, 1892)
Yogev, Gedalia, *Diamonds and Coral: Anglo-Dutch Jews and Eighteenth-Century Trade* (Leicester, 1978)
Zahedieh, Nuala, 'The Merchants of Port Royal, Jamaica, and the Spanish Contraband Trade, 1655–92', *William & Mary Quarterly*, 3d ser. 43, 4 (Oct. 1986): 570–93
——, 'Trade, Plunder, and Economic Development in Early English Jamaica, 1655–89', *Economic History Review* 2d ser. 39, 2 (1986), 205–22

未发表论文

Rojas A., Martha, 'La explotación esmeraldífera de Muzo a través del tiempo: su orígen precolombino, cambios y supervivencias en los distintos períodos históricos', Licenciate thesis in Anthropology, Universidad de los Andes, Bogotá, Colombia, 1974
Segovia Salas, Rodolfo, 'Crown Policy and the Precious Metals in New Granada, 1760–1810', Master of Arts thesis, History, University of California, Berkeley, 1960
Warsh, Molly, 'Adorning Empire: The History of the Early Modern Pearl Trade, 1492–1688', PhD diss., History, The Johns Hopkins University, 2009

索　引

(页码为原书页码，即本书边码)

C

E

H

I

J

K

L

N

O

P

Q

R

S

T

Z